浙江省哲学社会科学规划
后期资助课题成果文库

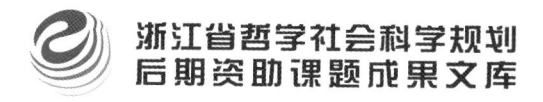

# 信息时代媒介、受众与社会的关系研究

Xinxi Shidai Meijie Shouzhong Yu
Shehui De Guanxi Yanjiu

马妍妍 著

中国社会科学出版社

## 图书在版编目(CIP)数据

信息时代媒介、受众与社会的关系研究／马妍妍著．—北京：中国社会科学出版社，2019.5

（浙江省哲学社会科学规划后期资助课题成果文库）

ISBN 978-7-5203-4577-4

Ⅰ.①信… Ⅱ.①马… Ⅲ.①信息时代-传播媒介-关系-社会-研究②信息时代-受众-关系-社会-研究 Ⅳ.①G206.2②G206

中国版本图书馆CIP数据核字(2019)第115327号

---

| | |
|---|---|
| 出 版 人 | 赵剑英 |
| 责任编辑 | 宫京蕾 |
| 责任校对 | 秦 婵 |
| 责任印制 | 李寡寡 |

| | |
|---|---|
| 出　　版 | 中国社会科学出版社 |
| 社　　址 | 北京鼓楼西大街甲158号 |
| 邮　　编 | 100720 |
| 网　　址 | http://www.csspw.cn |
| 发 行 部 | 010-84083685 |
| 门 市 部 | 010-84029450 |
| 经　　销 | 新华书店及其他书店 |
| 印刷装订 | 北京君升印刷有限公司 |
| 版　　次 | 2019年5月第1版 |
| 印　　次 | 2019年5月第1次印刷 |
| 开　　本 | 710×1000 1/16 |
| 印　　张 | 14.5 |
| 插　　页 | 2 |
| 字　　数 | 240千字 |
| 定　　价 | 69.00元 |

凡购买中国社会科学出版社图书，如有质量问题请与本社营销中心联系调换
电话：010-84083683
版权所有　侵权必究

# 全新的时代需要全新的视维

这是一个全新的时代，是一个全球化与本土化相互勾连、交融的时代，是一个基础研究与交叉研究相互依存、互补的时代；这是一个全新的时代，是一个全球连结、全民传播的新媒体传播时代，是一个高度自发、自主和自恋的人本主义时代。信息传播已走向不分日夜、无远弗届、时时更新、自由分享、透明开放、多元展现的"去专业化"的时代，它不只全面地影响了人类的工作、生活和娱乐，也普遍提升了每个人优化和创新的潜能，更让人们对生命的尊严、生活的质量和人生的规划有更丰富的需求。与此同时，中国媒介与传播研究似乎也再次走到了十字路口，正处于一个前所未有的"困惑与选择之中"，面临着"向何处去"的问题。

那么，在这一特殊的全新的时代，中国媒介与传播研究最明智的选择是什么呢？我认为，最明智选择就是——

首先，要以历史为经，以现实为纬。当一门学科再一次站在十字路口时，最重要的莫过于先静下心来，反思和回顾已经走过的路。但是，我们回顾和总结媒介研究的历史，并不是要沉溺于它、迁怒于它，而是要以史为鉴，从中吸取教训、累积经验，为当下的媒介理论和媒介现实服务。换句话说，我们研究历史，要联系现实，而研究现实，也不要割断历史，继往开来，承前启后，才能使媒介理论有着深厚的历史和现实根基。

其次，要以媒介为经，以社会为纬。新闻是社会的镜子，媒介是社会的大脑。研究媒介需要联系社会，研究社会需要指向媒介。媒介是这一学术研究的起点和终点。因此，研究媒介理论，需要以锐利的学科眼光加以审视和分析，也要用社会的尺度来丈量和称衡；要强调媒介理论思维与话语的主导性，也要向更广阔的社会领域延伸和扩展。以媒介为经，可以确保其学术价值和理论意义；以社会为纬，可以落实其社会价值和实践意义。通过媒介研究，推动社会进步和国家发展。

第三，要以规律为经，以意义为纬。规律所在，科学所托。积极探索和揭示媒介规律，是媒介理论研究的基本宗旨和首要使命。但是，作为一门社会科学，媒介理论研究不应该止步于探索和揭示媒介活动中内在矛盾诸方面的联系和斗争的客观法则和必然趋势，还应该突现和彰显这一过程的价值和意义，进而说服人们自觉遵循媒介规律，主动按媒介规律办事，从而进一步支配、制约和优化媒介活动的姿态、现状与趋势。规律、意义和行动共同构成了学术研究的金三角。

第四，要以中国为经，以世界为纬。中国是媒介理论研究的坐标点，而世界则是它的参照系。如果媒介理论研究不同中国特定的历史—社会—文化条件相结合，不在中国五千年民族文化的土壤上生长出来，不能指导具体的媒介活动，而只是简单地贩卖、照搬和空谈西方媒介理论，那必然会遭到人们的拒绝，甚至反对。但是，要推进媒介理论走出国门、走向世界，同国际学界进行平等的对话和交流，则必须严格遵守学术规范和游戏规则，在坚持中国学术主体性的基础上，使其具有世界元素和全球视野。

正是出于这种思考与选择，有一系列的关于21世纪媒介理论的书籍问世。

21世纪媒介理论中的每一种著作，还都坚持以理论与现实中最迫切需要解决的问题为导向，选准研究的切入口，运用国际学术界最先进的理论与方法，最前沿的思想与观念，着力思考问题产生的原因、路径和影响，以及如何科学、合理地解决问题，努力将问题的研究向深度和广度开掘。同时，书籍的作者们不受媒介理论研究中传统范式和旧有成果的束缚，面向现实，立足交叉，追踪前沿，聚焦集成，努力把内面和外面两个学术世界的优点和精华收归己用，并积极探索适合课题对象和内容的研究模式、思维方式和理论体系。

这些理论的作者基本上都是浙江大学传播研究所出站或毕业的博士后、博士生，他们有的已是教授、副教授，有的已在学术界有一定的知名度。在浙大访学和读研期间，他们利用学校丰富的馆藏资料，阅读了大量的国内外一流的新闻学、传播学、社会学、政治学和媒介学等方面的专著、教材和论文，掌握了一整套先进的科学研究方法和技巧，在通过博士论文答辩的基础上，又积极申报省级以上课题并获得立项，经过进一步深入研究和体系化，最终形成了已达预期目标的科研成果和学术专著。因此，这些成果和专著不仅符合上述要求，而且具有紧追前沿、观点新颖、内容创新、分析深刻、表述精当等特点，具有相当的理论价值和实践意义。

但是，我们深知，当代学术研究，犹如学术探险。我们本不该有什么奢望。如果这些书籍能为媒介理论研究和媒介运营实践起到"抛砖引玉"的作用，能为中国媒介和谐与社会和谐的建设稍尽绵薄之力，又能引起媒介学界和业界人士的一些关注和批评，对于我们来说，就是莫大的荣幸和鼓励了。

邵培仁
2014年6月6日于浙江大学传播研究所

# 目　　录

**导论　媒介怀疑：信息时代的理性思考** ……………………………（1）
　第一节　媒介怀疑的现实意义 …………………………………………（1）
　　一　《大趋势》的预言成真 …………………………………………（1）
　　二　从敬畏到怀疑：态度转向 ………………………………………（3）
　第二节　国内外宏观传播环境演变 ……………………………………（6）
　　一　全球在地化的社会趋势 …………………………………………（6）
　　二　媒介融合的传播趋势 ……………………………………………（7）
　　三　大众传播进入日常生活 …………………………………………（8）

**第一章　媒介怀疑的理论追溯** ………………………………………（10）
　第一节　媒介怀疑的学理溯源 …………………………………………（10）
　　一　客观真实、符号真实和媒介真实 ………………………………（10）
　　二　大众传媒的社会功能研究 ………………………………………（12）
　　三　传媒公信力和社会信任理论 ……………………………………（13）
　第二节　媒介怀疑的概念界定 …………………………………………（15）
　　一　信息与信息时代 …………………………………………………（15）
　　二　媒介与怀疑 ………………………………………………………（20）
　　三　媒介怀疑的范畴 …………………………………………………（23）

**第二章　媒介与受众关系变迁** ………………………………………（29）
　第一节　媒介敬畏 ………………………………………………………（30）
　　一　传播环境 …………………………………………………………（31）
　　二　传播表现和特征 …………………………………………………（34）
　　三　关系实质：控制与被控制 ………………………………………（37）
　第二节　媒介崇拜 ………………………………………………………（41）
　　一　传播环境 …………………………………………………………（41）

二　传播表现和特征 …………………………………………（45）
　　三　关系实质：引导和被引导 ……………………………（48）
　第三节　媒介怀疑 ……………………………………………（51）
　　一　传播环境 ………………………………………………（51）
　　二　传播表现和特征 ………………………………………（54）
　　三　关系实质：影响和反影响 ……………………………（58）
第三章　媒介怀疑的主体分析 ……………………………………（62）
　第一节　信源：媒介怀疑的原动力 …………………………（62）
　　一　线性传播模式与单一信源 ……………………………（62）
　　二　互动传播模式与多点信源 ……………………………（65）
　　三　社会性传播模式与多元信源 …………………………（69）
　第二节　信道：媒介怀疑的催化剂 …………………………（72）
　　一　媒体对信源的怀疑 ……………………………………（72）
　　二　媒体对信息的怀疑 ……………………………………（76）
　　三　媒体对受众的怀疑 ……………………………………（80）
　第三节　信宿：媒介怀疑的接收器 …………………………（84）
　　一　受众对信息的怀疑 ……………………………………（84）
　　二　受众对大众传媒的怀疑 ………………………………（87）
　　三　受众对社会的怀疑 ……………………………………（91）
第四章　符号性与意义生产中的媒介怀疑 ………………………（95）
　第一节　媒介主导的怀疑 ……………………………………（95）
　　一　信息传播过程中的符号异化 …………………………（95）
　　二　媒介符号的偏向 ………………………………………（99）
　　三　媒介与受众关系的变迁 ………………………………（102）
　第二节　受众主导的怀疑 ……………………………………（106）
　　一　受众的心理变化态势 …………………………………（107）
　　二　受众的媒介与信息选择机制 …………………………（109）
　　三　受众与媒介的互动模式 ………………………………（112）
　第三节　媒介怀疑背后的利益博弈 …………………………（114）
　　一　时间性的传受失衡 ……………………………………（115）
　　二　体系性的传受失衡 ……………………………………（118）
　　三　全球信息传播秩序中的传受失衡 ……………………（121）

## 第五章 媒介怀疑的价值分析 ……………………………………… (126)
### 第一节 怀疑作为一种态度 …………………………………… (127)
一 怀疑的过程：去伪存真、去浊扬清 ……………………… (128)
二 怀疑的状态：明辨是非、提高素养 ……………………… (129)
### 第二节 怀疑的实践作为一种资本 …………………………… (130)
一 大众传媒怀疑实践加速积累文化资本和经济资本 ……… (132)
二 受众怀疑实践影响文化资本 ……………………………… (133)
三 符号资本的积累 …………………………………………… (133)
### 第三节 怀疑作为一种力量 …………………………………… (134)
一 大众传媒对事实的追求 …………………………………… (134)
二 受众对真相的渴望 ………………………………………… (135)
三 对社会和环境的反思 ……………………………………… (136)

## 第六章 媒介怀疑折射出的传播病态 …………………………… (138)
### 第一节 疑心病：信任大厦的崩塌 …………………………… (138)
一 信任的概念解读 …………………………………………… (138)
二 信任瓦解的表现 …………………………………………… (140)
三 修复信任的可能性 ………………………………………… (144)
### 第二节 势利眼：偏见与歧视 ………………………………… (147)
一 偏见和歧视的概念解读 …………………………………… (147)
二 当代媒介偏见和歧视的表现形式 ………………………… (148)
### 第三节 恐慌症：由怀疑引起的传播失序 …………………… (153)
一 恐慌和媒介恐慌 …………………………………………… (153)
二 媒介恐慌引起的传播失序 ………………………………… (154)
### 第四节 大众传播中的反智倾向 ……………………………… (159)
一 求智到反智：大众传播怎么了 …………………………… (161)
二 把脉：大众传播中为什么会反智 ………………………… (168)

## 第七章 公共空间的重建和信任的修复：在社会性媒体上的实践 ……………………………………………………… (170)
### 第一节 大数据视角下的信息面向：以南京持枪抢劫案的报道为例 ………………………………………………… (172)
一 宏大信息流迅速引发围观 ………………………………… (174)
二 海量信息背后的多面向 …………………………………… (177)

三　谣言和真相的角逐 …………………………………………（179）
　第二节　充满善意和正义的传播者和受众：以微博"打拐"
　　　　　为例 ……………………………………………………（180）
　　一　意见领袖和自发性社团设定公益话语框架 ………………（181）
　　二　专业媒体发挥刚性价值 ……………………………………（185）
　　三　政府和其他机构和个人将行动落到实处 …………………（186）
　第三节　新的舆论场的张力 ………………………………………（187）
　　一　开放系统：信息充分传播和交换 …………………………（189）
　　二　准稳态：形成答疑和释疑的动力机制 ……………………（190）
　　三　非线性作用：各种声音促成组织再生 ……………………（191）
　　四　涨落作用：在环境和内部共同调节中达到有序 …………（192）
第八章　走向未来的互动互驯共谋的互信型传受关系 ……………（194）
　第一节　人人时代的传播互动 ……………………………………（194）
　　一　人人都是传播者的时代来临 ………………………………（195）
　　二　多媒体、跨屏微屏融合传播 ………………………………（196）
　　三　线上、线下的联动 …………………………………………（198）
　第二节　互动、互驯、共谋的传播模式 …………………………（199）
　　一　互动塑造新型传受关系的基石 ……………………………（199）
　　二　互驯构建媒介生态系统的基本模式 ………………………（201）
　　三　共谋达成传播效果的终极目标 ……………………………（202）
　第三节　"新世界主义"中人际、媒介和社会信任的
　　　　　良性循环 ………………………………………………（203）
　　一　人际信任影响传受关系 ……………………………………（203）
　　二　媒介信任映射出人际信任的变化和社会信任的现状 ……（204）
　　三　人际信任和媒介信任加速夯实社会信任 …………………（205）
结语 …………………………………………………………………（207）
参考文献 ……………………………………………………………（209）

# 导 论

# 媒介怀疑：信息时代的理性思考

## 第一节 媒介怀疑的现实意义

### 一 《大趋势》的预言成真

1982年，美国未来学家约翰·奈斯比特（John Naisbitt）在《大趋势——改变我们生活的十个新方向》中大胆断言，我们已经从工业社会过渡到了信息社会（至少以美国为代表的很多国家如此），并认为这个变化和现状位于其他九大趋势之首，所有的发生在政治、经济、科技、文化等领域的变化也都是基于信息社会的特点和理念。在书中，奈斯比特肯定了麦克卢汉的"环球村"概念，并认为由社会学家丹尼尔·贝尔（Daniel Bell）首先提出的"后工业社会"（Post-industrial Society）概念其实在一定程度上就彰显着信息社会的到来。信息社会中，得益于技术的进步和工艺的改进，经济异常繁荣并且在全世界流动；文化也呈现多元化发展态势，并不断融合；作为各种活动中心和主体的人类，自身在不断发展和进步的同时，其认识世界和改造世界的能力也愈发强大，在这个过程中，信息的生产和流动，无论是有形的还是无形的，都会促进社会的进步和人类的发展。

生产信息的过程中，最不可忽视的一支力量便是大众传播媒介以及它们生产的内容，以某种介质实体和社会组织结构形式出现的大众传播媒介主要进行大众传播，对它们的功能的描述因学科和立场的不同也呈多样化的特点，比较典型的有社会学家哈罗德·拉斯韦尔（Harold Lasswell）总结的监视环境、协调社会关系、传衍社会遗产和查尔斯·赖特（Charles Wright）后来补充的提供娱乐这四个社会功能，以及传播学集大成者威尔伯·施拉姆（Wilbur Schramm）提出的"四功能说"，即雷达功能（环境监控功能)、控制功能、教育功能和娱乐功能。不论是从宏观层面探讨大众传播的功能,还是从微观层面归纳大众传播的功能,大众传媒都与社会进步、国家发展和人类生活息息相关。施拉姆对大众传播媒介的出现和发展极尽赞美之辞,认为大众传媒在历史上,是"伟大的增殖者"①,同时又会在未来的社会发展中起到非常关键的作用。

事实上,人类社会的大众传播历史自印刷媒体时代起,传播媒介的形式、信息传播方式和传播内容就在不断推陈出新和更新迭代,最终形成今天这样一个百花齐放、百家争鸣的大众传媒生态圈。从历史演变来说,大众传媒依次经历了"书写媒介、印刷媒介、广播媒介、影视媒介、网络媒介"②;从媒介技术角度而言,大众传媒可分为"以印刷技术为核心发散开的媒介形成印刷媒介群;以无线电技术为核心发散开的媒介形成电波媒介群;以数字技术为核心而发散开的媒介形成新媒介群"③;从表现符号来说,大众传媒各自能将语言、文字、画面、声音等单独或集结提供给受众。今天,各种传播媒介已经不再拘泥于某一种特定的形式或是依附在某一类特定的物质上,而是逐渐走向融合,它们对人类身心的作用,也慢慢验证了马歇尔·麦克卢汉(Marshall McLuhan)的"一切媒介作为人的延伸,都能提供转换事物的新视野和新知觉"④的预言。因为,无论是报纸杂志、书籍、广播、电视电影还是互联网媒体,都能在今天以自己的形式存在,并发挥作用,同时,它们还能跨越技术和认知的鸿沟,进行跨媒体融合,共同成为受众感知世界的工具。

信息社会在带来大众传播媒介的丰富和内容的多元的同时,也会带来一些困扰,奈斯比特也不讳言地说:"我们被信息淹没,但却渴望知识"⑤,这一定程度上反映了由于信息泛滥导致的知识虚无感、不安定感

---

① [美]威尔伯·施拉姆:《大众传播媒介与国家发展》,金燕宁等译,华夏出版社1990年版,第95页。
② 邵培仁:《传播学》(修订版),高等教育出版社2007年版,第204—209页。
③ 韦路、鲍立泉、吴廷俊:《媒介技术演化与传播理论的范式转移》,《当代传播》2010年第1期。
④ [加]马歇尔·麦克卢汉:《理解媒介:论人的延伸》,何道宽译,商务印书馆2000年版,第96页。
⑤ [美]约翰·奈斯比特:《大趋势——改变我们生活的十个新方向》,梅艳译,中国社会科学出版社1984年版,第23页。

和无所适从感。今天的社会到底有多少信息呢？我们从一组简单的数据中就可以看到其数量级。从大众传媒的数量来看，以中国内地为例，根据国内两大官方部门[①]公开发布的数据显示，2016年全国性和省级报纸共有1894种（其中全国性报纸217种；省级报纸780种；地、市级报纸878种；县级报纸19种）；共出版图书、期刊、报纸、音像制品和电子出版物513.08亿册（份、盒、张）；全年生产电视剧330部14768集，电视动画片119895分钟；全年生产故事影片772部，科教、纪录、动画和特种影片172部；截至2016年12月，中国互联网网站总数为482万个。从受众的数量和使用情况看，以最热门的互联网媒体和基于互联网和Web2.0技术和理念的社会性媒体（Social Media）为例，根据全球权威的市场研究公司AC尼尔森公司的研究报告[②]，到2016年第三季度为止，从社会性媒体用户数量上来说，美国有1.77亿网民利用手机使用社会性媒体；在使用社会性媒体的工具上，PC机的登录比率同比下降，平板电脑和手机登录比率同比上升7%—13%；在各年龄使用社会性媒体方面，处于39—49岁年龄层的用户每周在社会性媒体上花费7小时，位列所有年龄层用户之首。这些数据都说明了，当今社会大众传播媒体的信息数量多、种类多，而且在不断创新的媒介形式中，受众的未来发展潜力也是巨大。所有这些都彰显着，奈斯比特所谓的信息社会真的到来了，至少，在大众传播媒体及其传播领域中，情况确实如此。

## 二　从敬畏到怀疑：态度转向

随着信息社会的日益发展和深入，媒介的形式和传播方式发生了深远的变化。随着媒介技术日益进化、传播手段不断更新、传播渠道的优化，媒介与受众的关系也在全新的时代有了更深层次的发展。大众传播媒介与受众的关系，是在信息传播和交流的互动中确立、稳固并逐渐演变的，因此它们之间的关系也可以看成是介质、环境、符号、信息传播技巧和过程等与受众互动中形成的。

受众对大众传播媒介一开始是敬畏，敬畏是一种对事物的态度，解释

---

① 文中两大官方部门是指中华人民共和国国家新闻出版广电总局和中国互联网信息中心（CNNIC），笔者的数据出自上述两个部门的官方网站、国家统计局及其发布的权威报告。

② 结论是笔者根据AC尼尔森官网上发布的2016 *Nielsen Social Media Report* 翻译的。

为"既敬重又害怕",为什么会产生敬畏之心,这就要从人类发展和进化过程中与大自然和工具的关系说起。人类从低级生物进化到高级生物,通过不断地对抗环境、适应环境和改造环境,创造工具、形成文化、组成社会,而自身也在不断地社会化。在历史演变的过程中,人类与自然的关系非常紧密,它们对大自然有着第一手的资料,从现在很多资料和考古发现中可以了解到,原始人类利用大自然中的动植物的各种部分创造了很多独一无二的工具,还能识别大自然中很多的食物并进行简单的加工制作,人类学家莱斯利·埃尔文·怀特(Leslie Alvin White)曾经对原始人的文化下过这样的结论:"看到诸原始民族在技术水平上在许多方面和当今是如此接近,真令人感到惊奇。"[1] 即便如此,但原始人迫于自己思维和知识的缺乏,对很多在现代科学知识体系中司空见惯的一些常识,非常疑惑和费解,更无计可施。于是,在面对洪水、干旱、地震或凶猛的无法捕捉到的动物时,就会彷徨,甚至害怕,最后只能求助于超自然的力量,并用一种代表物(图腾或其他)和形式(模仿性的舞蹈等)固定下来,这样能解决他们无法理解的许多事。于是,这种对自然的害怕、顺从和崇拜,逐渐形成了宗教,也造就了习俗和传统,最终变成一种特定的文化和文明。

大众传播时代初期,受众对媒介的敬畏,一方面来自于人类一直以来的对新环境的害怕和尊重,在不能全面掌握和理解新环境的本质时,只能选择接受;另一方面也是与大众传播媒介产生时的社会环境有着直接的关系。以古代中国为例,"邸报"的印刷和流通是大众传播历史上不可忽视的一种媒介形式。虽然对其究竟是否是世界上最早的报纸的论断一直有争议,但"邸报"是老百姓了解国家、熟悉社会和与自己密切相关的一些情况的权威途径,因为"邸报"的内容基本上是"皇帝圣谕、朝廷公布的法令、大臣的奏折"[2]。对于这种由统治阶级统一授权,里面的内容又都是关于国家政策、官员任免、地方情况等的印刷品,受众通常是敬畏的,并且深信不疑,还将其作为行动的范本和风向标。然而在西方,情况却稍有不同。西方的印刷出版业是伴随着统治阶级对其的钳制和打压发展起来的,但这并不影响受众对其的信任和尊重,相反,这种夹缝中生存的

---

[1] L. A. White: *The Evolution of Culture: The development of Civilization to the Fall of Rome*, McGrawHill1959, pp. 272.

[2] 李良荣:《新闻学概论》(第三版),复旦大学出版社2008年版,第87页。

大众传播及其媒介给西欧社会带来的是革命性的变化。因为，通过书籍或报纸的印刷和发行，使"一些原本没有想到的事情引起了人们的关注"[①]，并且，随着中世纪的终结，许多社会进入了一个"讨论的时代"[②]。可见，不论是在西方还是东方，受众对大众传播及其媒介一开始都抱着一种敬畏的态度。

但是，大众传播文化发展到今天，信息空前繁荣、多元文化不断碰撞、各种思想交织，在大众传播媒介及其信息日新月异的变化之下，人类的信息版图在扩大，对社会的认知也在深化，因此，怀疑渐渐成了媒介、受众与社会关系中的关键词。对媒介与受众之间的怀疑，要一分为二地看：一方面，作为一种"有教养的意识"，受众和媒介从业者的怀疑代表着用一种批判、质疑的眼光不断接近真相，达到真实；另一方面，当今受众对媒介及其信息普遍的怀疑和质疑，反映了媒体的传统权威地位的更替、媒体从业人员对媒体公信力的掌控变弱以及整个社会的不信任情绪加剧等现实问题，背后其实是传受互动关系的转变。后一种怀疑，我们今天可以从不断涌现的假新闻、媒体越位和歧视、媒介制造的恐慌、媒体信息的泛娱乐化、媒介组织的诚信危机等事件中找到很多实例。而这一切，都会造成媒介与受众关系紧张，久而久之，会导致媒介组织和整个社会信任关系的倒退。因此，我们要对媒介怀疑及其产生的现象进行解读和分析，对其背后隐藏的问题进行关注和剖析，对未来媒介产业和信息市场的规范和发展提出建设性的意见。

受众与大众传媒之间，从敬畏到崇拜，再到怀疑的关系，形成、发展和转变于广阔而漫长的空间和时间内，受到宏观、中观和微观环境的影响。政治、经济、文化、社会等外部的发展趋势为媒介与受众关系的转变提供了现实土壤，而发生于大众传播业内部的各种变化，直接成为推动媒体与受众关系转变的作用力；而传受关系的根本性变化，则成了构建新型大众传播生态环境的决定性力量。

---

① ［美］迈克尔·埃默里、埃德温·埃默里：《美国新闻史——大众传播媒介解释史》（第八版），展江、殷文译，新华出版社2001年版，第4页。

② 同上。

## 第二节 国内外宏观传播环境演变

### 一 全球在地化的社会趋势

人类社会发展过程中，各个领域都在经历着变化，涌现了很多小趋势，从而推动了社会文明整体的进步。放眼全球各地和各个领域，都以不同方式在进行融合和共享，同时又在极力保留文化的多样性，这个被社会学家定义为"全球在地化"（glocalization）的趋势对世界产生了深远的影响。学者哈比布·哈克·霍德克（Habibul Haque Khondker）对全球在地化概念进行研究后，提出了五个假设，分别是："（1）多样性是社会生活的核心；（2）全球化并没有把所有的不同抹去；（3）历史和文化的自主给社会群体体验一种独特性，他们用这种特性来定义自己的文化、社会和国家；（4）全球在地化的概念消除了人们对全球化将所有不同抹去的恐惧；（5）全球在地化并没有预示世界将免受战乱和对峙之扰，而是提供了更基于过去经验的一种理解复杂世界，却也更为实用的观点"[1]。

全球在地化的趋势，给大众传播带来了许多新的课题。全球化带来了多渠道的信息源，负载着多元的文化理念。一方面，对媒体及其从业人员来说，他们的传播路径和内容有了更广阔的选择余地，他们面对的是一个全新的传播世界；另一方面，它们在受众面前打开了一扇又一扇的窗，海量的信息也给受众带来了许多迷惑、困扰，他们有太多东西需要消化和理解。这个过程本身就充满了矛盾、冲突和怀疑。同时，在顺应全球内容和文化同步、共享、共感的趋势上，还要致力于本国、本民族、本地的独特文化的保留和传承，这又给大众传播提出了新的挑战，大众传媒于是开始反思和反省，进行更为专业性和细分化的操作，使内容能顺应不同受众的需求；而对受众来说，他们对信息的甄别力、鉴赏力和判断力也在进行更为细致的考验和多元的验证，因此，他们与受众之间的关系也变得更为复杂，但互动也更为频繁。总之，全球在地化创造了新的传播环境和环境因子，也使我们的传播变得更加广泛、丰富和复杂。

---

[1] Habibul Haque Khondker: *Glocalization as Globalization: Evolution of a Sociological Concept*, Bangladesh e-Journal of Sociology 2004（1）.

## 二 媒介融合的传播趋势

全球在地化是社会的总体发展趋势，媒介融合是大众传播及其媒介在面对现代传媒社会所呈现出来的发展态势。媒介融合分狭义和广义，狭义的媒介融合指的是各种媒介呈现出多功能一体化的发展趋势；广义的媒介融合则从大众传媒及其传播所在的广泛的时空环境考虑，从内容、终端、运营、组织结构、体制等各方面将整个媒介产业进行重构的动态过程。媒介融合是一个内涵丰富且不断发展的概念，它由业界和学界共同定义，并不断扩展着外延。从大众传播内容和过程的角度说，媒介融合既指同一个媒介组织用不同的符号来展示内容，也指不同媒介组织之间互相配合、补充，共同充实内容。

在狭义的媒介融合概念观照下，信息传播内容和形式具备了各种可能性，大众传播媒体多媒体、跨媒体、全媒体特性得到了极大的发展。麦克卢汉在四十多年前写道："人的任何一种延伸，无论是皮肤的、手的还是脚的延伸，对整个心理的和社会的复合体都产生影响"[1]。如今的多媒体将人体器官在大众传播领域不断延伸，因此，在人的心理层面和大众传播领域产生了深远的影响。大众传播媒体技术趋向于同一化，即都以卫星、电缆、计算机技术为传输手段，信息以不同的符号在同一媒体或不同媒体间得到较为完整的呈现，进一步加深了受众对社会的认知。不仅如此，不同的信息符号还会在呈现同一内容时互相补充、验证，推进新闻事件真相，也让媒体有了不断追寻真相的动力，同时又给受众提供了探究、思考及互动的空间。这是媒介融合趋势下，媒介、受众、信息之间的一种良性的、互动的、积极的怀疑关系。

广义的媒介融合也要求技术、社会资源、所有权等的整合，一方面，这可能会打破现有的大众传播行业的格局，按照市场规律，可能会出现一个又一个的大型传媒集团，这就必然压缩中小型媒体机构或独立媒体的生存空间，造成信息失衡甚至是行业垄断。当然，另一方面，媒介集团的专业化操作也不能阻止来自受众的、市民社会的主要以互联网媒体及应用为依托的市民新闻、草根新闻、辫子新闻内容的传播。在未来，专业化的大

---

[1] [加] 马歇尔·麦克卢汉：《理解媒介：论人的延伸》，何道宽译，商务印书馆2000年版，第21页。

众传播媒体和机构与业余的草根"新闻从业者"们将共同创造和传播内容，并在新闻真实性和准确性、新闻伦理和道德等方面进行更为深入而细致地交互，也使媒介怀疑的内涵变得丰富，媒介信任修复和重建变得复杂。

### 三　大众传播进入日常生活

媒介敬畏年代，大众传播媒介是一种稀缺品，它们与受众之间的距离很远，受众对来自少数仅有的大众传播媒介的信息也持有因不确定和恐惧而产生的敬畏感；媒介崇拜年代，是传播效果的魔弹论正流行的年代，大众传播媒介开始进入人们的生活，但并未普及，这些大众传媒在特定的年代和社会环境（比如战争等）中，作为唯一和权威的形象出现，让人们在缺乏更有效和更全面的信源和渠道的状况下，只能选择相信媒体和媒体的宣传，这种崇拜也是迫于无奈和别无选择的。如今，媒介怀疑是伴随着各种类型的大众传播媒体进入人们的日常生活中的，甚至已经成为生活的一部分。有很多客观数据和主观感受可以说明大众传媒与日常生活的密切关系，比如大众传播媒体的绝对数量及其覆盖率、使用率，还有人们日常主动使用媒体的时间长度和内容宽度，甚至还有人们被动接触大众传媒的数据，这些数据都从侧面表明了媒体与受众之间的亲密程度，如今，随着手机媒体的普及，尤其是智能手机的兴起，在促进人际传播的便捷性和高效性的同时，也进一步加速了媒介进入人们日常生活的步伐，人们无时无刻、无处不在地使用媒体、接收资讯、进行互动。

媒介进入日常生活，直接拉近了媒体与受众之间的关系，同时也让受众的媒介素养得到了很大的提升，其中包括受众对媒体的认知、对信息的认可等。这期间也出现了一个趋势，为调研机构反复提及和深入研究，就是跨屏消费新闻和信息。跨屏消费对于媒介、受众和信息之间的关系的影响主要体现在两方面。其一，对同一个资讯或新闻事件，人们会选用不同的媒体来获取信息，受众接受信息不再来自单一媒体，而是会使用多种不同的媒体。这些媒体的信息之间就存在重叠或互补的状态，对受众而言，跨屏消费信息让他们有了更多的获取细节、验证真实的可能性，受众们也在跨屏消费间进行对比、分析和判断；对媒体而言，他们一方面也从不同媒体处获得线索和资讯，另一方面也促使他们需要不断追踪和深入挖掘事件，从不同角度来验证或报道信息。其二，人们在同一时刻使用不同的媒介。2012年，谷歌公司（Google）联合全球最大市场调查公司之一的益索普集团（Ipsos）和思令品牌公司（Sterling Brands）展开调查后，发现美国民众在智能手机、平板电脑、计算机和电视这四大类电子产品上花费的时间达到每天4.4小时，而且90%时间属于跨屏消费。也就是说，人们在使用计算机收看新闻或视频时，也同时使用手机或平板电脑，并且这个趋势十分明显，这给众多内容提供商和传播者提出了新的研究问题。在这样的状态下，从新闻学和传播学的角度审视，不同的媒体需要根据终端呈现特点来创造、传播符号，并且这些符号要能吸引受众的注意，引发他们的关注和思考；而受众对新闻事件的关心度和专注度，也随着跨屏消费的趋势变得难以把握。跨屏消费作为一种信息消费的趋势，给媒体的权威和严肃的形象塑造、对媒体与受众长期稳定的信任关系的塑造形成了严峻的考验。

# 第一章

# 媒介怀疑的理论追溯

## 第一节 媒介怀疑的学理溯源

媒介怀疑论研究的是媒介、受众和社会三者之间的关系,通过探索媒介在社会中地位、追问媒介与受众之间的关系和研究媒介与内容之间的互动样态来凸显大众传播媒介的角色、地位和作用及其变化过程和特征。"怀疑"在这里作为一个中性词出现,只是客观描述了媒介与受众和社会之间的一种互动特征和现实情况。各个学科对怀疑的描述和解读,都为媒介怀疑的研究提供了丰富的理论文献,这些学科主要集中在哲学、语言学、社会学、心理学以及传播学方面。

### 一 客观真实、符号真实和媒介真实

哲学是对人类社会各种知识的系统化的概括和总结,其研究的根本问题是思维和存在、物质和意识之间的关系问题。按照马克思主义哲学的观点,"客观存在"是指在人的意识之外、不依赖于人的意识而独立存在着的客观事物。自然界以及人类社会的发展都是物质的,是客观存在。人与客观存在的关系就体现在人能感知、认识和改变客观实在。

人类对客观实在的认识,需要借助一定的符号。语言就是一个符号系统。语言/言语二分概念是索绪尔语言学的中心思想,费尔迪南·德·索绪尔(Ferdinand de Saussure)认为,语言用来表达观点,因此与书写、聋哑的字母、象征性的仪式、礼貌的形式、军事信号等对应,而他也因此把研究符号作为社会生活一部分的作用的科学称为符号学。之后的罗兰·巴尔特(Roland Barthes)又进一步解读了语言的社会学含义,语言之语是一种社会制度,又是一种价值系统,而语言之言是一种个人的选择和实现行为。他之后便用语言学的方法把符号学的基本概念分成了四类,且都是

二元对立结构，为我们认识社会提供了重要的方法和工具。柏拉图（Plato）在《理想国》中用苏格拉底（Socrates）和格劳孔（Glaukon）的对话，论述了受过教育的人和未受教育的人的本质，其精妙地用"洞穴里的人"比喻未受教育的人，把影子和回声当作真实，而无法理解和洞悉洞穴外面所发生的一切，他们一直活在由别人建构的"形象真实"中。这种"形象真实"不是"客观真实"，它会蒙蔽我们的双眼，让我们丧失理性的判断。"形象真实"的情况，不仅发生在数千年前的蒙昧年代，也存在于当今基于大众传播媒介的人类传播社会中。

  大众传播媒介作为我们认识世界的一类工具，一定程度上也为我们建构了很多"真实"，这种真实是一种"媒介真实"，它与客观现实、社会真实有着密切的联系。沃尔特·李普曼（Walter Lippmann）就曾经论述过"每一个人做什么并不是以直接的和确凿的知识为基础，而是以他自己想象或别人告诉他的情况为基础"[1]，因此人类生活在报界提供的和自己想象的"假环境"中。随着媒介技术的不断发展，又出现另一种依靠电子设备的界面来交互的技术，叫做虚拟实在技术。按照迈克尔·亨利·海姆（Michael Henry Heim）对虚拟实在技术的哲学追溯，他认为"技术与实在正开始融合"，即虚拟实在是一种"新层面的实在"[2]，按照这个逻辑，"媒介真实"也许也是一种新的实在。"媒介真实"的哲学语境给媒介怀疑提供了本质和意义的线索。无独有偶，学者安东尼（Adoni）和梅恩（Mane）在卢克曼（Luckmann）等人的研究基础上，整合出"媒体如何建构社会真实"，提出"客观真实（objective reality），即存在于个人世界之外可经验的世界；符号真实（symbilic reality），即以符号描述的真实，此为站在传播者角度来看待的真实；个人主观真实（subjective reality），即个人对真实的瞭解与信仰"[3]，这三种真实在建构社会真实的过程中，具有互动关系。

---

[1] ［美］沃尔特·李普曼：《舆论学》，林珊译，华夏出版社1989年版，第16页。
[2] ［美］迈克尔·海姆：《从界面到网络空间——虚拟实在的形而上学》，金吾伦、刘钢译，上海科技教育出版社2000年版，第121页。
[3] 转引自陈静茹、蔡美瑛《全球暖化与京都议定书议题框架之研究——以2001—2007年纽约时报新闻为例》，《新闻学研究》第100期。

## 二 大众传媒的社会功能研究

大众传播及其机构,从最初的个人行为和作坊式组织,发展到后来的社会职业和社会机构,其与社会的互动和影响也是与日俱增。对大众传媒的社会功能研究,既是历时性和共时性研究,也是动态发展、批判辩证的研究。

大众传媒对人类社会的影响,国内外学界基本还是有共识的,认为其能"促进和拓展社会变革、影响公众对现实和当前的公共问题及其重要性的认识、传播大众文化"[①],而这一切,都是按施拉姆所说的经由大众传播媒介"扩大和延伸"了信息在当今社会各个领域的作用,对人类的认知、社会和国家的发展都产生了重要的影响。大众传媒对社会的影响,主要通过媒介的中介性传播、受众的反馈以及他们之间的整体互动完成。

大众传媒的社会功能,与传媒机构所在的国家和地区,以及特定的历史时期,也有密切的关系。以美国为代表的自由主义或自由市场模式,以欧洲为代表的"社会责任"模式,以及以社会主义国家为代表的社会主义模式,在传媒机构的社会功能上,都呈现出不同的侧重点。

其中,对大众传媒的权利与义务、自由与责任等的争论,一直伴随大众传媒的社会功能定位和变迁而成为大众传播界的重要议题。大众传播媒介作为公众了解世界和社会的主要渠道,它在不断变化的社会中的作用日趋重要,由于它对社会公共事务的参与程度非常高,因此对其权利和义务的讨论也是由来已久。媒介的社会责任研究始于20世纪中期的美国,概念由美国芝加哥大学校长罗伯特·梅纳德·哈钦斯(Robert Maynard Hutchins)领导的"新闻自由委员会"提出,其完整的理论在哈钦斯报告与其后彼德森等发表的《新闻出版的四种理论》中得以形成,并迅速成为西方传媒的重要理论[②]。在这份名为《一个自由而负责的新闻界》(*A Free and Responsible Press*)报告中,提出了对新闻界的自由正处在危险中的担忧,这种危险是新闻界的经济结构、现代社会的工业组织和某些新闻

---

① [美]梅尔文·L.德弗勒、艾弗雷特·E.丹尼斯:《大众传播通论》,颜建军等译,华夏出版社1989年版,第328页。

② 严晓青:《媒介社会责任研究:现状、困境与展望》,《当代传播》2010年第2期。

媒体的管理者对现代新闻需求认识以及对新闻媒体的责任和义务的预测失败共同作用的结果。在悲观预测的基础上，报告对政府、新闻媒体和公众三方面提出了十三条建议，其中有一条是要建立一个'可问责的新闻界和负责的共同体'，同时要求新闻媒体必须将社会共同体的新闻目标当成自己的目标。这份报告除了提出新闻界要承担起社会责任外，还表达了这么一种思想，即新闻界的自由和责任是不矛盾的，新闻媒体承担社会责任是为了获取更长久的新闻自由。在哈钦斯委员会的报告之后，国内外都开始了大众传播媒介及新闻的社会责任研究和讨论。其中有对媒介的社会责任的分类研究，对新闻媒介的权利与责任研究，媒体与政府、公众的关系研究等。进入信息时代后，新闻媒介的社会责任研究显得日益紧迫和重要，其中会涉及社会变革、新闻自由、新闻伦理、受众价值观等各种问题，也会结合一些具体的边缘案例，对信息时代大众传播媒介的社会责任进行探讨。

　　传播技术的不断发展、媒介形式的不断更新、传媒机构组织方式的变化带来了传受关系的根本性变化，也引发了对大众传媒机构及其传播在未来社会中的角色和功能的深层次思考。尤尔根·哈贝马斯（Jürgen Habermas）提出的公共领域的消亡和转型，对理解传媒机构在社会中的地位，提供了极具价值的视角。虽然哈贝马斯是基于资产阶级市民社会的消退立场来展开论述的，但对当今传媒活动和传播文化进行批判性思考，仍是有很大的启发。一方面，有学者总结了西方当代诸种媒介文化的特点，是公民持续不断的个体化、公众关心和感兴趣的各种问题的平庸化和魅力化[1]，使公共领域的重建面临必要性和困难性；但另一方面，基于互联网的社会化媒体和平台型媒体的繁荣，跨国媒体和媒体的跨国性的进一步发展，信息地球村的繁荣，使公共领域的重新复活充满了曙光，这也为重新思考媒介与受众和社会的关系提供了重要的研究视角。

## 三　传媒公信力和社会信任理论

　　媒介及其从业者将新闻、知识、娱乐及资讯等内容告知受众，受众根据接收到的内容来认识和了解世界、形成观点、采取行动，这个过程中，

---

[1]　[英]尼克·史蒂文森：《认识媒介文化：社会会理论与大众传播》，王文斌译，商务印书馆2001年版，第83页。

受众对媒介认知如何？受众对哪一类或哪一个媒介更为信赖？在学术界，这些问题主要集中于受众对媒介的信任领域研究。根据喻国明教授的观点，美国的大众媒介公信力研究有 80 多年的历史，主要依靠实证研究方法进行。其中有两个重要的先行者：一是在 20 世纪 30 年代对报纸报道的准确性研究中开始提出公信力问题，二是耶鲁大学的研究团队在上个世纪 50 年代开展的消息来源可信度作为说服性传播的一个影响因素的研究。之后有很多学者进行了多种调查，使用各种实证方法，来研究媒介在受众中的传播情况和受众对媒介的使用和认知情况。卡尔·霍夫兰（Carl Hovland）在第二次世界大战时做的说服研究中就提出了"信源真实性"（source credibility）的概念，之后很长一段时间内，信源真实性都被当作是受众对媒介信任的基础和前提，直到 20 世纪 80 年代，有学者对信源真实性的变量进行了改良，提出"对媒介的信任"（trust in media）概念（Gunther. A，1988），真实性这个被认为是客观的、一维的、静态的概念在大众传媒领域，呈现出因受众而变的特点。在最近十几年，又有学者提出"媒介犬儒主义"（media cynicism）的概念（Cappella&Jamieson，1997），认为受众对大众传播媒介，尤其是主流媒介的信心正在减少，媒介与受众之间的疏离感已经建立，受众对媒介甚至已经感到愤怒和厌恶。由此，媒介怀疑的论题就从受众对媒介的信任崩塌开始，变得更有现实意义。

在国内的公信力研究中，根据研究方法不同，分布于两个维度。一是对公信力的指标进行分析，主要运用实证研究。如喻国明教授对中国大众媒介的传播效果与公信力研究，还有学者研究中国大众媒介可信度指标等；二是对公信力的理论探讨和追溯。这些研究主要集中在结合传播现状和实例，对媒介公信力的因子研究、媒介权威、媒介信用概念的研究。

媒介怀疑论背后凸显的是信任问题，而社会学上对社会信任的研究，有很多成果。德国社会学家格奥尔格·齐美尔（Georg Simmel）是较早提出"信任"概念的社会学家，他在 1900 年的《货币哲学》一书中，就提出了"信任"概念，并对其进行了较为详细的论述。他认为金属货币的交换要有两种信任要素做担保：一是对货币的基本信任；二是对被接受的货币可以以同样的价值交换的信任。他进而论述说"离开了人们之间的一般信任，社会自身将会变成一盘散沙，因为几乎很少有什么关系能够建立在对他人确定的认知上"①。齐美尔对信任的重要地位和作用进行了明确的论述。美国的社会学家詹姆斯·科尔曼（James Coleman）从经济和社会资本角度谈论信任，他在《社会理论的基础》一书中，用案例和公式推算来说明经济活动中的信任关系的建立过程和条件。卢曼在《信任》一书中，详细论述了信任建立的条件和准备、信任与社会系统的关系以及信任与不信任之间的关系，论述中充满了哲学的光辉。他还在书中提出了一些有趣和有借鉴意义的观点，如在第三章中，他研究了熟悉与信任的关系，提出"熟悉是信任的前提，也是不信任的前提，即对未来特定态度做任何承诺的先决条件"②。同时，卢曼也直言不讳地说："创立信任的方式是多种多样的，人们寻找普遍的公式是徒劳的。相反，人们不得不承认，正是这多样的可能性，在社会中提供了避免信任破裂的保证。"③ 当代社会学家对信任的研究维度更趋于丰富，其中有代表性的学者是吉登斯和福山。吉登斯试图打破弗洛伊德的决定论框架，建立一个有弹性的社会框架，对信任、信心、可信赖感、信任与怀疑等做出了界定和论述。福山则把信任的作用提升到非常重要的高度，认为其是"塑造世界经济的主轴④"。社会学上对信任的意义、类型、构成要素、影响等的系统性论述，对媒介与受众的信任关系的模型建立有借鉴作用。

## 第二节 媒介怀疑的概念界定

### 一 信息与信息时代

"信息"一词，由来已久。在中华民族的文字和文学史上，"信"字早在两千多年前就作为"消息"来使用，而在日常用语中的"信息"，则有着多种意思，最普遍的便是以消息、资讯出现。但当"信息"作为一

---

① [德] 齐美尔：《货币哲学》，陈戎红、耿开君、文聘元译，华夏出版社 2002 年版，第 179 页。
② [德] 尼古拉斯·卢曼：《信任》，瞿铁鹏、李强译，上海世纪出版集团 2005 年版，第 23 页。
③ 同上书，第 112 页。
④ [美] 弗兰西斯·福山：《信任——社会道德与繁荣的创造》，李宛蓉译，远方出版社 1998 年版，第 6 页。

个学术语言出现时，它的意义变得更为丰富，至今也未能有全面而权威的定论，不同的学科之间，仍对信息的定义、范畴、范围、形式等有分歧和各自独特的解读。虽然学术界对"信息"概念仍莫衷一是，但可以肯定的是，对"信息"概念的梳理和明确，对我们从本源上了解人类传播过程、模式和问题，有着非常积极和重要的作用。

（一）不同角度的"信息"

对信息的定义和概念，我们主要从学术上进行探讨。"信息"作为学术名词，最早在数学领域出现，由数学家通过公式推理和论证对其进行概念界定，之后"信息"便一直是自然科学，如物理、化学、生物等的研究中心和研究对象。由于科学家们对"信息"的定义一直存在争议，因此才追溯哲学，试图用"科学的科学"来对其进行概念的厘清。"信息"进入传播学，则是较为后期的事情了，由于在人类传播过程中，会使用大量的符号：语言、非语言、数字、文字、图表来传递资讯或消息，在这个过程中，又涉及中介、信源、解码译码、认知、心理等各种问题和状况，因此，对传播的本质"信息"的重新理解和追根溯源就显得异常的迫切和重要。

哈特利（Ralph Vinton Lyon Hartley）在《信息传输》（*Transmission Information*）一文中，试图通过不同系统中信息传输的负载能力的对比来建立一套可量化的方法，在此过程中，他认为信息（information）是一个"灵活的词语"，它首先是"物理信号的集合体，包括能通过普遍的协定传达某一类意思的词语、点、线等"[①]，但该文章主要在于解决量化方法问题，对信息的界定较为含糊不清。到1948年，信息论创始人香农（C. E. Shannon）给出信息的数学定义，即信息是随机不确定性的消除。为了进一步说明信息的本质是什么，美国著名数学家、控制论的创始人维纳（Norbert Wiener）在《控制论》一书中，指出："信息就是信息，既非物质，也非能量。"之后，来自不同学科的学者都在各个领域对信息进行释义，总的来说，与信息有关的词有约束条件、传播、控制、数据、形式、说明、知识、意义等，可见"信息"一词的内涵之丰富和外延之宽广。

---

① R. V. L. Hartley: *Transmission of Information*, International Congress of Telegraphy and Telephony 1927, p. 536.

2010年，牛津大学的信息哲学家路奇亚努·弗洛里迪（Luciano Floridi）出版了一本150多页的名为《信息的简介》（*Information: A Very Short Introduction*）一书，在书中，又对"信息"的概念进行了一次非常详尽而全面的追溯和阐释，他利用自己的学科背景，重新组织"信息"概念从科学到哲学的演变路径，将信息在热力学、社会学等各个学科的表现和形式进行了综合性的探索，最终回到今日"信息"的现状和问题上，试图回答在"信息过剩"（Infoglut）年代，谁拥有信息？谁控制传播？谁能得到信息？他用一张图（表1.1[1]）来表示信息的概念，几乎考虑了所有"信息"概念的背景学科，如数学、语言学、语义学、社会学等。

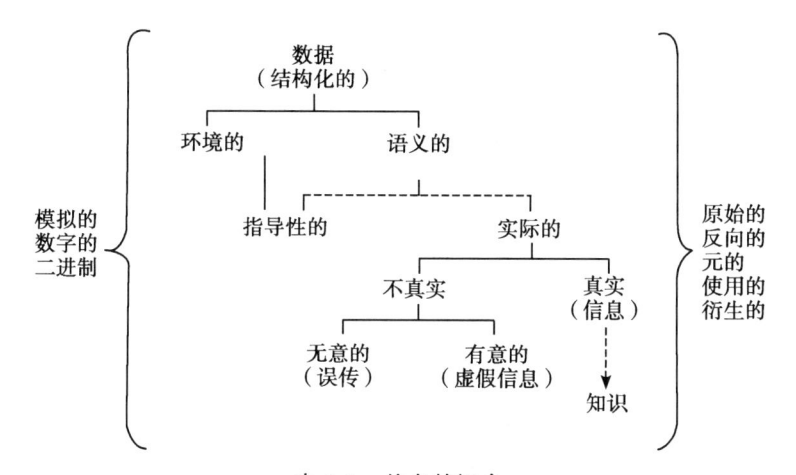

表1.1 信息的概念

弗洛里迪认为，过去的几十年内，大多数学者对信息大多采用普遍的定义，即认为信息就是数据和意义的结合体（data+meaning=information），其中的数据有三个特点：在真实世界可以不一致、在系统或信号的至少两种物理状态下可以不一致、在两种符号间可以不一致。然后他区分了数学上的模拟数据、数字化数字和二进制数（Analogue data; digital data; binary data）。之后，他提出信息包括五类数据，分别是原始数据、反向数据、元数据、使用的数据和衍生数据（Primary data; secondary data; meta-data; operational data; derivative data），其中，元数据包括位置、形式、

---

[1] Luciano Florid: *Information: A Very Short Introduction*, Oxford 2010, p. 20. 注：中文为作者的注释。

更新、可用性和使用规范等；衍生数据是通过搜索、线索、推理证据作为间接来源和用数据自身表达，如对比和实证研究作为直接来源的数据。数据由环境信息和语义信息架构而成，环境信息一般是指导性和说明性（instructional），而语义信息一般有两类，一类与环境信息一样是指导性的，一类则是实际的（factual），而只有实际信息中的真实信息才能最终变为知识[1]。Floridi 显然还是回避了用一句话或一段话来对"信息"进行概括性的描述，但他对信息进行了解构，并用图形表达，其中融合了多种学科的背景，让我们能清晰地看到信息的构成和运动轨迹。一条以任何形式存在的信息要最终达到目的地，传播过程尤其复杂，并且正是由于过程的复杂性和不确定性，因此经常会发生传播的意外，即扭曲、失真、丢失等，这为后面讨论传播过程中产生的怀疑提供了本源性的参考。

（二）信息时代的本质

所谓"当局者迷"，对于目前我们正身处哪个时代，恐怕不是身处时代中的我们能回答的，况且，对时代的定义有多个维度，可以从宏观的政治体制特点、生产力与生产资料的关系、社会结构等，也可以从微观的诸如某个群体的特征、某个突出社会现象或趋势等来进行定义。但不容置疑的是，人类历史发展的每个阶段，都会产生新的政治、经济、文化和社会现象，其中会有主流的占据核心地位的特征，同时有非主流的占据次要地位的特征，用特征来定义时代，目的主要在于记录和梳理我们正经历的历史阶段的主流和趋势，同时给我们的行为提供一个可借鉴和可描述的指导。

如果说麦克卢汉提出的"环球村"只是对即将到来的新世界的武断性猜测，那么尼葛洛庞帝（Nicholas Negroponte）号召大家"正在数字化"，则更有现实说服力，因为他通过论述证明了比特正在取代原子将整个世界改变，在比特建构的世界中，经济活动、社会运行、人的行为都要发生剧烈的变化。尼葛洛庞帝在中国的地位和影响力尤甚，因为他第一次将世界正在发生的新科技领域变化带给了中国人，让很多人茅塞顿开、如获至宝。无论是麦克卢汉还是尼葛洛庞帝，都暗示着"信息时代"的即将到来和未来的繁荣。

---

[1] Luciano Florid: *Information: A Very Short Introduction*, Oxford2010, pp. 20-36. 中文为作者的注释。

信息时代之所以能代表一种新的社会发展状态，必定与之前的社会状态有本质的区别，才能脱颖而出，成为一个时代的缩影和特征。学术界对社会的分类方法，有很多种。按马克思主义对社会形态的线性分类，社会会经历原始社会—封建社会—资本主义社会—共产主义的过程；按产业模式的不同，可分为农业主导社会、工业主导社会等。社会学家丹尼尔·贝尔根据地区、经济部类、职业范围、技术、设计、方法、时间观、轴心原则差异，将社会分为三个类别，分别是前工业社会、工业社会、后工业社会①。这三个社会在技术特征上的差别，表现为前工业社会为原材料、工业社会为能源、后工业社会为信息，因此，我们也可以认为，贝尔所说的三种社会，分别对应着农业、工业和信息产业。再回想维纳所说的"信息就是信息，不是物质，也不是能量"，不免惊叹科学家的高瞻远瞩，信息社会或称信息时代与农业及工业社会最大的不同就在于物质、能量和信息的不同。农业社会的主要资源是对土地、动物和矿产等原材料的简单加工，由于受到人力的限制，最多只能自给自足或简单交换；到了工业社会，尤其是工业革命开始后，第一次工业革命时蒸汽机的发明和第二次工业革命电的发明和运用使整个世界改变，生产力水平大大提高，生产关系也发生转变，欧洲资本主义的体制就是在工业社会时期奠定的；第三次工业革命在二战后到来，这次以生物、计算机技术为代表的革命，似乎有了与以往不一样的内涵和时代背景，也是在那个时候，信息社会开始初露端倪。

贝尔认为后工业时代，即信息时代与之前两个时代有着显著的不同，表现在经济形态从商品到服务、产生新的阶级结构即以技术和知识为核心，由此，政治、经济、文化和社会都会发生剧烈的改变，这里的技术主要指第三次工业中迅速发展起来的以计算机为代表的新技术。国内的熊澄宇教授则认为，信息时代除了信息技术高速发达和信息产业占主导地位外，还有一个重要的特征，即信息资源的充分开发与利用。他还根据中国的发展现状，对信息社会发展阶段进行了分类，一共分成四类②：

1.0社会是资讯技术应用阶段，其表现形式是采购设备，建构网

---

① [美]丹尼尔·贝：《后工业社会》，彭强编译，科学普及出版社1985年版，第30页。
② 熊澄宇：《资讯社会4.0》（台湾版），商周出版2005年版，第5页。

路（网络，作者注）；2.0是资讯产业发展阶段，主要特点是发展有中国自主版权的软、硬体（硬件，作者注）产业；3.0是资讯经济的推展阶段，其主要特点是电子商务及资讯化在相关经济领域的推展；4.0是资讯社会建构阶段，表现形式是以电子政务为起点，向生产关系和上层建筑领域拓展。

由此，我们可以总结出信息时代的一些通用特征：
（1）基于计算机技术的发展，以知识、技术和服务为核心；
（2）物质、能量和信息快速流动、整合、互相作用；
（3）给政治、经济、文化、社会各方面带来深刻的变化和深远的影响；
（4）改变了人与自然、人与科技、人与社会的相处思维和方式。

## 二 媒介与怀疑

新闻学、传播学中说的"媒介"或"媒体"，通常都是对应英文的medium（其复数是media），但由于中文的构词历史和方法，"媒介"和"媒体"两词的意思不尽相同；即便是单独辨析，"媒""介""体"三个字也各自有着丰富而多元的意义。相对来说，"怀疑"一词显得意思较为明确，辨析时只需关注在我们熟知的意义背后，有没有其他的隐含的意义。

（一）什么是媒介

对"媒介"或"媒体"的中文词源不是本选题的重点，亦不会对两个词语的区别和精准性下判断，理由有两点：首先，"媒介"或"媒体"的意思区别在于侧重点不同，但这不会改变其英文词语对应意思的最重要的特征，即中介性；其次，本选题主要讨论"媒介"或"媒体"与受众的怀疑关系，与"媒""介""体"三个字的词源出处或意思关系不大。因此，这里仍采用"媒介"一词，一来为了突出其中介性，二来也是从更宏观的立场和概念来研究。

首先，从传播的角度来看媒介。无论将媒介外延无限扩大的观点，如麦克卢汉是提出"媒介即讯息"和"媒介是人体的延伸"，还是将媒介的界限缩小并确定的观点，如郭庆光认为媒介包含载体性和组织机构两层含义，邵培仁认为"物体、符号、信息三者是构成传播媒介的核心要素，它们相辅相成，缺一不可"①，都暗含了媒介的功能是传播。媒介传播的是什么呢？按不同的领域，我们可以这么区分：在物理层面，声波、光波和电波可以转换为信号传递出去，计算机的二进制数据通过排列组合，负载于计算机终端，通过具体的界面，转化为信号传递出去；在语言学层面，符号、符码也可以通过语言、文字和动作、手势等非语言方式传递出去，产生意义和影响。媒介传播多元的内容的过程至少说明了两点：一是媒介并不局限于某几种形式，一定程度上它确实是"人的延伸"，因为，媒介本身就为了传播，故只要能传播的都可以成为媒介。二是媒介的传播特性意味着它与内容之间的互动关系。

其次，从大众传播媒体角度看媒介。梅里尔（Mrrill）和鲁文斯坦（Lowntinamp）将媒体定义为"体制化管道"②（institutionized channel），这个概念中蕴含了物质实体和组织机构的意思，其意思跟俗称的大众传播媒体十分接近。按主导传播符号不同，大众传播媒体可分为三类：一是以报纸、杂志、书籍为代表的印刷媒体；二是以广播、电视、电影等为代表的电子媒体；三是以互联网网站、手机平台等为代表的互联网媒体。三类大众传播媒体在符号负载、互动方式和传播效果方面都有着天壤之别。哈罗德·伊尼斯（Harold Innis）试图用偏向时间和空间来为传播找到一个哲学上的深意，借用他的观点，我们可以认为，印刷媒体更偏向时间传播，而电子媒体更偏向空间传播，但互联网传播的情况要稍微复杂点，互联网是伴随着第三次工业革命的新科技的发展逐渐兴起的，它不像印刷媒体和电子媒体那样，而是采用全新的技术和介质。在技术上，它与电子媒体有着一脉相承的连续性，也可以为印刷媒体的新形态提供技术支持。就如吉见俊哉所认为的，"媒介不等于传播"③，因为受众自己能动地解读作品。在介质上，目前的趋势是媒介传播者和媒介接受者之间的界限日趋模糊、融合和重构。总体而言，研究媒介除了要关注传播过程、符号互动和传播效果外，还要关注其中介性、互动性和整合方式。

---

① 邵培仁：《传播学》，高等教育出版社2000年版，第148页。
② John C. Merrill, Ralph L. *Lowenstein*, *Media*, *Messages and Men*, pp. 10-11. 转引自程之行《新闻传播史》，亚太图书出版社1995年版，第27页。
③ [日]吉见俊哉：《媒介文化论：给媒介学习者的15讲》，苏硕斌译，群学出版有限公司2009年版，第7页。

## （二）怀疑的两面性

"怀疑"一词，在《当代汉语词典》（龚学胜编，2008）的意思有两个：（1）猜疑，疑惑；（2）推测。在《辞源》[下]（1915年）的出处中表示，"怀疑"一词在中文中最早来自"三国志吴孙坚传：'是时，或间坚于（袁）术，术怀疑，不运军粮。'"这里的"怀疑"是猜疑的意思。"怀疑"的词语意思，基本就集中在这两方面。

将"怀疑"分开来逐字分析，意义则要丰富得多。"怀"（懷）在《古汉语字典》（辞海版，2009）中有十个意思：（1）胸前，怀抱（2）怀藏（3）想念（4）心意（5）归向（6）安抚（7）包，围绕（8）来（9）古邑名（10）女生。而《古汉语词典》（2007）则有些许的差别，它将"怀"字解释为十三个意思：（1）怀念、思念—留恋、爱惜（2）怀恨、嫉恨（3）胸怀，怀抱（4）包围（5）包藏（6）隐藏（7）怀孕（8）情意（9）心内（10）归附（11）招致（12）安抚（13）馈赠、赠送。有名词和动词两类。

"疑"在《辞源》[下]（1915年）中有九个注释：（1）迷惑（2）疑问（3）恐惧（4）怪异（5）估量（6）古官名（7）安定（8）比拟（9）凝结。而《古汉语字典》（辞海版，2009）中将"疑"字归纳为八个意思：（1）怀疑（2）迟疑（3）疑问（4）责怪（5）好像（6）恐惧（7）通"拟"（8）通"凝"。有名词和动词两类。

在英语中，与"怀疑"有关的词很多，主要的词汇包括"doubt; mistrust; suspect; discredit; sceptical"及它们各自不同的词性变体。用朗文英英词典对这些词进行辨析，发现这些词之间除了在用法和搭配上不同，在意思上也有细微的差别。doubt 作为动词，主要有两个意思：一是认为某事不真实或不可能；二是对某人不信任或没信心。mistrust 作为动词，意思主要侧重在由于认为对方没有公平或诚实的对待你，所以产生了不信任。suspect 作为动词，除了认为一些事不诚实和真实外，还有假设、推测的意思。discredit 作为动词，有两层意思：一是让人停止尊敬或信任某人或某事；二是让人停止相信一个特别的观点。sceptical（美语中为"skeptical"）作为形容词，主要意思是不同意别人告诉你的事或观点。

从"怀疑"一词的中英文解释以及将词拆开后单独的字意，我们可以总结出以下几层意思：（1）从怀疑的对象和原因来看，怀疑的是不真实的、不可能的、不公平的人或事或者是对权威人或观点的挑战。

(2) 从怀疑的过程来看，根据"怀"的意思，怀疑可以是一种状态，也可以是一个过程，还可以是隐藏在内心的一种想法。(3) 从怀疑的结果看，怀疑会产生双方关系的变化，显示出不尊敬，严重的话，会导致不信任。

### 三 媒介怀疑的范畴

上文按图索骥地对"媒介"和"怀疑"的内涵进行了考察，是为了给本书中的"媒介怀疑"设定范畴，同时为之后的研究开展提供本源性的框架。本选题属于媒介文化研究，要对一类现象和趋势进行一句话或一段话的概念性的定义，较为困难，但如果不对研究对象的范畴进行划分，又会让研究议题变得发散和模糊，因此，基于对媒介和怀疑的词源追溯和关注的传播现象耙梳后，本选题所研究的媒介怀疑是指由媒介和受众在政治、经济、文化、社会、技术等环境的历史演变和现实状态中发生的以"怀疑"作为关键词的关系变迁和重构，以及由这种改变带来的一系列变化的解读、认识和反思。媒介怀疑的研究并不单纯地进行现象批判，而是将"怀疑"作为一个中性词，将媒介和受众放在历史和社会的变化的大背景中，对大众传播媒介（媒体）与受众的关系状态、变化和趋势做一个深入的解读。首先要解决的，是对媒介怀疑的范畴和界限进行确定和划分。根据传播过程和怀疑主体不同，我们将媒介怀疑拆分成"怀疑媒介"和"媒介的怀疑"两部分，再将整个传播过程中最有能动性的"人"单独剥离出来看，由媒介传播造成的怀疑会演变为一种社会普遍心理。至此，我们将"媒介怀疑"研究范畴限定在三个维度，分别是怀疑媒介、媒介的怀疑和由媒介怀疑产生的普遍不信任。要在这三个维度开展研究，都要回答几个基本问题：怀疑的主体是谁？怀疑什么？为什么怀疑？会造成什么样的后果和影响？

（一）怀疑媒介：由受众主导的怀疑

怀疑媒介的主体是大众传播媒介的接收者，即受众，结合不同的媒介形式，又可以分为读者、听众、观众、网民、新媒体的用户等。怀疑的内容从宏观讲，可以是媒介形式、地位和功能等；从微观讲，是媒介传递的内容和内蕴的思想。宏观方面，大众传播媒介是伴随社会经济发展和人们对传播需求的增加，在印刷技术开始成熟和普及的契机下产生的，但如刘易斯·芒福德（Lewis Mumford）所说："文化和技术虽然通过人类生活的各种活动紧密相连,但就像地质学上不相连的交错岩层一样暴露出不同的形态"①,由印刷技术的发展带来的传播媒介的盛行,如书籍和报纸,对中世纪的欧洲人的观念和文化产生了重大挑战,自然会遭受质疑和抵制,因此,对媒介的形式、内容和功能的认可并非一开始就能达成统一,这种不一致和互相抵制的状况几乎适用于任何一种新技术。然而,如果怀疑媒介的研究定位在宏观方面,那便会陷入一种普遍怀疑的误区,与我们的研究目的相去甚远,也不利于研究成果的实现。因此,怀疑媒介主要是指受众对大众传播媒介内容和意图的怀疑。

受众对媒介内容的怀疑主要表现在传播内容的真实与虚假、全面与片面、准确与不准确,其背后蕴含的是大众传播媒介的立场、符号运用、目的和责任等各方面问题。400多年前,世界上第一份用英文印刷的日报《每日新闻》的发行人塞缪尔·巴克利(Samuel Buekley)就坚持了一项新的标准,他给自己的报纸做了定位,即"这是一张新闻纸,而不是谣言作坊"②,就奠定了新闻必须是真实的基础,这一标准也成为后来新闻学专业从业者恪守的基本准则,即真实是新闻的灵魂。但由于各种原因,来自客观或主观的,造成大众传播媒介无法完全跟随这些恪守准则的前辈的脚步,于是,受众开始怀疑,怀疑的范围从内容到形式、从框架到细节、从媒介呈现到背后的意图。

这种形式的怀疑造成的影响是扩散化的,且负面多于正面。受众接受了虚假、片面和不准确的信息后,对他们的认知产生干扰,也影响了社会生活和人际交往,最终影响社会发展;媒介技术日益发达与大众传播媒介组织的文化和道德倒退,会造成技术和文化的进一步决裂,最终对双方都有巨大的冲击;大众传播媒介和受众之间的认识和行为偏差和分歧进一步增加,最终会改变双方关系的定位,使关系处在矛盾、对立与紧张中。其他的影响还有很多,我们会在下面的章节中详细论述。但在负面影响之外,我们也可以看到,这种怀疑也体现了受众对媒介和传播的体验和认知在日益加深和成熟,即受众变得越来越能动,越来越参与到传播过程中,

---

① [美]刘易斯·芒福德:《技术与文明》,陈允明、王克仁、李华山译,中国建筑工业出版社2009年版,第137页。

② [美]迈克尔·埃默里、埃德温·埃默里:《美国新闻史——大众传播媒介解释史》(第八版),展江、殷文译,新华出版社2001年版,第17页。

并能积极思考、反馈和行动。这是大众传播媒介与受众关系日益紧密的例证，也是受众媒介素养提高的表现。事实上，专注媒体教育的研究专家已经将"媒体识读"和"媒体素养"进行了区分，媒体素养教育有着更高的教育目标，它不仅包含媒体的认知能力，更重要的是，通过媒体信息来进行态度、观念和行动上的反馈[1]。

（二）媒介的怀疑：由媒介主导的怀疑

由于信息具有有序性、可保存和传输、可扩充和压缩、可替代等特点，大众传播媒介作为负载和传播信息的实体，对它的功能的认定，主要的观点集中在环境监视、协调关系、传衍遗产、提供娱乐方面（赖特，1959；拉斯韦尔，1971；施拉姆，1973）。这就赋予了大众传播媒介在政治、经济、社会等领域的独特地位，事实上，以美国新闻史为例，无论是著名的"扒粪运动[2]"（muckraking），抑或是美国报纸对美西战争进程大肆的报道，且不论它的合法性和合理性，但是这些行为一定程度上体现了大众传播媒介在特定的历史和社会中，充当了舆论引导、监督揭黑、改变民众态度和行为的先锋队，同时也传递了大众传播媒体内在的"揭露""对抗""不认命"的基因。

媒介主导的怀疑，主要是指由于大众传播媒介对新闻和事件真相的怀疑和探求、对社会不良现象的怀疑和揭示、对旧生活方式的怀疑和挑战。在很多国家，媒体发展和繁荣的历史本身就是一部斗争史，以第一次工业革命的发源地英国为例，德国约翰内斯·古登堡（Johannes Gutenberg）的印刷技术早已在英国传播和普及，但由于都铎王朝对新闻出版业的严格管控和"星法院"（Star Chamber）的高压政策，新闻传播业一直未能发展起来，随着政治斗争的持续深化，英国人民渴望出版和新闻自由的呼声日益激烈，在约翰·弥尔顿（John Milton）《论出版自由》里为争取新闻出版自由而做的慷慨激昂的辩论的感召下，英国的新闻出版自由露出了曙光，最终，在"许可证"制被取消后，英国的新闻传播和报纸出版业才走上快速发展的道路。在那之后，欧美的大众传播业的发展就一直伴随着要求"言论自由""出版自由"以及对过度自由造成的新闻伦理和媒体责任的辩论。

---

[1] 吴翠珍、陈世敏：《媒体素养教育》，台湾巨流图书公司2011年版，第43页。
[2] "扒粪运动"是指美国20世纪初在杂志界兴起的揭露性新闻报道。

对于媒介主导的怀疑的影响，应该一分为二地看，主要还在于媒体的出发点和适度性上。在媒介对于黑幕的揭露、不良现象的抨击和旧的不健康的生活方式的挑战的方面，应该给予肯定和支持。但对于在商业目的驱使下的为了获取一手的或惊人的信息而进行的非人道的跟踪、采访、拍摄并发布等行为，则违背了大众传播机构的职业道德，甚至有些还触犯了法律。而这种现象，几乎快要成了部分大众传播媒体机构和组织的常态，也是当今一些知识分子和社会团体对媒体诟病的焦点问题。为了获取所谓第一手的和令人震惊的消息，媒体不惜采用非法手段进行窃听、跟踪，或是对采访内容断章取义；为了经济利益，媒体腾出宝贵的空间和时间，为广告商品背书和宣传，全然不顾受众的喜好和插播的时机；更有甚者，为了谋求受众的关注度，媒体会联合传播对象一起来制造事件或进行炒作，以求达到对受众造成足够大的影响。这样的案例还有很多，并且在信息时代，在物质、金钱、消费主义等的刺激下，有着形式多样、愈演愈烈、影响广泛的趋势。

媒介作为连接受众与社会之间的介质，往往扮演的是传声筒、纽带和协调剂的角色。在现代社会，受众通过媒介来接受信息、认识世界、产生判断、形成思想已是司空见惯的事情，诚然，他们还会通过诸如家庭、教育等来认知社会，但媒介是他们认识世界的一个主要渠道和无法避开的一种形式，至少，媒介为"我们整理了不同舆论的主要出处及其参考资料"[1]。而当媒介技术不断发展，大众传播媒介以各种形式和途径进入我们的日常生活，涵盖工作、学习、娱乐、社会活动等各个领域时，媒介对受众的影响范围越来越广，效果越来越显著。在这样的现实下，"狼来了"的警钟要重新敲响。媒介和受众经过多年的观望、抵抗、尝试、对抗、磨合和互动后，形成了如今这般亲密的关系，如果因为怀疑导致稳定的信任关系的崩塌，对媒介组织来说可谓得不偿失，而这样的故事却在现实社会的媒介与受众互动中经常上演。

信息时代的特征之一就是信息在社会各阶层间广泛流动和融合，社会生产方式和人类生活方式都在经历一个剧烈的改变，因而涌现了很多新现象。在社会学研究领域，一些研究者特别关心儿童的发展和变化，尤其是

---

[1] Katz, E: *Publicity and pluralistic ignorance: Notes on the spiral of silence*, In E. Wartella, D. C. Whitney & S. Windahl (eds), *Mass Communication Review Yearbook*, Saga1983, p. 89.

儿童在信息时代的与媒体之间的互动关系，很自然地，这些研究分成了壁垒分明的两派：乐观派认为媒体，尤其是互联网媒体，重构了"童年"概念和儿童的童年体验，并对儿童和家长和老师的关系进行了重新定位，而这些定位应该来说是积极的，这派的代表人物有唐·坦普斯考德（Don Tapscott）、西蒙·派珀特（Seymour Papert）、琼·卡兹（Jon Katz）和道格拉斯·若许科夫（Douglas Rushkoff）[1]。悲观派则认为媒体，尤其是电视，对消灭童年和成年之间的界限起着决定性的作用，童年及其生活方式在电视影响下已经日益消亡，这派的代表人物有尼尔·波斯曼（Neil Postman）、约书亚·梅若维兹（Joshua Meyrowitz）、巴利·山德斯（Barry Sanders）和雪莉·史坦伯格（Shirley Steinberg）[2]。顺着悲观者的视角看去，童年的消逝一定程度上是媒体对原本属于儿童的形象的一种颠覆和重构，使通过媒体接受信息的儿童对原来建构的童年概念产生怀疑，对家长和老师给予的传统教育进行怀疑，进而怀疑社会，变成了"小大人"，而另一种有趣的现象——大人"儿童化"则是相反的情况。而这些群体呈现出的变化，一定程度上也是媒介和受众关系发生变化的产物。

如果说，由于怀疑引起的个别媒体的公信力的崩塌是偶发现象的话，那么，当怀疑成为一种普遍现象，久而久之，则会导致整个社会各阶层之间的互相怀疑，社会稳定的基础将不复存在。2011年1月，新华社下属的《国际先驱报》做了一个名叫"请让我来相信你"的专题，其中开篇写道：

> 我们曾经对一切都充满信任，对领袖、对革命、对资本主义的必将灭亡和共产主义的光明未来……但我们现在却似乎什么都不信——不相信地方政府的表态，不相信媒体的报道，不相信身边人——尤其，政府说什么都加以怀疑，这已经成为多数人的习惯[3]。

虽然，"不相信媒体的报道"只是众多不信任中的一种，而且似乎也

---

[1] ［英］大卫·帕金翰：《童年之死：在电子媒体时代下长大的孩童》，杨雅婷，台湾巨流图书有限公司2003年版，第46页。
[2] 同上书，第36页。
[3] 赵菲菲：《请让我来相信你》，新华网http://news.xinhuanet.com/herald/2011-01/17/c_13694007.htm［2013年1月30日］。

没有被认为是罪魁祸首，但这种全社会性的普遍性的不信任却是非常危险的一件事，从尽信到尽不信，到底是进步还是退步，答案显然不像单选题那么简单，但可以肯定的是，不信任成为人们的生活方式，这是一种不正常的扭曲的现象。

# 第二章

# 媒介与受众关系变迁

人类社会发展至今，在经历了无数次的作用、改造、更新、迭代后，才呈现出一种较为稳定的状态，即由改造自然、革新技术建立的自然环境和形成新思想、创造新文化建立的社会环境，这两种环境被认为是"基因进化和文化进化"[①]的结果。基因进化让人类在几万年间，通过基因变化，从灵长类动物发展到今天的具有高度智慧的人类；文化进化则依靠人类的智慧，制造了新工具、形成新思想和新制度，将我们的社会建设成了如今这样具有多元文化的样态。人类的传播媒介，是人类互相沟通和交流的中介，它以大自然中的原材料作为基础，依靠人类创造出的文字、声音、图画等符号为传播内容进行传输和传递，让不同的社会和人们能够互通有无、彼此了解。传播媒介的出现、更新和发展，伴随着人类社会的发展和人类文化的迭代，改变了人类社会信息交流的模式和形态，最终对社会的政治、经济、文化等都产生了巨大的影响。传播媒介由人对大自然的原材料进行工具性加工而成，作为介质进行信息传播时，又负载了大量由人类制造和赋予的信息符号，通过对人们的思想的影响来改变人们的行为方式，最后改变了人类社会。传播媒介和传播活动作为人类社会的文化现象之一，也随着社会的发展而不断变化，其中，媒介与受众的关系也在随社会的脉动而变化和更新。

媒介与受众的关系变迁，很难能用简单的语句进行武断的概括，而是需要将媒介和受众置于历史变迁和社会发展的大背景中，通过对传播媒介的更新和特征研究和对受众在接受信息的能动行为的观察，同时搜集代表性的现象和行为并进行细致研究，才能勾勒出媒介与受众关系变迁的脉动

---

① ［美］斯塔夫里阿诺斯：《全球通史：从史前史到21世纪》（上），吴象婴等译，北京大学出版社2005年版，第6—7页。

图。在这个变迁过程中,需要综合考虑多种因素,但其中有两个不容忽视的表征,一是传播技术发展,二是媒介与人类日常生活的关系变化。前者是信息在媒介和受众之间传递的基础,如同人类社会一样,新工具、新技术会改变整个社会,迄今为止,学者们仍在津津乐道蒸汽机对资本主义经济制度和社会的诞生的伟大作用和深远意义,传播技术的每一次进步和更新,都直接改变了信息交流的规模、速度和强度,从而对人类信息传播活动的模式和形态产生重要的影响。后者则直观地表现了媒介与受众的关系亲疏程度。传播媒介发展至今,它与受众之间的关系日益紧密,从很多官方数据中都可以看出人们现在一天消耗在各种传播媒介上的时间比以往任何时候都要多。同时,现在人们也很难离开媒介和信息,因为传播媒介已经与人们的日常生活紧密相关,它们之间的关联度、紧密度和渗透度都处于高位,就像我们无法离开生活一样,我们也无法抛弃媒介而独立生活。因此,我们可以说,传播技术的发展让媒介和信息无处不在,而媒介与日常生活的亲密程度让受众对媒介和信息习以为常。

媒介与受众的关系变迁是一个动态的、能动和博弈的过程,在人类源远流长的传播历史中,它们也走过了几个阶段,有着独特的阶段性的相处之道,要找到关系变化的节点,需要回顾一下人类传播历史。以传播技术作为观测点,人类经历了三次信息传播革命,分别是拼音文字、印刷和计算机[1]。拼音文字开启了人类文明的大门,使信息有了传播的可能;印刷技术的发展和普及,直接促使大众传播时代的到来;而计算机技术的发展,直接将人类拉上社会发展的快车道,让信息的交流更加快速和便捷,也改变了人类社会的很多方面。这三次信息传播革命也改变了媒介与受众的关系,主要体现在传播环境、传播表现和特征上,而且媒介与受众的关系也在每一次的信息传播革命后发生了某些本质上的变化。

## 第一节 媒介敬畏

人类社会的传播活动和传播媒介由来已久,语言的诞生就是为了满足交流和沟通的需要,而早期的来自大自然的一些介质就具有传递信息的功

---

[1] [美]谢丽·比亚吉:《媒介/影响:大众传播媒介概论》(第九版),宋铁军译,中国人民大学出版社2011年版,第16页。

能，如石头、纸莎草等，但传播符号和媒介整合到一起，是在第一次信息传播革命之后，即拼音文字发明之后。用传媒学者安东尼·史密斯（Anthony Smith）的话来说，就是"用书写方式储存后，信息现在能够传递给某些新的受众——那些远离传播源并且不受它控制的受众，书写把知识转化成了信息"[①]。在有了统一的文字拼写标准后，不仅传播活动的受众数量扩展，而且传播活动也变得愈加的简单、方便、便于储存了。在这次信息传播革命中，媒介与受众的关系开始建立，并显露出自己的特征。受众在第一次信息传播革命中，对传播媒介及其信息传播活动更多表现出尊敬又害怕的态度，这与传播环境、传播的表现和特征息息相关。

## 一　传播环境

在第一次信息传播革命时代，受众处于一个简单但变化多端的社会环境中，对主要由统治阶级操控的媒介及信息传播活动十分陌生，又碍于大部分民众还处于蒙昧状态，因此，他们对用媒介来传递一些信息这种行为很好奇，也有很大的距离感，甚至有点惶恐和恐惧。

1. 社会环境

人类从灵长类动物发展到智人的漫长过程中，自我发展中产生了语言用来交流、改造自然中的原材料来制造工具，在交往形式上也渐渐产生了部落和群落，制定了分工和部落制度。如今的考古学已有多种证据说明旧石器时代和新石器时代的人类已具有相当高的智力和较为严密和完整的聚集形式和制度。但语言刚诞生之初，仅仅是作为人际沟通的工具，由于不能保存，因此并不能给社会留下太多信息，因此，信息、新闻、知识在那个时候的传递都非常缓慢。直到有了拼音文字，才让统一的文字和符号能在人类社会中传递，由此，社会上发生的真实事件、宗教习俗、神话传说等可以被记录和积累，信息也就有了传播的可能性。世界历史上最早的具有代表性的一些文明社会和国家类型，如美索不达米亚、克里特、古埃及、古印度、古中国等，都形成了自己独特的语言和拼音文字系统。以中国为例，中国历史上的秦朝，在结束战国乱世状态后，统一了国家，开启一系列的制度和措施，其中一项就是统一文字和度量衡，因此，秦朝在中

---

[①]　[美] 谢丽·比亚吉：《媒介/影响：大众传播媒介概论》（第九版），宋铁军译，中国人民大学出版社 2011 年版，第 16 页。

国历史上占有举足轻重的地位。而对今天的欧洲各国来说,"公元前2千纪末期发明的简单的字母文字,就是影响除中国以外整个古典世界文化发展的一个十分重要的因素"①。

在以拼音文字的产生为代表的第一次信息传播革命中,人类的传播处在一个新的社会环境中,但从历史角度看,那时候的社会结构仍然较为单一、社会制度不甚完善、民众未完全开化。走过旧石器和新石器时代的人类,开始尝试更大规模的社会组织形式,即国家和城邦,但由于自然和社会环境的双重制约,没有十分严密的规章、制度、法律等体系,而完全依靠统治者及其所在的利益阶层的武断治理,再加上处于被统治地位的民众,缺乏对知识和技能的系统性掌握,因此,只能被动地接受统治,遇到难以解决的问题时,只能求助于超自然的力量,如巫术及由此演变而来的宗教,因此,这就导致虽然拼音文字使信息和知识能够惠及更多的民众,但民众对这种新的现象,或者说技能不甚了解,再加上文字书写是由代表统治阶级意志的知识分子或上流社会的人先掌握后再传给普通民众,民众对其一贯持有警戒和恐惧态度,因为这已经超过了他们的知识范畴。

2. 技术环境

人类以非凡的改造自然的能力超越所有的动物,最初,这种能力体现在制造劳动和生存的工具上,因此,原始社会的传播活动从一开始,就有很多天然的媒介被利用,如石头、树枝、树叶、绳子、动物皮等,而且,为了信息能被保存和传递,原始人类也想尽办法对这些天然材料进行加工。但总的来说,在文字初产生的时期,处于农业社会中的人类,虽有着令人瞩目的发明成绩,但在技术上始终无法突破,在低水平循环徘徊。虽然个别地方有发明家发明了一些迄今为止看来仍很有前瞻性的物品,但仅停留在发明创造阶段,更别说量产了,因此,这种发明充其量只是代表了发明者个人的能力,并没有影响更广范围内的人,更别说改变世界了。

在这种环境中,传播媒介倒是有很多,都是人类直接向自然界就地取材来充当,或对一些自然材料进行简单地加工。以中国为例,先秦时就用结绳、雕刻、书契等介质和方式来记录和传递信息;后官吏又将国家大事和见闻写在竹简、棉帛等媒介上;到了西汉,虽有了蔡伦造的纸张了,但

---

① [美]斯塔夫里阿诺斯:《全球通史:从史前史到21世纪》(上),吴象婴等译,北京大学出版社2005年版,第91页。

由于纸张数量有限，因此仍选择写在简和帛上[1]。其他的一些地方和民族，根据便利程度，会选择羊皮、丝绸等作为媒介，将文字写于上面来收藏和积累。这些媒介，都来自大自然，选择它们体现了远古人类有着灵活应变的头脑，但这些介质，都不适合长时间传播、传递和保存。绳子、石头上的信息容易丢失和变形，且介质本身也不容易被转移和传递；竹简上的信息虽较易保存，但重量太大，另外植物容易受到自然环境的影响；棉帛、羊皮、丝绸等特殊材料，虽然轻薄容易传递，但由于制作工艺和制作成本过高，不利于在全社会推广。由此，第一次信息传播革命时期，普通的古中国人，是很难独立进行信息传播的，这种距离感也一定程度上造成受众对媒介的尊敬和畏惧。

3. 市场环境

在拼音文字确定初始，信息传播仅是作为一种门槛较高、并不普及的活动来进行，这是一个很单纯的传受市场。最早掌握书写文字的是贵族、官吏、僧侣等特殊的群体，普通老百姓由于学习书写的教育成本较高，且他们忙于进行农耕来维持自己的生计，因此很难在文字出现的第一时间学会。因此，信息传播在当时，是由社会精英群体、特权阶层或是政府官员掌控的，普通老百姓只能充当被动的受众。这样的信息传播氛围中，没有太多的需求和供应、没有竞争、没有频繁的交换，因此，可以说，这个信息传播的市场并未形成。

有一些史料也力图证明，那时候的人们对信息的觉醒意识，比如早在罗马帝国时代，富有的罗马人便会养一些收集信息的奴隶，派他们到城里去收集食品和其他商品的价目信息及各种传闻，这些传闻能使主人们做成一笔绝好的投资生意，并能使他们及时获得得利的政治地位。再如，15—16世纪欧洲大陆出现了"手抄信息"，在商业发达的德意志和意大利的一些地方，关于政治经济的概述信息一旦出现，就会有人迅速誊写出100份、200份，或是300份，这种模式被认为是今天报纸的雏形[2]。然而，即使我们看到了那时候的人们对信息传播的需求和为之做出的种种努力，也应该认识到当时的信息传播只限于狭小的圈子和特定的阶层，更别说由

---

[1] 杨师群：《中国新闻传播史》，北京大学出版社2007年版，第1—6页。
[2] ［法］让-诺埃尔·让纳内：《西方媒介史》，段慧敏译，广西师范大学出版社2005年版，第18页。

于传播技术的限制，第一次信息革命终究不可能让每个人都受惠，信息传播和媒介与受众的日常生活相去甚远。

## 二 传播表现和特征

从拼音文字诞生之初，通过对社会环境的分析，我们可以看出，那时候的人们处在一个不断变化和动荡的社会，农业是当时社会的主要经济形态，即使一些发达的地区已经出现了商业的苗头，也主要是为了售卖农产品，因此，大多数人对媒介、信息、知识都没有形成太多的感觉，他们对信息传播活动也持好奇、观望、害怕的态度。即使是被认为最具智慧的哲学家苏格拉底，也对这种新的传播方式及其带来的后果持怀疑和担忧的态度。他认为，知识应保留在特权阶级中，因为书写会威胁信息的独家使用权，"一件事一旦被写出来，这个文章，无论它是什么，都会到处流传，不但会传给理解它的那些人，而且同样也会传给与它毫不相干的人"①。虽然苏格拉底的话不无道理，但可以看出他对这种新的交流方式及它会带给民众和社会的后果的疑虑和悲观情绪。

1. 传播者不断的尝试和探索

从苏格拉底的话中还可以映照出一个现实，即在拼音文字时代，识字的和有知识的人主要集中在特权阶级中。因此，那时候的信息传播者也主要由特权阶级或其委托人来担任。

第一次传播革命的标志是出现拼音文字，使传播由口语进步到文字传播，在拼音文字出现后，我们看到的是以文字为代表的新技术与以口语为代表的旧传统之间的对比和对抗，用伊尼斯的话来说，"复杂的文字成为特殊阶级的特权，倾向于支持贵族。简单而灵活的文字，留有余地，适应口语。但是其适应过程缓慢，因此它有利于知识的垄断和等级制度的形成。阅读与文字相应，暗示着对写作能力的被动承认。传播中的种种发明，迫使知识垄断或知识寡头的重新组合"②。因此，拼音文字刚出现的年代，是一个知识极不平等的年代，掌握知识的是小部分人，其中包括统

---

① [美]谢丽·比亚吉：《媒介/影响：大众传播媒介概论》（第九版），宋铁军译，中国人民大学出版社2011年版，第16页。
② [加]哈罗德·英尼斯：《传播的偏向》，何道宽译，中国人民大学出版社2003年版，第2页。

治阶级及其官员、贵族、知识分子、宗教人士等，这些人为了巩固自己的统治，或是维持既定的社会地位，积极地利用这种新方式进行游说和传播。

有历史学家认为，文字是祭司们出于记事需要而做出的一大发明。祭司在原始社会是与上天沟通的巫师，也是除部落首领外最具权势的人物，随着社会进步，祭司除了主管宗教活动外，还要管理大量的经济活动，因此，他们需要文字来记载一些经济数据，为统治阶级服务。之后，随着宗教种类的分化，祭司就渐渐演变为寺庙或教堂的僧侣或神父。而他们作为民众的精神寄托和心灵导师，一直占据社会各阶层的较高地位。我们从现存的多个版本的经书中可知，从纸莎草版的《圣经》到羊皮纸的《圣经》，反映了宗教领袖们对新的媒介的探索和尝试，也反映了他们利用文字传播教义和教道维持基督教的地位的迫切性。即便是第二次信息传播革命的创始人，德国的古登堡在发明印刷机后的第一件作品，是复印《古兰经》，由此可见，宗教对民众的影响力十分巨大和深远。统治阶级也常利用文字进行传播，来说服自己的国民，证明其统治地位的合法性，颁布国家法律来进行管理，或是提供教育服务来促进社会的进步。统治阶级也是文字的学习者、推动者和传播者，经过学者[①]的考证，公元7世纪，当盎格鲁-撒克逊人第一次到达英格兰时，基督教和拉丁语已在那里落地生根，而新来的统治者仅仅带着一些刻有古代北欧文字的文集，到了英格兰后，他们表现出对学习、文学的极大热情，他们学习当地人的祖先的和同辈人的历史，以求能更好地融入新的文化，维持自己的统治。而最早掌握书写的智者，也即知识分子，也为我们留下了很多不朽的著作。特权阶级率先掌握文字和书写技能，出于各种目的，利用文本进行思想和知识的传播和传递，一方面使信息传播的范围更加广泛，加速社会的知识和文明程度的提升；但另一方面，也使当时的普通老百姓与知识和传播隔阂加大，增强他们的恐惧感，使他们顺从。

2. 传播媒介的简单性和随意性

文字传播时代的媒介多样，但较为简单和粗糙。按照原始人对自然界进行改造时无所畏惧的勇气和对材料选择的粗放性的特点，在文字作为符

---

① Rosamond McKitterick：*The Uses of Literacy in early medieval Europe*, Cambridge University Press 1990, pp. 37-39.

号进行信息传播的时代,很多物质和材料都充当过媒介,如石头、树枝树叶、动物骨头、帛、丝绸、动物皮毛等,这体现了古人在工具使用和制造方面的天分,上述的材料都有成为媒介的某种潜质,但都有各自的缺点,尤其是在记录、运输和保存上,都有不可弥补的缺陷。而且没有固定的媒介也使信息传播受限。没有一种公认的专供信息传播使用的媒介,也不利于树立信息和知识传播活动在社会中的地位,自然也就无法在全社会推广这种活动。比如盎格鲁-撒克逊人到英格兰时,带去了刻有古代北欧文字的文集,但事实上,这些古代北欧文字最初是刻在木头上的,地中海地区的挪威的卑尔根(Bergen)曾经出土了550块刻有古代北欧文字的木头,但从14世纪起,这些刻有每日信息的木头为了方便运输,就会分割成小木棍和小木牌。因此,我们可以想象,当盎格鲁-撒克逊人带着这些木棍和木牌进行现实的信息传播时,是相当不方便的,而且信息也不易保存,任何一块木头的丢失或毁坏都会影响信息的完整。当然,由于当时的信息和知识主要集中在特权阶级,未能在全社会推广,因此,在媒介的选择和使用上也没有很大的突破,这导致了一种恶性循环,即知识缺乏和传播不易导致媒介停滞不前,而传播介质的不方便又直接导致传播的不易和知识传播的停滞,直到纸张的普及,为人类的信息传播和社会发展翻开了全新的篇章。

3. 受众的懵懂和恐惧

文字传播的漫长年代中,受众作为信息的接受者,他们不仅面临神秘的自然环境和社会环境,而且还要解决自身的认识和知识局限问题,因此,在整个传播过程中,受众都表现出懵懂、迷惘、恐惧和顺从的态度。受众的这种态度可追溯到原始部落社会中,对超自然力量的费解和恐惧,以及对人类能够控制和驾驭它们的期待中。如今考古发现的创作于旧石器时代的年代久远的岩画,通常被认为是原始社会艺术的杰出代表,而事实上,这些岩画的内容很多反映的是当时由巫师主导的宗教仪式,或是人们出于对无法驾驭的动物和自然现象的一种自我安慰性的描绘。这也说明,自古以来,普通的民众就对宗教有着强烈的依赖感和信赖感,这种信赖感的根源是对自己费解和无法解决的现象和事物的不确定和恐惧。所以,在拼音文字诞生的初期,很多信息传播活动都与宗教有着紧密的关系,比如希伯来的先知们就利用羊皮纸、纸莎草等媒介,用更有效的字母表,将之前口口相传的故事和神话写进《圣经》,而《圣经》也成了西方基督教、天主教等宗教的经典，直到今天，仍然是西方国家民众的信仰文本。

那时候的大多数民众，一方面，出于对无法解释和驾驭的自然环境的恐惧和担心求助于宗教；另一方面，又要面对不断更迭、交替、变化的社会环境，而每一次变化，都伴随着战争和动乱。新的统治者上台后，为了巩固自己的统治需要尝试不同的办法，首先就要让民众相信并承认新的统治和政权，于是有些统治者会与宗教团体联合，利用他们的教义来对民众进行说服，或者就用极端和残暴的手法来镇压反抗的人或思想，如秦朝的"焚书坑儒"，不仅打击了有读写能力和知识的文人学士，也结束了"周时期所特有的百家争鸣的局面①"。不难推测，经历过这样腥风血雨的普通老百姓，对统治阶级会充满恐惧和害怕，由此，统治阶级的政策和思想也很容易在社会中进行推广。用休谟的话说："力量总是站在被治者一边，治人者除了舆论外，没有其他东西支持。因此，政府建立在舆论的基础上。这个原理适用于最自由和最得人心的政府，也适用于最暴虐和最好战的政府"②。其次，统治阶层在稳定政权后，也会采取各种措施来维护自己的统治，除了生产和经济手段外，也会致力于在文化和艺术等方面进行努力。秦朝推广的是法家的思想，而汉朝"独尊儒术"，并采用察举制为主的选拔机制，鼓励在中央任职的官员和地方官员推荐当地的贤才任职，这一定程度上也促进了有志为官的青年民众苦学儒家经典、饱读诗书的学习氛围。因此，受众在文字传播年代，对来自宗教团体和统治阶级的信息传播，通常是无比地敬畏、深信不疑，甚至趋之若鹜。

### 三 关系实质：控制与被控制

在第一次信息传播革命之时，拼音文字的诞生和不断地更新，改变了依靠口语和图形传播的传播现状，使社会的传统习俗、历史、法律、文学、艺术、宗教教义等能够以书面形式保存并世代流传，促进了人类智力的发展，也推动了人类社会文明的进步。以书面形式进行信息传播，真正使信息的传播成为社会生活的一个组成部分，它使包括数据、文本和知识

---

① [美]斯塔夫里阿诺斯：《全球通史：从史前史到21世纪》（上），吴象婴等译，北京大学出版社2005年版，第161页。

② [加]哈罗德·英尼斯：《传播的偏向》，何道宽译，中国人民大学出版社2003年版，第2页。

在内的信息的保存、复制、共享、传递、影响等各种特征都开始显露。但在日后的传播和媒介与人们的生活越来越密切，信息传播甚至成为了一种职业和产业的景象面前，第一次信息传播革命时期的传播者、媒介和受众之间的关系相对单纯，它的本质是控制与被控制的关系。

1. 传播者的目的：为了巩固自己的统治地位

那时候的信息传播，并未成为一种固定的职业，像后来的大众传播媒介组织一样有着严格的操作规范和运作流程，纵使在组织上，也有像以传播和教育为主的学校，以及普及知识为主的图书馆等；在职位上，有以信息传播为主的官职和官员，如中国汉朝就有"上呈章奏，下报上情，中转信息"[1]的郡邸长丞；在个体行为上，有以说服和教化为使命的知识分子和宗教人士，如古希腊的哲学家们等，在民间，甚至还出现过以打听政治经济信息为任务的奴隶，但总体而言，这些组织建立的初衷和行动，都是为了巩固统治阶级的统治地位。而个人进行的活动，无论是知识分子还是奴隶们，传播范围都很狭窄，其影响力自然也很有限。

那时候的传播者，主要还是以特权阶级为主，他们为了维持自己的既定地位，在信息传播方面采取了一系列的措施。在传播策略上，主要采用灌输和控制；在渠道上，限制普通民众进入信息传播领域。由特权阶级作为主要传播者的信息传播活动是单向的、简单的和垄断的。古代中国官报的功能和发展过程，便是一个很好的例证。如今追溯报纸起源时，总会提到中国古代社会中的"邸报"。李良荣教授在《新闻学概论》一书中，对邸报的称呼、内容、作用和读者对象做了归纳和总结，从中可看出，邸报作为古代中国各朝中央政府的信息传播媒介，是有着举足轻重的地位，但它与现代报业还是有着本质的区别的，最重要的一点就是，邸报上的内容并非新闻，而是中央政府试图告知和说服民众的一些政策、法令等。秦汉时期，政府主要采用露布、牌报、悬布等来户外张贴公告，来发布相关制度，再将信息送达较为偏远的地区，对民众来说，传播内容是不容置疑的，传播过程是单向的；到了唐代，由于纸作为传播媒介的逐渐普及，政府建立了较为固定的平台来发布文件、公告等，即"进奏院状报"，但仍是由来自各藩地的在北京的进奏官各自编写，在当地发行和传播，并没有建立完整的官报体系；宋代才建立"一套完整的中央和地方统一管理下的

---

[1] 杨师群：《中国新闻传播史》，北京大学出版社2007年版，第4页。

官报传播制度①"。不仅有专人负责收集和选择内容，还有严格的审稿制度，即决定什么样的内容可以放在官报上，这也彻底改变了之前的官报与文书和文件相类似的状况，真正成为官方传播政经等各方面信息的载体。宋代也是我国古代新闻传播兴盛的朝代，民间已经发明了泥活字印刷术，也出现了打破官报一统天下的小报，但与现代报纸相比，那时候的小报仅仅是官方话语体系下的另一种形式的媒体而已。元朝和明朝的官报更加成熟，表现在老百姓视官报为了解国家社会大事的主要来源，但同时也出现了很多现代新闻传播行业的苗头，如元朝出现古代广告、宋朝有人经营报房等。清朝是传统意义上的邸报的最后的辉煌，因此，抄本、复本众多，但随着信息传播意识、技术的日渐提高和出传播渠道的日益丰富，近代报业就要应运而生了。官报在古代中国的产生、发展和消亡过程，都体现着中央集权制的统治阶级对言论的控制，民间要打破官报体系的意愿、尝试和努力一直都有，但各朝都利用各种方式和措施对言论进行控制，保持官报的核心和权威地位。即使新的统治者推翻了旧朝，废除旧朝的很多不合理的规章制度，但在建立了新的政权后，在言论的态度上却是一如既往地约束和控制。这种状态贯穿第一次信息传播革命始终。

2. 受众的边缘化和顺从：民众未开化

在拼音文字传播时代，受众并非处于信息传播的核心地位，受众的角色呈现边缘化和游离化的特点，而受众对由特权阶级主导的信息传播活动，由于敬畏和害怕，多数持顺从和不反抗的态度。一方面，古代社会以农业为主，大多数人需要进行物质资料的生产活动，受众对来自传播的信息都无暇进行太多的思考和顾及，更别说试图打破传播者的信息垄断了。在文字还未出现的原始社会，即便连部落首领和巫师，都身兼数职，既作为普通部落成员参加物质资料的生产，又履行部落管理和宗教仪式实行的任务。直到物质资料渐为丰富时，巫师才可以脱离日常的生产活动，专门进行巫术活动。随着社会发展，出现了城市和国家，于是不用进行物质资料生产的群体越来越多，这些群体基本上就成了特权阶级，比如国家统治者、贵族、宗教人士、知识分子等，而普通老百姓则需要承担更多的物质资料的生产任务，就更没有时间和精力来进行信息传播活动了。另一方面，普通民众的知识水平较低，无法独立进行信息传播。随着特权阶级逐

---

① 杨师群：《中国新闻传播史》，北京大学出版社2007年版，第8页。

渐从劳动生产活动这样的体力劳动中解脱出来，他们开始专心于脑力劳动，学习书写、文字、知识，掌握更多的信息传播必需的传播技术、过程和方式，他们自然成了信息传播活动的核心人物和主体，而即使普通民众意识到自己正在被特权阶级控制思想，而产生反抗情绪时，他们也首先要解决书写和知识的空白问题。因此，在第一次信息传播革命中，受众基本上是站在信息传播活动的边缘地带，懵懂、费解、惶恐，等着被灌输、说服和控制。

这样说，似乎太过绝对和残酷，也并非所有的民众都是如此的愚昧无知和逆来顺受，无论在西方还是东方，各个政权的更迭和变换，都是因为有识之士和有识阶层的觉醒和反抗，而整个古代世界也在千年的发展过程中，政治、经济、文化等各方面都有了长足的进步，为后世留下了宝贵的物质和精神财富。我们无法否认人类在社会发展过程中的能动性和文明进程中发挥的巨大影响，上文所论述的是，古代社会中的普通民众作为文字传播活动的受众时，是有时代局限性的，比起现代社会的受众，古代社会的民众对信息传播活动显得陌生和有距离感，对传播者更尊敬和恐惧。因为，社会中的人，都会带有某个时代的特殊印记，同时也有无法突破的局限性。即便被认为是最具智慧的希腊三位哲学家：苏格拉底、柏拉图和亚里士多德，即便他们对政治、人性等问题的论述至今仍闪耀着智慧的光芒，但也无法跳脱身处的社会和克服自身知识的局限。苏格拉底对知识的广泛传播所带来的影响，持忧虑和悲观的态度，他坚持认为知识应该留在特权阶级中；柏拉图致力于描绘和建立一个理想世界的版图，但他的理想国直到今天都无法建立；亚里士多德广集包括逻辑学、物理学、生物学等各门学科的知识，最终认为人类社会天生就有主人和奴隶之分，有些人天生应该服从别人，而有些人天生应该统治别人。智者尚且如此，更别说普通的民众对来自特权阶级传递的信息的顺从了。

总之，以拼音文字的出现为标志的第一次信息传播革命，是人类进行大众传播活动的开始，但它与现代社会的大众传播活动仍有着很大的区别，这其中有历史、时代、社会的原因，也有人自身的知识和行为方式的因素，但它却为大众传播活动奠定了基础，之后，随着传播技术出现革命性的突破，一个全新的时代拉开帷幕。

## 第二节　媒介崇拜

回顾历史车轮行进的路线，我们可以看到，人们对信息传播的尝试伴随着信息需求的逐渐旺盛和传播技术的更新而变得连绵不断，人类的信息传播和交流活动进入空前繁荣的发展状态中，口口相传的传播方式在第一次信息传播革命时就被书面文字传播代替，而书面文字仅依靠少数人的手抄来传播显然也不能满足日益勃兴的民众的信息需求，人类传播活动发展进入一个瓶颈期。但历史同时已证明，人类从来不会坐以待毙，徘徊和停滞只是暂时的，事实上，各种机器的发明、应用和普及改变了人与工具自远古时期以来建立的平衡和友好的关系，人类社会也进入了一个全新的发展时代。在信息传播领域，印刷技术的普及给信息传播带来了革命性的变化，人类社会进入第二个信息传播革命时代，即印刷传播时代。

印刷传播时代的革命性，不仅体现在相较于文字传播年代，印刷技术的广泛应用让传播内容的空间和时间都得到了广泛的延长，让信息传播活动与民众的日常生活的距离更近了一步，而且印刷技术及其所在时代的其他发明，直接改变了人与工具之间的关系，也因此改变了世界。按波斯曼的说法，人类文化按技术特征可分为三种，分别是"工具使用文化、技术统治文化和技术垄断文化"[1]，其中，技术统治文化大概开始于欧洲的中世纪，以机械时钟、印刷机和望远镜这三大工具的发明为开端，因为，这三大发明都产生"工具和文化的新型关系"[2]，机械时钟产生了新的时间观念，印刷机改变了认识论，望远镜则刺中了宗教神学的软肋。在这样一个颠覆传统观念和充满革命性的年代，人类使用新的传播工具和技术来传播信息和知识，到后来现代报纸的诞生，大众传播业和大众传播媒介也就应运而生了，媒介和受众处在全新的环境中，它们之间的关系，也呈现出与以往不同的特征。

### 一　传播环境

第二次信息传播革命以印刷技术的发展为标志，中国是最早发明印刷

---

[1] ［美］尼尔·波斯曼：《技术垄断：文化向技术投降》，何道宽译，北京大学出版社2007年版，第12页。

[2] 同上书，第15页。

术的国家，早在北宋，民间就发明了泥活字印刷术，但目前学术界通常以德国的古登堡发明了金属活字印刷术作为印刷革命开始的起点和标志性事件，这主要因为古登堡将发明的印刷机真正付诸印刷业的实践，开设工厂印制图书进行售卖。古登堡制造出印刷机大约在15世纪40年代，这时期的欧洲正处于中世纪末期和文艺复兴时期，是一个动荡不安的时代；而古代的文明古国，如中国、印度等，都处于等级森严的封建社会中，看似平静和稳定，事实上，也是从这个时候开始，西方各国即将慢慢占据优势地位，并将进行全球的扩张。从全球范围内看，印刷传播起源于欧洲，并且也是在欧洲产生了巨大的影响。

1. 社会环境

历史学家普遍认为，中世纪后期开始，欧洲和亚洲开始走上不同的道路：亚洲的古文明大国，如中国、印度等，都处于强大的国家政权和机器的统治和保护之下，对外基本封锁；欧洲则即将经历一系列的改革，走上现代化的发展之路。所谓现代化，除了经济上的提高人均产量为目标外，还有"对民众的唤醒和激发、对现在和未来比对过去的更大的兴趣，一种把人类事务看成是可以理解的而不是受超自然力量控制的趋势和直至近年来才建立起来的对科学和技术的益处的信赖"[①]。中世纪晚期，欧洲王室内有政治斗争，外要抵御外敌入侵，很多王室成员命运多舛，民众在目睹高高在上的王室不断发生各种悲剧和巨变后，王室和帝王的权威也就慢慢消退，随之而来的起源于意大利的文艺复兴运动，留下了大量的文学、绘画、音乐、雕塑作品，通过国家的外交官或军官等，在欧洲进行传播，文艺复兴时期作品中对人的能力和成就的强调，也随着传播遍及了欧洲大陆。随后在德国爆发了宗教革命，后遍及到法国、英国等许多国家，其直接结果之一便是"权力由教会向政府转移"[②]。在王室成员和宗教人士被赶下神坛后，民众的意识开始觉醒，他们思想活跃，广泛寻求知识，对信息和知识的渴求刺激了对印刷品的大量需求，也使信息传播活动日益频繁。出于对信息和知识的主动性需求，不仅促进了欧洲文学、艺术的发展，也使信息传播活动摆脱了第一次信息传播革命时代的被动和单一。

---

① [美] 斯塔夫里阿诺斯：《全球通史：从史前史到21世纪》（下），吴象婴等译，北京大学出版社2005年版，第305页。

② 同上书，第385页。

在亚洲，作为最早发明纸和泥活字印刷术的中国，比欧洲更早地使用纸来作诗作文，也留下了许多印刷的文本，而且自宋代起建立了非常完善的邮递网络，但却未能将印刷技术充分发挥，这主要与中国当时的政治体制和国家制度有关。两千多年的封建社会制度，统治阶级为了维护自己的统治，对内封建统治，对外闭关锁国，将很多的新思想、新技术扼杀在了摇篮里。虽然史料证明在官方传播制度控制下，民间还是有很多小报、印刷品等在流通，只是由于官方的禁令和民众的薄弱意识，民间的信息传播活动未成气候。

2. 技术环境

第二次信息传播革命的发生和发展过程中，纸和印刷术的使用和普及，加大了信息传播活动的深度和广度。纸的发明虽早于印刷术，但后者在信息传播史上更有促动力和影响力。对于印刷技术以及印刷机的发明、使用和推广在人类社会中的重要地位和作用，让很多学者都极尽赞美之词为其背书，其中有弗朗西斯·培根（Francis Bacon）在《新工具》中说的"印刷术、火药和磁针，改变了整个世界的面貌和事态"；也有芒福德在《技术与文明》中认为的"印刷术从各个方面说都算是个革命化的发明"；还有波斯曼定义的技术统治文化的兴起因为有机械时钟、印刷机和望远镜这三大发明。当然，印刷术的意义不仅体现在信息传播活动及其内容的伟大历史意义中，而且作为"机械工艺的成就"[①]，还象征着社会生产方式从人力走向机器的重要转折。而纸张的发明和使用，为信息和知识以书面形式保存和传递提供了基础，降低了信息和知识的获取成本，从而让人类社会的历史、文学、艺术等各种宝贵遗产都可以一代接一代地传递。虽然纸和印刷术的发明时间相差几百年，但当纸和印刷术一结合，就立刻起了化学反应，改变了人类社会的信息传播方式，也改变了媒介与受众的关系。

纸和印刷术的发展和普及，使信息和知识在特权阶级和普通民众中的地位和比例发生逆转。印刷品的广泛传播一方面使知识不再是特权阶级所有，激发了普通民众对知识的渴望和追求，促进了教育业的发展，如欧洲很多城镇在14、15世纪都建立了大学和以提高读、写、算能力为目标的

---

① ［美］刘易斯·芒福德：《技术与文明》，陈允明、王克仁、李华山译，中国建筑工业出版社2009年版，第123页。

基础教育①；另一方面识字率的提高和知识的普及，让民众的视野和认知都有了突破性的进步，对政治、经济、宗教、文化都产生显著影响。曾撰写《作为变革动因的印刷机》一书的伊丽莎白·爱因斯坦（Elizabeth Einstein）这么描述印刷术对宗教产生的影响，她说："印刷术被视作不仅使手抄书过时，而且使哥特式的大教堂及其他所推崇的教条主义也过时了"②。因此，印刷术的推广和使用，让欧洲得以从宗教和王室对思想和文化的限制中走出，而后的几个世纪中，欧洲的商业经济、科学技术、文化艺术不断进步、日益繁荣，开始在世界上占据优势地位。

3. 产业环境

在15世纪之前的社会，生产资料缺乏、生产力水平低下，人们没有太多的物质可以交换，因此，商品流通缓慢，商业也不发达，客观上也导致信息传播动力的缺乏和活动的徘徊不前。然而，随着劳动生产力水平的提高和技术的进步，一方面，各国内部的商业贸易活动越来越频繁、竞争也日趋激烈；另一方面，一些强大的国家开始开拓海外市场，在全世界范围内进行商贸活动。日益繁荣的商业和贸易，使人们的信息传播需求大大提高，人们既需要商业信息来获得最大的利润，又需要知识来改进技术、提高生产、提升效率。而后在欧洲，产生了一种全新的经济制度，即资本主义，它"以牟利为动机，以各种精心设计的、往往是间接的方法，通过利用大量的资本积累来赚取利润"③。这种以逐利为目标和使命的经济形式，一定程度上为信息传播从活动变为产业提供了产业土壤。事实上，从西方报纸的产生过程来看，从印刷术和纸没有普及的手抄新闻开始，到印刷的不定期发行的新闻书，再到定期发行的周刊中，不难发现，商品经济的发展使人们对信息需求增加，从而诞生了新闻、报纸、刊物、职业新闻工作者等新闻传播业的核心组成部分。印刷并发行的新闻和报纸的出现，也让嗅觉灵敏的资本主义商人又多了一个工具，广告业应运而生了。如学者总结的，"世界上第一篇名副其实的报纸广告是1650年刊登在英国《新闻周刊》上的一则寻马悬赏广告；法国最早刊登广告的是《公报》；

---

① [美]朱迪斯·M. 本内特、C. 沃伦·霍利斯特：《欧洲中世纪史》（第十版），杨宁、李韵译，上海社会科学院出版社2007年版，第405—406页。

② Elizabeth L. Eisenstein: *From the Printed Word to the Moving Image*, Social Research 1997（64）.

③ S. B. Clough, C. W. Coke: *Economic History of Europe*, D. C. Heath Press1952, p. 66.

美国的《波士顿新闻通讯》在 1704 年开始登付费广告,开创了有偿广告的先例"[1]。如今,广告和媒体、广告和新闻传播活动的关系密切,成了大众传播研究中不可忽略的一个因素了。

## 二 传播表现和特征

如果说文字的诞生和传播将人类从蒙昧的泥潭中拉出,那么印刷传播则将人类带入更加繁荣、理性和文明的社会,让人类的智力和知识都得到了长足的进步,自印刷传播时代起,人类开始回顾、审视和剖析自己和社会,重新定义人、工具、自然和社会之间的关系,首先要做的就是破除来自统治阶级和宗教团体长久以来的魔咒,重新认识世界和认识自己。因此,印刷传播时代,信息和知识的传播方式、渠道和效果,都与以文字传播为代表的第一次信息传播革命截然不同。

1. 传播者的专业性

印刷传播时代的传播除了惯常的特权阶级外,还加入了以往只作为接受者出现的各种阶层,而且这些新加入信息传播活动的各类人,或是为了满足自身的知识和新闻的追求需要,或是为了获得政治经济资讯来促进商业发展,都是主动地和迫切地需要包括知识和新闻在内的各类信息。这种自发的、自主的和主动的信息传播者和以往的特权阶级不同,特权阶级只是将信息传播活动作为维护其阶级社会地位的方式之一,并没有去了解过受众的真实需求,因而随着社会各种事业的发展和受众知识的普及,特权阶级的单向且单调的传播已经无法满足受众的信息需求了。再加上印刷技术的使用和普及,专业的传播者和传播职业便出现了,他们进行信息传播活动的载体是书籍、报纸和期刊,尤其是后两者,由于内容更新速度快、较为浅显、与受众日常生活贴近,就渐渐成了受众获取新闻、资讯的主要途径,这也为现代新闻传播业奠定了基础。

从事报纸和期刊的内容撰写编辑和印刷发行的人,都是具有超前的意识、较高知识水平和信息获取渠道的群体。而早期的民间发行的报纸和期刊的内容,以英国为例,通常是关于发生在统治阶级内部的新闻、本国和本地的经济和社会新闻、发生在欧洲大陆的经济或战争新闻等,从早期的

---

[1] 陈培爱:《现代广告学概论》,首都经济贸易大学出版社 2004 年版,第 44 页。

"科兰特"① 刊登外国战争或本国国会新闻；到党派出现后，托利党、辉格党和宗教异见者，都"产生了自己的报纸和新闻工作者"②，新闻传播事业迅速繁荣起来；再随着以英国为代表的欧洲各国对世界其他国家的侵略，他们也将新闻传播活动和事业的理念和操作方式带到了国外，如美国、中国等。第一批近代中文报纸就是由英国传教士创办的，它们不仅内容丰富和新鲜，包括西方的宗教、最新的科学和文学知识、新闻和言论，而且面向全社会发行。它们对中国近代报业的起源的最大意义体现在"突破了封建性邸报的模式"③。

早期报纸和期刊的传播者，无论是从事内容还是出版发行的，都是现代新闻传播事业的革命者和先行者。对受众来说，他们带去了多元化的知识、新闻和资讯，丰富了他们的头脑，开拓了他们的眼界，也将原本笼罩在特权阶级上的神秘面纱慢慢揭开。

2. 传播媒介的固定性

印刷媒介时代最伟大的两项发明就是纸和印刷术，它们打破了传播媒介就地取材、简单加工、无法保存的窘迫局面，给人类的传播活动提供了固定的介质和统一的技术标准，人类的传播活动便有了从个体或小团体间的简单而松散的行为到由专业和标准的组织或机构来进行新闻、信息或知识的大众传播的物质基础了。对纸、印刷术的发明和使用在人类传播活动中的地位和影响，专家学者都极尽赞美之辞。

季羡林先生认为古中国四大发明之一的纸的作用之于中国和欧洲都十分重要。"对中国来说，有了纸的发明，才有了印刷术的发明；才能大量地抄书藏书印书；书籍和类似中国绘画这样的艺术和文化才能传播出去。对欧洲来说，纸助成了文艺复兴和宗教改革，促进了社会的进化"④。美国的文化学者卡特在结合前人的著作和在新疆等地的实地考察后写出《中国印刷术的发明和它的西传》一书，书中对中国的印刷术从起源到传播都做了翔实的考证。虽然印刷术发明之时，东西方之间的交流不像今天那么频繁发生，而且世界各国之间也不那么和平，但却丝毫不影响印刷术在各

---

① Corantos，英国早期报纸的名称，它们定期出版，但内容具有局限性。
② ［美］迈克尔·埃默里、埃德温·埃默里：《美国新闻史——大众传播媒介解释史》（第八版），展江、殷文主译，新华出版社2001年版，第17页。
③ 李良荣：《新闻学概论》，复旦大学出版社2008年版，第90页。
④ 季羡林：《中国纸和造纸法输入印度的时间和地点问题》，《历史研究》1954年第4期。

国之间的传播和推广，恰恰相反的是，卡特经过对中国印刷术的推广之路进行考证后，得出"在世界所有伟大的发明中，印刷的发明最可以发现出四海一家和国际主义的精神"①，理由如下：

> 中国发明了造纸，并首先试验雕版印刷和活字印刷。日本产生了现存最早的雕版印刷物。朝鲜首先用铸造的活字来印刷。印度以其文字和宗教，供最早的雕版印刷物的取用。突厥民族是把雕版印刷传过亚洲的最重要的媒介之一，……我们知道，近东的波斯和埃及两地，在欧洲开始一刷以前就已经有过印刷。阿拉伯人是为中国的造纸术传入欧洲开先路的媒介。欧洲先通过君士坦丁的希腊文化的帝国输入纸张，但造纸术是通过西班牙传入的。法国和意大利是基督教世界中最早造纸的国家。关于雕版印刷和它的传入欧洲，根据最早的权威一件，认为都是假道于俄罗斯，……德国意大利和荷兰是最早的雕版印刷技术的中心。……德国完成了活字印刷的发明，并由它传布到全世界。今日在世界印刷事业上占有很大分量的英美两国，在印刷的发明一事上不能说有过贡献，至少在初期中是如此②。

因此，有了纸和印刷术后，人类传播活动的程度和范围就大大地延伸，后来就出现了职业的传播者，如记者、编辑等和专业的传播机构，如报社、通讯社等，大众传播媒体和大众传播活动雏形初现。

3. 受众的相信和膜拜

第一次信息传播革命时期的人们，对来自特权阶级的信息，通常深信不疑，但不怀疑的原因是不敢疑、不能疑、不会疑，即没有质疑和质询的勇气、渠道和方法。如秦朝提倡儒学反对法学的知识分子，他们的观点与主流观点相悖，与统治阶级相对立，结果遭遇了悲惨的结局。在这样的社会氛围下，人们因为对天治的敬畏而认命，以及对人治的害怕而顺从。

随着知识的普及和各种书籍的推广，人们开始有机会接受来自各方面的信息。对个体而言，他们渴望知识和信息，思想上也更自由，因此，印

---

① [美]卡特：《中国印刷术的发明和它的西传》，吴泽炎译，商务印书馆1991年版，第207页。

② 同上。

刷传播时代的人们对来自各方面的信息都更宽容和相信，但这种相信并不是由于害怕而产生的，更多的是人类在从愚昧走向文明的过程中的逐步觉醒。传播活动提供了很多有实际价值的信息和知识，解放了思想，繁荣了文化，同时，随着以提供新闻为主的报纸的诞生，更是让人们见到一个前所未有的新世界。因此，受众在第二次信息传播革命时扮演的角色通常是觉悟者、倾听者和支持者。

### 三 关系实质：引导和被引导

第二次信息传播革命时期，传播者、受众、传播媒介、信息之间的关系较之以往更清楚和明晰，尤其是传播者和受众，他们之间的关系也更趋正常和积极。传播者传播信息和知识，以期对受众的思想和行为进行引导，受众则在书籍、报纸和杂志的影响下，解放思想、拓宽思路、形成自己的知识体系和价值判断。

1. 传播者进行宣传

虽然两次信息传播革命发生的时间、背景、特征、影响都不尽相同，但从传播活动的初衷和目的而言，从事传播活动的个体或群体主要是为了宣传而进行传播。第一次信息传播革命时期，统治阶级为了自己进行统治的合理性和长久性，而对民众进行信息控制；各宗教首领，为向人们宣传教义和教道，而不遗余力地进行传播。第二次信息传播革命时期，由于纸张和印刷术的推广和普及，各类以宣传为目的的传播活动更加繁荣。原来的特权阶级继续利用印刷品来进行教化和宣传，比如中国的邸报继续盛行，还建立了非常完善的系统来维护这种传播。宗教更是为了传播教义，而走在技术和传播媒介发展的前列，中西方皆如此。中国从雕版印刷开始，寺庙便掀起了一股复制佛教经典的风潮；德国的古登堡改良了印刷术后，印制并发行的第一本刊物便是《圣经》。因此，卡特总结道："从中国发明印刷术开始起，直至 20 世纪为止，在印刷术进步的悠久历史中，无论何种语文或在任何国家，其最初的印刷，几乎无不和神圣经典或和世界三大宗教之一的神圣艺术有关"[①]。

如果说统治阶级和宗教组织对民众在组织和思想上的宣传和灌输仍和之前一样，那么，15 世纪后的知识分子和有识之士，从自然悲观论中跳

---

① [美] 卡特：《中国印刷术的发明和它的西传》，吴泽炎译，商务印书馆 1991 年版，第 33 页。

脱出来，利用印刷品和印刷机构来进行知识的普及和思想的宣传，则是印刷传播革命的一个新现象。他们不仅给人类文明带来了弥足珍贵的科学、文学和艺术遗产，而且还带来了自由、民主、乐观、质疑等思想。欧洲的印刷传播革命发生于文艺复兴时期，那时候欧洲民众正处中世纪后期，陷入一种对生活和社会失望的状态中，而人文主义学者"率先用满怀希望和满意的调子诉说自己的时代"①，于是乐观主义便兴起了，而后世中，文学、绘画、雕塑等文化作品给民众带来的心灵和精神层面的影响也是有目共睹。弗朗西斯·培根被波斯曼认为是技术统治时代的第一人，因为他提出科学和科技应该为人类生活服务，而且培根在某种程度上而言，还是一个教育家，他将这种理念通过著作清晰而坚定地传给后人，虽然由于他所处的时代和教育背景的特殊性，从而被认为"思想中充满了神学和科学"②，但也不能否认他的科学思想和理念对后世的影响。西方世界如此，中国在印刷传播革命时，也有一些新气象。当时中国正处于闭关自守的封建社会后期，内忧外患不断，除了统治阶级继续利用强权来传播官方信息，扼制民间的信息传播外，从清末的维新运动开始，到 1911 年孙中山领导的反封建王朝革命，再到 1919 年由北大清华进步老师和学生发起的五四运动，都利用了报纸、期刊、书籍来进行宣传。如维新运动后的《明六杂志》，"创刊号的第一篇文章就描述了日本的启蒙目标"③，而五四运动中的刊物就更多了，有《每周评论》《新潮》《新青年》等，很多来自西方的关于科学和哲学社会科学的新思想和新动向以及启蒙思想都是借这些刊物进行宣传，因而也产生了中国近代的第一批意见领袖，如陈独秀、鲁迅等。

印刷传播革命时期，传播者不仅为了思想上的认同而进行宣传，而且还出现了为获取经济利益进行的宣传，尤其是在资本主义国家，由于资产阶级的兴起，他们以追求利润为商业目标，因此需要对瞬息万变的经济情势有所了解，才能开展业务，发展商业。另一方面，当印刷、纸张、报纸

---

① ［荷］约翰·赫伊津哈：《中世纪的秋天——14 世纪和 15 世纪法国与荷兰的生活、思想与艺术》，何道宽译，广西师范大学出版社 2008 年版，第 27 页。

② Steven Matthews：*Theology and Science in the Thought of Francis Bacon*，Burlington：Ashgate Publishing Limited2008，pp.139.

③ 舒衡哲：《中国启蒙运动——知识分子与五四遗产》，刘京建译，桂冠图书股份有限公司 2000 年版，第 24—25 页。

成为资本主义行业的一员后，报纸从其他资本家刊登的广告和售卖中获取高额利润。广告主为了利润在报纸上对产品进行大力的宣传，报社老板为获取读者的青睐，需要用最吸引人的资讯和新闻来推销自己的报纸。

2. 受众的相信和服从

印刷传播时期，信息传播的广度、深度都有了显著的提高，但受众仍然是传统意义上的接受者，虽然他们的角色较之以往有了很大的变化，但他们在信息和知识积累、获取、掌握和体验上处于传播活动的末端和被动方，对处于强势地位的传播者和媒体持有普遍意义上的信任和服从。虽然都是相信和服从，但与出于敬畏的相信不同，印刷传播时代的受众更多的是接受多元的信息和知识，而不是仅获取来自特权阶级的。

从被动和无知状态中觉醒的受众，把对神灵或统治阶级的敬畏和服从转为对知识和信息以及新出现的社会阶层崇拜和信任。首先，他们对信息和知识非常崇拜。印刷传播时代的政治、经济、文化、科学等都发生了重要的变化，现存的各学科体系也是从那个时候开始建立的，也正是从那个时候开始，科学的重要性开始凸显，因为科学知识可以通过发明和创造直接转化为生产力。因此，普通民众对知识的力量深信不疑，对能传输和负载信息和知识的媒体，如书籍、报纸等，也是十分重视。其次，他们对技术十分崇拜。以印刷机为例，中国的雕版印刷早于西方国家很多年，但真正被人们认可的对信息传播活动造成革命性影响的发明还是古登堡改良的印刷机，因为他的印刷机使得书籍能够批量生产，极大提高了生产效率。除印刷机外，那个时期还有很多伟大的机械发明，如瓦特的蒸汽机，逐渐地改变了手工制造为主的经济形态，用机器代替人力，用技术代替宗教，彻底改变了普通民众的心理环境。再次，受众对人的崇拜。第一次信息传播革命时代，受众主要对超自然的神灵、宗教塑造的偶像或是拥有特权的人的出于敬畏的膜拜。而到了印刷传播时代，随着人们的知识的逐渐丰富和大众传播的日益普及，受众开始转向，除了继续原来的信仰和崇拜外，他们还会增加对陌生群体的崇拜，比如对科学家、作家、艺术家等的崇拜，而这种新的崇拜往往是通过阅读文本、看报纸或读杂志来完成的。特别是早期广告，通过游说和展示来达到说服和改变态度的目的，这就是大众传播媒介造偶像的最初形态。今天，通过大众传播媒介塑造的偶像和明星已是司空见惯，无论是政治领域的，还是文艺领域的，而且从最初的包装策划，到中期的深化印象，到后期的神化，都有完整的流程，甚至到了出神入化的境界。印刷传播时代的受众，更多的是学习新知识、了解新信息、见识新世界，因此，他们对大众传播媒介及其信息抱持相信和崇拜的态度。

也许在今天挑剔、刁钻的媒介受众看来，那时候的人是太"单纯"了，单纯到对书籍、报纸或杂志上的内容全部接受并相信。但事实上，比起第一次信息传播革命中的受众，印刷传播时代的受众已经不那么"单纯"了，如波斯曼所总结的，印刷革命培养了"信仰隐私、个性、思想自由、公开的批评和社群的行动"[①] 这几个价值。随着传播技术的进一步发展、传播活动的进一步深入、受众传播体验的日益丰富，人人都相信媒体的时代即将终结。

## 第三节 媒介怀疑

人类历史走入公元20世纪后，我们可以清晰地勾勒出全世界迄今为止的一百多年时间中的发展状况版图。这一百多年间，人类的进步十分巨大，尤其是对于科技的发展和进步的接受程度和适应程度，更是体现进步和自主的意识。从传播媒介的使用来看，从拼音文字到印刷传播用了一千多年时间，从印刷传播到计算机传播用了几百年时间，而从广播、电视到今天的互联网传播，仅用了一百年不到的时间，大众传播媒介和活动的发展在从20世纪开始的百年时间内，得到了飞速的发展和渗透式的普及，而媒介和受众的关系也有了很大的变化和进步，从拼音文字时期的敬畏，到印刷传播时期的崇拜，再到计算机传播时期的怀疑。

### 一 传播环境

1. 社会环境

20世纪开始，世界经历了非常大的变化，无论是国家版图和政策体制，还是商业发展和科技进步，抑或是人类生活理念和方式，都有着与之前的时代截然不同的状态。政治和军事上，经历了两次世界大战，欧洲在全球的殖民地帝国时代结束，世界大多数国家走上适合自己国情的不同的

---

[①] [美]尼尔·波斯曼：《技术垄断：文化向技术投降》，何道宽译，北京大学出版社2007年版，第39页。

政治道路，世界各国大体上趋向和平与发展；经济上，商业交往越发频繁，世界经济有一体化的发展趋势，"蝴蝶效应"多次应验；科技和产业上，经历了两次科技革命，科学技术给世界带来的新变化和新气象让很多人开始坚信它的革命性的地位和决定性的影响力。

与此同时，这样多变和全新的社会环境给了大众传播业和学科的扎根和成长的土壤。一方面，我们使用和依赖大众传播媒介。我们需要媒介给我们提供信息，能提供了解和面对社会时的必要的知识积累；我们还需要媒介能提供更多，如提供娱乐，让人们从生活和工作的压力得到暂时的解脱；一部分人也需要传播媒介和活动能提供职位来丰富和充实社会职业构成。另一方面，我们研究和反思大众传播媒介及其传播活动。传播学起源于社会科学，脱胎于特殊时期，如战争，研究者对特定人群的特定传播行为和效果进行研究的结果提炼，最终由施拉姆建构起这门新兴学科。之后，由于大众传播活动的繁荣，传播学的研究对象和理论日益丰富，而且与其他学科产生学术上的共鸣。而如今，随着新的媒介形式的不断涌现，大众传播业界和学术界又有了很多素材，有很多问题需要考虑和研究。

2. 技术环境

从印刷传播革命开始，人们见证了技术的革新和进步给人类生活带来的天翻地覆的变化，哪怕是对技术持谨慎和批判态度的学者，如波斯曼，也不得不承认，技术可以在转眼间就达到甚至代替人类之前积累和依赖多年的习惯、传统，甚至信念：

> 祷告可以用青霉素替代；认祖归宗可以用迁移搬家替代；阅读可以用看电视替代；受约束的困境可以用立竿见影的满足替代；罪孽感可以用心理治疗替代；政治意识形态可以用受欢迎的魅力替代，科学的民意测验就可以确立这样的魅力[1]。

而20世纪大众传媒活动的盛行也与两次科技革命的成果有着直接的关系。第二次科技革命虽起源于19世纪中叶，以电力的广泛应用为标志，但电力的广泛应用中的一些重大发明，如电报、电话、无线电通信等，都

---

[1] [美]尼尔·波斯曼：《技术垄断：文化向技术投降》，何道宽译，北京大学出版社2007年版，第31页。

对20世纪的大众传播媒介,如广播、电视和电影的发展和普及有直接的推动作用。第三次科技革命起源于第二次世界大战之后,以原子能、电子计算机、空间技术和生物工程的发明和应用为主要标志,如今的互联网传播就是新科技革命应用中的重大发明。这两次科技革命后产生和普及的大众传播媒介领域的发明,改变了人类信息传播活动的方式,也让人类的传播有了多种可能和多样化的选择。

传播技术的进步,在两个方面带来了前所未有的改变。一是时间。时间研究本属于哲学家和物理学家研究的范畴,然而,现在社会学家也开始介入这个领域,并有了很多独特的见解。社会学家认为,作为时钟显示的自然时间和社会时间是不同的。社会时间则与生活事实有着紧密的关系,社会时间"显现为多层次、复杂的生活事实,其形式多样,而且表达层次多样",并且可以"履行某些生活职能;被把握;被用来预测生活"[1] 等。无线电、计算机技术的发展,能使信息在时间坐标上的方向、速度、表现层次、复杂程度发生变化。二是空间。回顾法国学者让纳内对无线电广播如何成为与一批不确定的受众交流的方式的三步骤[2]:第一阶段是"本义上的无线电报",最终证明了远距离通信是可行的;第二阶段是"赫兹能够传送人声",最终使得人与人之间进行点对点的交流变成了现实;第三阶段是"广播节目传向各种各样无从辨明的接收器",奠定了广播日后成为大众传播媒介的一员的地位。从中可以看出,无线电技术的进步使广播能突破既有的狭窄、有限的传播空间的制约,随着电波将千里之外的声音传送过来。传播技术表现在时间和空间上的革新,最终促使传播速度的变化,如今,足不出户便可知天下事,抑或是很多媒介引以为豪的让受众有身临其境的真实感,都是拜传播技术的进步所赐。

3. 产业环境

在20世纪,大众传播媒体及其活动,从最初的提供新闻和资讯,发展到今天的以大众传播媒体为平台和渠道的推广、宣传职位和行业,以及以大众传播媒体的新闻传播活动为范本而进行传播的企业多元化发展。从

---

[1] [英]芭芭拉·亚当:《时间与社会理论》,金梦兰译,北京师范大学出版社2009年版,第200页。

[2] [法]让-诺埃尔·让纳内:《西方媒介史》,段慧敏译,广西师范大学出版社2005年版,第136页。

媒体组织形式上看，已经依靠新闻传播业务发展而壮大的传媒企业或集团，也纷纷开拓了与之相关的行业疆土，或是试水与之相关的产业。大众传媒产业作为整个社会经济的组成部分，从上个世纪开始得到了广泛的关注和飞速的发展。

从市场供求情况来说，随着大众传播媒体及其活动日益进入人类的日常生活，人们对信息的需求会越来越多、越来越具体。一个事实是，如今我们每天花在各类媒体的时间越来越多，从最初的只看报纸，到如今每天要读报、看电视、上网搜索等，人类日常生活时间已经被大众传播媒体及其生产的内容占据了很大的比例。而从社会学家和心理学家等对"网瘾症""搜索依赖症"等的关注来看，现代人对大众传播媒介的需求很大、依赖性也很高。从生产经营规模、产业状况、生产状况上来说，大众传媒产业经过几十年的发展，已有较为完整和全面的体系，尤其是在西方发达国家，印刷媒体、广播电视公司、互联网公司等大众传播媒体都有了非常完整的信息传播的采集、生产、制作、监测、评估、反馈、改进等一系列的流程，而且还出现新的基于大众传播媒体和内容的产业，如广告、电子游戏、电子商务、移动互联网产业、文化创意产业等。从产业政策、行业发展前景方面来说，随着全球经济一体化的发展态势和对"环球村"理念的坚信，大众传媒产业仍有较大的发展空间，尤其是在一些经济较为落后的国家和地区，随着世界信息传播新秩序的建立和经济的发展，大众传媒产业的繁荣也会蔓延到这些国家和地区。

因此，稳定的政治局面、日益进步的科技、成熟的商业发展态势、人们不断提高的文化教育水平等为第三次以计算机技术的进步为标志的信息传播革命带来了十分稳定和积极的传播环境。

## 二 传播表现和特征

第三次信息传播革命呈现出了与以往的信息传播革命都不一样的特征和状态。首先，它拥有运用多种形式的传播符号来满足不同的需求。文字、图片、声音、画面的综合运用，让受众对信息的接受和体验可以更直观、丰富和全面。其次，传播技术的发展，让传播的时间和空间都有了无限延伸的可能，信息传播已经变得无远弗届、无时不在。再次，受众与大众传播媒介和信息传播活动更加紧密：一方面，大众传播媒介和活动已经渗透到了受众的日常生活中，并对他们产生巨大的影响；另一方面，受众也主动或被动参与到大众传播活动中。在这样的传播状态下，传播者、传播媒介、信息与受众的关系也在发生微妙的变化，不断呈现出融合、逆转、怀疑、依赖等现象。

1. 传播者的探索性和创新性

职业的信息传播者在20世纪后的这一次信息传播革命中，发挥了极大的能动性，体现在他们的探索和创新精神，为新闻和信息传播产业带来了很多新的革命性的变化，由于这次信息传播革命与传播技术的进步有着直接的联系，因此以两次科技革命为分界点，传播者在信息传播领域进行的探索和创新可分两个阶段：一是广播电视的普及和应用；二是计算机和互联网传播时代的到来。

广播和电视都是科技界的伟大发明，但最终对人类的传播活动和传播格局产生了巨大的影响和变化，尤其是电视，本来作为广播的附属品出现，却改变了人类信息传播和接受的理念和方式，并使大众传播媒介不仅仅是带来知识和新闻，而且还承担了带给人们娱乐和消遣的职责，而电视被政治人物、娱乐产业等所利用的经历，也让电视经常为专家和学者诟病，一定程度上造成了媒介与受众关系从绝对的相信到相对的怀疑。电视人对电视的改造和探索有这么一些：将画面感和现场感带给受众，让受众通过声音和画面的呈现有身临其境的感觉；创造了"现场直播"的概念，让受众的身心产生与事件同步发生的错觉；制造谈话和对话的幻觉，通过电视画面的呈现让电视机前的受众和电视节目和电视剧中的人物（真实或虚构）产生心理上的对话和沟通的感觉，于是电视创造了现代社会的政治人物，通过演讲、辩论、新闻等来塑造或改变自身的形象，获得选民的支持和选择；电视通过再现和模仿现实生活中的情景，来获得受众的共鸣；电视还制造了大众消费文化，广告利用电视传播的特点，成功地利用画面感的形象改变受众的观点和态度，等等。这些都是电视人对电视这种大众传播介质的探索和创新，从而改变了人类的信息传播活动和生活状态。

在电子计算机进入大众传播领域后，信息传播变得更为复杂和丰富，因为互联网传播活动中，除了有来自传统媒体的新闻人和传播者，还加入了精通计算机程序和软件的工程师、电脑爱好者，并且创造了新的"新闻工作者"，即公民记者、市民记者。传统的新闻工作者利用互联网的速度和广度，以及多媒体的呈现方式，使新闻和资讯可以第一时间到达受众；受众在互联网传播中可以转化为传播者，辅助将信息散播出去，在这样的情况下，专业的记者可能更多扮演编辑的角色；互联网的传播者还打破了大众传播行业的游戏规则，即受众须按发行时间和节目表来接受信息，传播者通过技术更新和不断尝试，终于将传统媒体的所有传播形式都再现在互联网上；在商业领域，互联网时代的传播自己创造了商业规则，通过点击收费、节目打包等新的收费模式建构了商业版图。此外，互联网传播还革新了人际传播和人类交往的方式，使社会的政治、经济、文化等都发生了巨大的变化。

2. 传播媒介的多样性和融合性

第三次信息传播革命开始至今，除报纸、杂志和图书外，我们还拥有广播、电视、电影、互联网等大众传播媒体和方式，相比之前两次信息传播革命，大众传播媒介更专业、传播的符号和形式更丰富、传播的速度更快和范围更广。也许有人会说，拼音文字和印刷传播时代，我们的传播媒介似乎更丰富，结绳记事、击鼓传报、烽火狼烟、鹅毛笔和莎草纸等如今都只能作为过往美好的回忆，这也许验证了刘易斯曾说过的一段话：

> 人类有了日益繁复的技术装备，越来越能以控制其物质环境，但这与人类文化的质量之间并非存在着一种一成不变的有利联系。甚至，这期间会有一种倒转的关系：人文领域中静态的、非创造性的文化，常常会促进精巧的技术发明与应用；而较富创造性的文化则将其潜能转化为更高更精精细的形式；因而连它们的技术发展成品也变得越来越丧失物质形态，体积、重量渐趋减少，设计或机理渐趋简化。汤因比把这种现象称为"灵妙化"（etherialization）[①]。

当传播媒介伴随技术的发展、人类的信息需求和社会认知的进步而从就地取材到精挑细选、从业余到专业、从个体自发的传播活动到社会集体的传播事业，传播媒介也从单纯的介质发展到大众传播媒介及其背后支撑的完整、系统和全面的媒介组织和信息传播产业。每一种大众传播媒介都是经历了时代和技术的筛选、过滤和沉淀，最终留下来的，它们都各自有着无可替代的特点和独树一帜的传播风格。报纸的报道深度和手持报纸的

---

① [美]刘易斯·芒福德：《城市发展史：起源、演变和前景》，宋俊岭、倪文彦译，中国建筑工业出版社2005年版，第118页。

阅读体验，是其他媒体无法替代的；广播的即时性和收听的便利性，是受众在某些生活状态中必备的；电视的画面感和感染力，以及它对人类娱乐工业的开创意义，是无可比拟的；个人计算机和互联网传播，则更是改变了信息传播产业原有的游戏规则，并开创了其他的诸如电子游戏等的产业。

当互联网不断进入信息传播领域和人类日常生活，引发人们热烈争论报纸、广播、电视这些传统媒体是否会因此消失灭亡时，大众传播媒介及其背后各大传媒公司，已经纷纷开始尝试利用和综合不同的传播媒体来进一步深化信息传播产业，媒介融合、信息融合开始产生，并马上成为学术界和业界热烈讨论的话题。目前，我们看到的状态是，各大传媒集团旗下都有各种媒体，如默多克的新闻集团旗下，集合了众多的出版社、报社杂志社、广播电视公司、电影制片厂、互联网公司等。而传媒产业化程度不甚高的国内的报业集团和广电集团，也都进行了多元化传播和经营的尝试，报业集团除了主营报纸和杂志外，也有新闻网站。不但大众传播媒体在互相配合和融合，而且信息传播的方式也在融合，尤其在 Web2.0 理念和技术日益普及的今天，信息传播的方式发生了变化，出现了融合新闻（Convergence Journalism）的概念。这个首先出现在西方业界的新名词，主要指利用多媒体手段进行新闻传播报道。美国老牌的新闻学院密苏里新闻学院也在 2005 年设立了融合新闻学专业，其宗旨是"通过现存的和不断涌现的媒体平台和受众或为受众生产新闻[①]"，这便很直接地体现了新闻学在如今的多媒体环境中面临的变化和应对措施。大众传播媒体组织综合利用多种媒体进行信息传播的活动，一方面使受众接受并习惯这种新的传播理念和方式，另一方面也对新闻传播的采编播提出了更高的要求。

3. 受众的参与和怀疑

随着传播媒介和传播活动中巨大变化的发送，以及传播者不断进行的探索和创新的传播活动，受众的地位和角色也随着自我意识、信息需求、媒介素养和参与程度等的发展而发生着改变。

---

① 译自美国密苏里融合新闻学专业的官网网站，网址为：http：//174.37.47.227/~converge/wordpress/? page_ id=2。

原文为："Launched in Fall 2005, convergence journalism teaches students how to produce news for and with audiences across existing and emerging media platforms."

首先，受众的参与度越来越高。这表现在受众对信息的需求、受众接触媒体的频率和受众的反馈这几方面。全球化的经济和快速变化的社会，让受众对信息的需求越来越大。人类的社会化程度越高，就越不可能离开社会生活而孤立生活，而接受来自媒体的信息已然成为了一种生活方式。受众曝光在大众传播媒体及其信息中，事实是，我们不仅接收与我们相关的资讯，而且也接收与我们不相关的一些资讯，并且正处在信息爆炸和泛滥中的无所适从中。与此同时，传播者和媒体创造了大量的互动机会，让我们主动或被动的进行信息和感受的反馈。报纸提供"读者信箱"或"市民点评"；广播有"听众连线"和"受众点播"；电视除了街头采访外，还创造大量的让普通受众进入演播室成为嘉宾的机会；互联网上的形式则更多，尤其是在Web2.0技术兴起后，博客的评论、微博的关注、转发和评论、即时通信工具如QQ上的互动等，都创造了大量的互动机会，让受众不仅要阅读、收听、收看、点击，还必须发出自己的声音，参与传播活动整个过程。

其次，受众的怀疑精神开始体现。比起以往传播者主导信息传播活动，如今的受众自我意识提高、媒介素养提高，并且不断分化，他们已经不愿意单纯做一个被动的接受者，正在并希望能够参与信息传播活动，通过媒体认识、监督和改造社会，利用媒体和信息传播活动提升自我、实现价值等。因此，作为一个主动的信息接受者，一方面，受众有着强烈的怀疑和质疑精神，他们对正在发生的事件无比关注，渴求每一个新闻事件的真相，抨击和斥责社会的各种不正义、不公平、不道德；另一方面，部分受众利用现代传媒工具，出于各种目的制造新闻、吸引眼球、获得关注，其中有一些未经证实甚至虚假的信息，造成了更多的信息垃圾。再加上，职业的大众传播媒体为了各自的经济、政治、文化利益，提供各种加工过的新闻、资讯和知识，也让传播环境、传播活动和传播效果变得异常的复杂。

### 三 关系实质：影响和反影响

媒介和受众的关系从20世纪开始，就变得日益复杂和多元，关系呈现出多种发展方向的可能性。一方面，媒介与受众之间的依赖日益加深。如今，信息无时不在，媒介无处不在，受众却是时时都在，以至于他们的生活方式与一百年前的祖先相比，发生了巨大的变化。另一方面，媒介与受众之间的怀疑和质疑也是日趋深入。受众接受来自媒体的信息,不意味着他们相信,反而,他们越来越不相信媒体。从多次的受众调查和访问结果中都可以看出受众对媒介的不信任加剧。因此,媒介怀疑的实质是,媒介和受众互相影响、互相渗透,进入一个前所未有的互动状态,而且是反省式的、自主式的、批判式的互动。

1. 传播者的渗透和质疑

有学者将传播媒介的活动轨迹和最终结果归纳为四个方面,分别是:"承载更丰富的信息内容;以更快的速度将信息传递到更广阔的范围;更全面更均衡地延伸人的感觉;实现更自由更充分的交流互动"[①]。大众传播媒介及其产业发展至今,传播者经过多年的努力,已成功地将媒介和媒介信息注入人类日常生活,并使其成为不可缺少的一部分,并且他们仍在不断探索和努力,尝试新的传播方法和互动形式,创造新的商业模式,不断地经历质疑、否定、肯定、再质疑的循环往复的过程。

在新闻传播过程中,传播者的怀疑和质疑体现在对新闻真相和故事的不断挖掘和追逐中。新闻定义为"新近发生的不断变动的事实",为了展现事实,新闻工作者们需要不断追逐、更新和挖掘,因此,新闻工作者通常是具有强烈的怀疑精神的,只有这样,才能做出不一样的独特的新闻。而目前由于博客、微博等的出现,学者纷纷认为,新闻的定义也许要随着时代的进步而不断地更新,因为现在新闻工作者从事的是对"正在发生的不断变动的事实"的追逐和探索。而且,由于新闻媒体的激烈竞争,对兄弟媒体的报道的怀疑也能促使媒体及其从业者在追求真相和事实的道路上越走越远,这在客观上也使受众的新闻信息面更广、对新闻的掌握更深、更接近真相。

在传播方式上,传播者永远不会满足于现状,他们通过怀疑不断地否定,最终经过探索和实践,创造出新的传播模式。广播从个人兴趣到成为大众传播媒介中一员;电视从微不足道的附属品,到进入每户家庭成为必需品;电子计算机从军事和科研用途,到成为家用,都是传播者孜孜不倦努力和探索的结果。更别说,伴随着大众传播媒介及其活动产生的新的产业,如广告、电子游戏、电子商务等,都是人类怀疑自己、改变自己、改

---

[①] 樊葵:《媒介崇拜论:现代人与大众媒介的异态关系》,中国传媒大学出版社2009年版,第70页。

造社会的产物。

2. 受众的依赖和怀疑

受众与媒介的关系是处在动态、平衡和发展的状态中，发展至今，呈现出既依赖又怀疑的态势。依赖是因为主观上，受众需要媒介提供各类信息，需要媒介进行新的人际间的互动，需要媒介帮助进行学习、工作和生活等。根据美国《纽约客》杂志的报道，虽然有了互联网，但美国人如今仍平均每天花4—5个小时看电视；医学家和心理学家对"网瘾症"是否是病进行激烈的争辩；如今又出现"搜索依赖症"，意即有一些人的日常生活依赖搜索引擎，如果离开手机和网络后，将会非常不安。这些都侧面反映了现代人对媒体的依赖。客观上，传播者为了信息传播和竞争的需要，想方设法地满足受众的各种信息需求。我们从电视娱乐节目的丰富形态中可见一斑，为了留住受众和广告主，各大电视台都进行节目的编排和创新，光是电视娱乐节目，根据内容就可以分为谈话类的、选秀类的、真人秀类的、竞赛类的，等等，而且每一种类别又创造出了多个子类别，让受众应接不暇。受众对媒介及其信息的依赖，最终会随着受众的媒介体验的日益深入。

事实上，受众对信息、媒介产生怀疑，本身是媒介素养提高和自主意识增强的表现之一。作为有智识的社会个体，人类一向具有反思、怀疑和否定的精神和习惯，这也体现在人类的能动性上，不断改造社会和改变自己，很多新技术和新思想的出现，都是在怀疑和否定基础上的重建和创造。受众在对待媒体和信息上，也是如此，从最开始的因惶恐害怕而顺从，到印刷传播时代因对知识和信息的渴求而相信和崇拜，再到随着信息和媒体体验的深入，对媒介及其信息产生的种种怀疑，都体现了受众对信息的能动的接受和反馈。受众的怀疑体现在对信息的怀疑、对媒介的怀疑和对社会的怀疑上，从内容的真实性、传播过程的可靠性，到媒介进行传播的意图和立场，再到信息对社会产生的作用和影响，都展开怀疑，怀疑的对象和内容非常广泛。受众的普遍怀疑和质疑，除了反映受众媒介素养提高外，一定程度上也映照出大众传播媒介及其产业中客观存在的一些现象和问题，同时还暗示着媒介和受众之间的信任危机。因此，需要对媒介怀疑进行深入而细致的剖析和探讨。

人类历史上的三次信息传播革命，给人类信息传播活动及其事业带来深远的影响，也给人类的行为和生活方式带去了深刻的变化。伴随这一系列的变革，媒介与受众之间的关系也有了显著的进步和发展，从敬畏到崇拜，再到怀疑，体现的是媒介与受众之间的密不可分、不断融合、广泛互动的发展态势。而媒介怀疑的动因、表现、影响以及带来的启示，都需要进行广泛而深入的剖析和研究。

# 第三章

# 媒介怀疑的主体分析

根据信息传播中的角色和地位的不同，媒介怀疑的主体及其怀疑的过程也就产生多维发展的可能性。媒介怀疑主要分为由媒体主导的怀疑、受众主导的怀疑以及由这两者综合作用下产生对社会的普遍怀疑。怀疑主体在信息传播的各个环节和阶段中的表现各不相同，怀疑的途径及其展现形式也各有差异，再加上怀疑的主体最终归结到人，还与人本身的价值观、心理状态、社会地位和处境等因素相关，因此，须将媒介怀疑的主体置于信息传播的过程中去分析。

在信息传播的过程中，香农已为我们提供了最简单易懂的传播流程及其各阶段的重要因子，即一条信息在传播中，必定会发自信源，经历信道传输，最终到达信宿，其中，信源、信道、信宿就是信息传播过程中最重要的三个因素。因而，对媒介怀疑主体的分析也可以从三个因素出发。

## 第一节 信源：媒介怀疑的原动力

信源就是信息的源头，即信息出自哪里。信源是信息传播的发起者，也是信息内容及其真实性的见证人。在大众传播发展中，信源也在传播模式的不断更新迭代中经历着变化。

### 一 线性传播模式与单一信源

1. 线性传播促进媒介依赖

线性传播模式最主要的代表人物是拉斯韦尔和香农：拉斯韦尔提出了"5W模式"，描述了一次完整的传播行为需要的五个元素；香农著名的通信系统传播图描绘了信息从信源，经过信道，最终到达信宿的全过程，同时还考虑到了噪音元素。虽然这些模式都被评价为"将复杂的人类传播简单化"① 或 "没有囊括发生在人们之间的全部种类的相互作用"②，但这两个模式刻画了一个独立的传播行为的组成，并将里面涉及的元素都一一进行了概念的界定，尤其是香农的信息传播模式，既适用于通信系统，也适用于人类传播，甚至还可以应用于心理学、语言学等相关学科。线性传播模式的最主要特点就是信息是自左及右、单方向、没有或少互动，因此信息从信源到信宿的传播过程比较简单，历经环节少，目标很明确，针对性也较强。在线性传播模式中，信源及其被传递的讯息是非常重要的，构成了传播的基础，在拉斯韦尔的模式阐释中，信源及其讯息就是"谁"和"说什么"。在大众传媒行业兴起之时，新闻媒体（报纸、杂志、广播、电视）作为有着稳定和权威的信源和新闻报道的传播者，受到了受众的大力追捧甚至膜拜，因此，媒介依赖论在20世纪70年代被美国传播学者提出。

桑德拉·鲍尔·洛基奇（SandraBall-Rokeach）和梅尔文·德福勒（Melvin L. DeFleur）提出了媒介依赖论，对媒介权力的产生及限制条件和情况进行了讨论，并认为受众对大众传媒的依赖主要来自于大众传媒能提供受众及其群体的社会需要的信息来源。虽然洛基奇和德福勒也承认现代社会中的这种大众传媒的权力是基于与受众间的"不对称"③的关系之上的，因为个人和人际网络已经无法控制那些能影响福利和媒介系统的资源了，而大众传媒却能调动资源来做这些事情，但这种不对称关系只发生在激烈动荡的社会中，在这些社会中，民众渴求但缺乏信息，因此只能求助于大众传媒。还有一种情况，就是"民众对很多事情无法获得一手经验，因此只能依靠呈现在大众传媒上的二手经验"④。缺乏信息及其获取渠道，是受众产生媒介依赖的最主要也是最直接的原因，而线性传播模式也成为大众传媒产业兴起初期信息传播的主要方式。

---

① 邵培仁：《传播学》，高等教育出版社2000年版，第47页。

② ［美］E·M. 罗杰斯：《传播学史——一种传记式的方法》，殷晓蓉译，上海译文出版社2005年版，第368页。

③ Ball-Rokeach, S., & DeFleur, M. L: *A dependency model of mass-media effects*, Communication Research 3（1）.

④ Nikolaus Georg Edmund Jackob: *No Alternatives? The Relationship between Perceived Media Dependency*, International Journal of Communication 2010（4）.

## 2. 主流媒体成为单一信源

大众传媒产业初期，我们依赖媒介，因为缺乏获取多元信息的渠道，也无法产生并表达自己独特的观点，这里有一个客观原因，就是信源单一，体现在大众传媒数量少、种类单一、新闻来源及报道方式单一等。以美国为例，其在南北战争后经历了一场由"工业化、机械化和城市化"这些新生力量带来的"全面的社会、文化和政治变革"①，其中也包括新闻业的革命，体现在报纸数量增加、种类增多、杂志重要性体现和新式报业理念的出现等方面。即便如此，日报仍然是主流，因为人们需要"通过日报获悉有关城市生活的故事和他们的普遍兴趣"②，从中我们可以发现，即便是像美国这样的现代新闻与传播产业发源地，在大众传媒初期，民众还是愿意选择日报这样的主流信源来获取每日所需信息，周报只是代表个人新闻业，这与100多年后的今天的情况已经大相径庭了。

日报、通讯社这类大众传媒，至今仍然被视作主流媒体，美国的《纽约时报》《华尔街日报》或美联社，中国的各省党政机关日报或新华社、中新社，都是主流媒体的典型代表。关于主流媒体的概念，学者们也从不同角度进行了解读。艾弗拉姆·诺姆·乔姆斯基（Avram Noam Chomsky）把《纽约时报》、CBS和美联社都列为精英媒体（Elite Media）和议程设置媒体，因为它们"拥有大量的信源，它们设定了其他人与之合作的框架"，这些主流媒体的背后是"它们本身是赚钱的公司，而且有些还属于更大的如通用集团这样的大公司"，因此，美国的主流媒体处于"私人经济强大结构的最顶端"③。这类主流媒体的新闻报道和议程设置内容对受众的影响是显而易见的，它们用巨大的和最广泛的传播渠道将内容带给受众，几乎代表了大多数受众的意见，同时，也具有让少数持不同意见的受众改变看法的影响力。总之，主流媒体在信息传播领域的权威和社会中的地位，让受众难以进行全方位的质疑。主流媒体在人类大众传播领域的影响可谓巨大而深远，即便是在今天，大众传媒如此发达，各种新媒体形式层出不穷的时代，主流媒体在社会中的影响力还是不容小觑。

---

① ［美］迈克尔·埃默里、埃德温·埃默里：《美国新闻史——大众传播媒介解释史》（第八版），展江、殷文译，新华出版社2001年版，第169页。

② 同上书，第184页。

③ Chomsky, Noam: *What makes mainstream media mainstream*, *Z Magazine* 1997（10）.

3. 怀疑缺乏土壤和渠道

主流媒体的兴起和控制作用不能给怀疑提供良好的土壤。主流媒体依靠自身多年积累的强大的传播渠道和积累中的巨大的受众群来影响受众，再加上背后的经济集团的支持，以及与国家和政府等利益的牵扯，其社会影响力空前。一方面，主流媒体以其强大的信源支持和供应满足受众的信息需求，以达到自己各类的宣传和公关目的；另一方面，它强大的信息传播气场震慑了受众，压缩了怀疑和质疑的空间。在主流媒体线性和强势的传播中，受众很难理性和主动地进行思考，对其内容、手段、方法和目的等进行质疑，再加上主流媒体的受众通常都是社会中有知识、文化、较高素养的人，用乔姆斯基的措辞来说，就是"最有特权的人"，例如读《纽约时报》的人都是那些"有钱人或被称为政治阶层的人"[1]，连这些人都不去质疑的话，那么整个社会的怀疑氛围就无法形成，怀疑也就成了无根之花无法绽放了。

主流媒体的普遍流行和巨大影响力不但不能形成合理怀疑的良好土壤，而且也未能提供顺畅便捷的怀疑和质疑通道，因为主流媒体"在可选媒体缺失情况下或防止信源流入公众领域而控制了信源"[2]。因此，即便受众对信息内容等产生了怀疑，但在大众传媒刚兴起之时，由于客观原因的制约，都无法找到合理、便捷和有效的渠道，并且，他们的质疑也因为渠道问题而无法获得其他人的共鸣，形成全社会的舆论效应。因此，在线性传播主导的大众传播年代，主流媒体的议程设置进行得十分顺利，传播效果也是极其明显，但怀疑的态度和行为只存在于主流媒体本身，由媒体发动的对政府或是社会的怀疑，通过报道或社论形式表达出来，由受众促发的怀疑缺乏形成土壤和传播渠道，因此只成为了一种想法或愿望，隐藏在了受众心中，很难付诸实践。

## 二 互动传播模式与多点信源

1. 媒体多样化成就多点信源

线性传播模式是非互动的、单向的传播模式，这个模式固然能解释大

---

[1] Chomsky, Noam: *What makes mainstream media mainstream*, Z Magazine 1997 (10).

[2] Nikolaus Georg Edmund Jackob: *No Alternatives? The Relationship between Perceived Media Dependency*, International Journal of Communication 2010 (4).

众传播中的某些传播过程，但由人类主导的大众传播定然不会那么简单和单纯，事实上，"讯息的编码与解码是一个社会过程，牵涉到卷入其中的个体间的人类关系，也牵涉到他们的个人信念以及以往的经历"[①]。罗杰斯的这番话，表明了人类传播的复杂性，也彰显了传播过程中互动的必然性和必要性。因此，互动传播模式便伴随着传播媒介的发展和人类社会的进步产生了。在大众传播演变过程中，互动传播模式呈现出多种形式，包括奥斯古德（Osgood）的"双行为模式"、施拉姆的循环模式、德弗勒的环形模式、罗杰斯（Rogers）和金凯德（Kincaid）的辐合模式等，但其区别于线性传播模式的核心因素便是互动，包括媒介之间的互动、媒介与受众的互动、受众间的互动，以及以此为基础形成的信息、媒介、受众、社会之间的广泛互动。

在互动模式的传播中，从信源到信宿都发生了较大的改变。以信源为例，大众传播过程中，以线性传播模式为主导的传播中的信源较为单一，主要由少数主流媒体或国家通讯社所控制，而到了互动传播模式中，单一信源显然不能满足受众的需要，也无法满足互动的要求，因此，大众传播媒体开始拓宽信源渠道，增加信息量，努力主要在以下几方面进行：一是在内容上，拓宽了新闻种类，新闻不再仅限于政治和经济领域，还增加了文化、娱乐等贴近普通市民生活的内容。在报纸领域，晚报和周末报的兴起就是一个重要标志，受众也因此看到了拓宽信源后的繁荣的新闻世界。二是在新闻报道表现形式上，利用不同的传播符号，来尝试做与以往不一样的新闻报道。以美国新闻界为例，30、40年代的解释性报道，50、60年代的调查性报道，再加上纯新闻和特稿，构成了丰富的表现形式，也体现了新闻报道在应对时代变化时的努力。三是在新闻价值观方面，出现了多维度和多样化的价值观。美国新闻界一直是世界新闻领域的风向标，1890年左右的"黄色新闻"风潮，利用煽情的报道方法，再加上在标题、新闻图片上的技术处理，使新闻成为了"报童大声叫卖的东西"[②]，或者说新闻成了一种商品。煽情主义的新闻价值观颇有争议，它在收获众多受

---

① [美] E. M. 罗杰斯：《传播学史——一种传记式的方法》，殷晓蓉译，上海译文出版社2005年版，第369页。

② [美] 迈克尔·埃默里、埃德温·埃默里：《美国新闻史——大众传播媒介解释史》（第八版），展江、殷文主译，新华出版社2001年版，第223页。

众关注的同时，遭到了学术界和业界的一致批判，但无可奈何的是，煽情主义的习惯直到今天，虽然饱受诟病，但仍然是很多媒体的利器。

2. 互动模式给怀疑提供土壤

在互动传播模式中，大众传播媒体形式多样化使信源增多，这也让大众传播过程变得复杂：对媒体来说，不断被开拓的新闻源，使得记者在选择素材时，面临多种选择，再加上要考虑到传播方式，如报纸和电视就有着截然不同的传播特点，需要选择不同的素材及其加工方法，因此，记者在面临不同的新闻素材时，需要更多的思考、甄别、质疑。对受众来说，可选媒体和信息量激增，经常会面临对同一新闻事件的不同报道，这种增加有时候体现在宽度，即对同一事件的多维度的报道，使我们越来越接近真相；有时候则体现在深度，即对同一事件的由浅入深的报道，不断加深我们对事件的认知。从无知到有知，从知之甚少到深入了解，这是一个充满着各种冲突、质疑、反复的过程，互动传播时代不仅为信息和新闻怀疑提供了氛围，还提供了怀疑的工具和开拓了怀疑的渠道。

互动传播模式为大众传播增加信息来源的同时，也让信息来源的更新速度得到了很大的提升，这得益于传播技术的进步。在印刷业界，印刷机的更新迭代和印刷质量的不断提高，使得报纸版面增加和报道形式的多样化成为了现实，因而报纸和杂志才能每天都提供来自世界各地的新闻报道供受众阅读；在电子传播界，无线电技术的发展和特点使广播成为人们获知突发事件的第一渠道和平台，光电技术的发展则让电视成为人类眼睛和耳朵的延伸，创造出让受众仿似身临现场的奇幻图景。大众传播的发展使信息来源不断更新，让新闻报道从"新近发生的"发展到"今天发生的"，并正向"正在发生"的事实方向演变，而在此过程中，旧信源被新信源取代，假信源被真信源纠正，不确定信源被确定信源替换，有价值信源被更有价值信源更新，大众传播活动呈现出前所未有的繁荣场景，而对媒体及其信息的质疑也油然而生，并开始作为一个必经阶段和重要活动存在于信息传播的过程中。

3. 怀疑对媒体可信度发起挑战过程

互动传播模式中，信源的多样性和更新快速性，使得新闻传播活动空前繁荣，但也引发了对大众传播媒体及其新闻传播活动的一些质疑和思考，促使社会各界对新闻活动的本质和媒体的角色、地位和责任的重新思考。其中一个重要的结果就是，对大众传媒的可信度提出了挑战。让纳内

（Jean Pierre Richard）在《西方媒介史》里谈到第一次世界大战时欧洲各国的战争报道时，认为战争期间谣言四起、怀疑重生，真相被遮蔽在重重复杂利益之下，谣言和传闻异常成功，但"报界再也没有赢回1914年那种威信，它挥霍了一笔信任的财富，而再也找不回来了"①。线性传播模式中，受众很容易被大众传播媒体及其信息迷惑，因为他们接触到的信息少而精，且缺乏质疑的渠道和工具，因此，便容易相信，甚至轻信媒体所言。到了互动传播时代，信源丰富且传播速度快、可选媒体多、信息表现形式也呈现多样化趋势，再加上受众本身的媒介素养和认知逐渐提高，对一些虚假的、不真实的、夸大的信息提出了质疑，由此产生了对媒体的信度的质疑，这些质疑，有时候来自受众，有时候来自政府，有时候来自新闻界本身。

这些因信源丰富和传播快速而产生的对信息和媒体的质疑，造成了对大众传播媒体公信力的挑战，从而导致了新闻界对自身地位和角色的反思，以及对大众传播媒体的社会责任的讨论。在美国报界名留青史的普利策曾对报纸的角色做如下定义："每期报纸都提供一个机会和责任：讲一些倡导勇敢和真实的话，摒弃平庸与陈腐，讲一些令社会上有知识、有教养、有独立见解的人们敬重的话，无虑党见派性和流行偏见"②。而在其具体的新闻工作中，他也是坚持要本着追求新闻真相来挖掘新闻的深度，不做表面新闻，而更倾向于做连续报道。如果说普利策的新闻理念是他多年新闻业界工作经历中难能可贵的新闻理想和新闻责任感的体现，那么美国的哈钦斯委员会在20世纪中期对新闻界发起的倡议则是新闻界面对新闻价值观的扭曲和媒体可信度降低的一种自我反省，并且将新闻报道应该承担的责任和义务上升到了社会责任高度，是新闻界真正融入社会生活，成为社会复杂系统的组成部分，并且对人类思想的进步和全社会的进步产生重要舆论影响力的标志。

---

① [法]让·诺埃尔·让纳内：《西方媒介史》，段慧敏译，广西师范大学出版社2005年版，第133页。

② [美]迈克尔·埃默里、埃德温·埃默里：《美国新闻史——大众传播媒介解释史》（第八版），展江、殷文主译，新华出版社2001年版，第199页。

## 三 社会性传播模式与多元信源

1. 社会性传播模式的诞生

互动传播模式是针对线性传播模式的单向和非互动的特点来定义的，并不能囊括大众传播领域出现的所有的互动，事实上，随着计算机技术的深入和互联网媒体的普及，新的传播模式已露出端倪，这就是以社会性媒体的兴起为代表的新传播模式。社会性媒体是新近十五年来出现的新概念，这个概念在国内目前还有"社交媒体""社会性网络服务（SNS）""社会化媒体""社会性媒体"等版本，维基百科采用了安德拉斯·柯普朗（Andreas Kaplan）和迈克尔·亨莱因（Michael Haenlein）的定义，将其解释为"建立在 Web2.0 的意识形态和技术上的互联网应用集合，它允许用户创造内容（UGC）的传播和互动"①。从这个概念中，可以看到"Social Media"的三个核心要素，即 Web2.0、UGC 和社交网络（Social Networks）。在有社会性媒体参与的大众传播中，信息传播的方向是"自下而上"②的，这种自下而上的传播方式是为了强调本处于信息链最后一环的受众角色的改变，他们每一个人都可以参与信息传播，并随时改变角色，新闻在出现在受众面前之前是没有经过过滤的。

社会性媒体在形成过程中，有四个标志性的阶段：（1）互联网的普及。那本曾经对无数互联网精英产生深远影响的书《数字化生存》中，尼古拉斯-尼葛洛庞帝（Nicholas Negroponte）提出了"daily me"的概念，即数字化时代，报纸可以根据用户需求和口味来定制内容。发展至今，自媒体时代使用户利用社会性媒体来创造和生产信息，并互相分享。（2）博客的兴起。博客（Blog）原本是在网络以日志形式进行记录的一种方式和工具，但它却成了社会性媒体参与新闻、信息报道的一个重要工具。1998 年的克林顿与莱温斯基的绯闻首先由德拉吉报道（*Drudge Report*），一个个人博客网站曝光；2001 年的"9·11"事件，在美国诸多大型传统媒体机构和互联网媒体处于瘫痪之时，人们一度寻求利用个人博客来了解事件的动态；2005 年的伊拉克战争中，很多美国人通过博客来

---

① 维基百科：http://en.wikipedia.org/wiki/Social_media.
② Shayne Bowman&Chris Willis：*We Media：How audience are shaping the future of news and information*, The Media Center 2003.

了解前线的真实情况。这样的例子不胜枚举，最终博客唤醒了很多人的传播和参与意识，为自媒体环境的形成奠定了基础。（3）微型博客的繁荣。2006年，美国诞生了一个叫推特（Twitter）的应用，顿时引发了全球的关注。它就一个限制，即一条信息只允许140个字符，但它可以利用有线、无线和移动网络进行即时通信，利用评论进行互动。很多人最初以为它只能成为个人琐事或情感的记录，殊不知，140个字符对一条突发新闻的报道已足够，新闻从"新近发生的"开始转向"实时发生的"。2009年，中国诞生了新浪微博，掀起了自媒体传播环境和参与式新闻的狂潮。随着新浪微博的诞生和普及，很多开端于新浪微博的新闻事件及其演变、发酵和消退过程和方法，都可被列入舆论研究的课题中。（4）移动互联网的兴起。随着移动网络基础设施的更新升级和智能手机的普及，很多数据和现实已经显示出，移动互联网在自媒体环境下的公民新闻、参与新闻和融合新闻中会发挥出无穷大的优势和力量。这四个标志性的事件和媒介形式的创新建立了新的大众传播平台和渠道，也开拓了媒介与受众交流的新方式，同时，对大众传播领域的新闻报道、广告公关、商业营销运作产生了巨大的影响，在此过程中，改变了受众的信息接收习惯，也对受众的信息认知产生着潜移默化的影响。

2. 多元化的信源让人人成为传播者

以往的新闻传播，职业的大众传播媒体是新闻的发起者和传播者，由专业的新闻工作者去搜集、采访、过滤、编辑信息，最终通过大众传播媒体平台发布给受众。而专业的新闻工作者会根据国内外通讯社的新闻来源、个人经验和经历、和兄弟媒体互通有无等渠道来获取新闻，虽然自报纸诞生以来，从未缺乏新闻，但新闻的广度、深度和真实性还是经常受到质疑。直到社会性媒体的广泛普及，人人都是传播者的信源特点越发明显。

社会性媒体传播中，信源呈现以下一些特点。首先，信源范围扩大。一方面，自媒体传播环境中，不仅有专业的新闻工作者参与新闻，还有一大批非专业的受众参与新闻。按照学者的归纳，自媒体时代，新闻传播不再是职业新闻工作者的专利，而是具备鲜明"5A元素"[①]（Anyone, Anywhere, Anytime, Anything, Anyway），在这个环境中，每个人都可以成为

---

① 陈韵博：《辫子新闻：自媒体时代的趋势》，《新闻知识》2010年12月。

传播者。另一方面，专业的新闻工作又开辟了一条新的信源渠道，即利用自媒体环境下的社会性媒体，如博客、微博等进行信息搜集、筛选、整理、归纳，最终发现新的新闻线索和真相。其次，技术支持力度加大。Web2.0的概念提出和社会性媒体的应用不过十几年历史，但却展现出巨大的潜能。在新技术理念支持下诞生的各种互联网应用，都引发了新闻和信息传播的巨大变化，也一次次让学者和业界对新闻和新闻学进行重新定义。公民新闻、融合新闻、辫子新闻、参与新闻等各种名词都因此而诞生或散发出新的光芒。互联网新技术的发展有没有让人变得更聪明尚不可知，但其让互联网上的应用和信息传播变得更加简单是可以确认的。现如今，每一个人都可以利用互联网技术和社会性媒体参与信息传播、进行阅读、开展评论和转载，从而表达出自己的观点，说出自己的声音。再次，媒介素养、公民意识使得参与新闻的意识加强。媒体素养的提高使大众对媒体及其生产内容有了更为深入的理解，从而能更熟练地使用大众传播媒体及其新技术来进行工作、学习和生活，也能让大众更好地参与到新闻传播活动中去。公民意识的提高则让大众更关心我们的社会、国家和社区，从而更积极地思考并参与公共事务的讨论，因此更愿意并更恰当地参与到新闻传播活动中。

3. 怀疑变得普遍存在

如果说线性传播模式中，对新闻报道及其传播过程的怀疑只是一种酝酿已久但却苦无途径的想法的话，那么互动传播模式中的怀疑则已具备了条件和目标，并且已经可以付诸实践，而在社会性传播中，怀疑已经无处不在、无孔不入，信息传播过程中的每一环节都有可能造成怀疑，并且贯穿始终，这跟信源的多元性和多属性有着重要的联系。

每当信息开始传播时，怀疑就开始了，并且不局限在某一角色和群体中，而是广泛地和普遍地存在于新闻传播的各个环节，尤其是受众参与到新闻报道过程中之后，甚至，参与到新闻报道诞生过程中。经常会出现这样的场景：一个新闻上报或上网后，在报纸网站或论坛上就会有很多人进行实时点评，通常涉及各领域重大事件或是突发事件时，受众们的评论通常都是："不会吧？""不是吧？"等的质疑态度和言语，并对新闻细节提出诸多疑问和质疑，接下来的事情就交给专业新闻机构，新闻嗅觉灵敏的媒体马上能监测到被人质疑的事是非常有新闻价值和话题感的，于是他们会去找寻事实或事件的真相，并通过各种渠道传播开来。

在社会性传播中，媒体从独一无二的传播者，变成了传播者之一，而媒体一贯以来的不断追求真相，从不相信任何片面之词的特质也成了参与新闻的受众的特质，并且他们利用社会性媒体，如博客、微博等，发表自己的观点，当然有时候只是情绪，并通过社会性媒体网络迅速扩散，共同推进事实真相的获取，或者是各种观点通过同一个社会性平台进行公开展示、摆事实、讲道理，最终收获无数粉丝及其热情的"支持"（通常以回帖、关注、转发等形式来表现）。于是，怀疑成了一种态度，代表了人类认知的进步和与某些看不见势力做斗争的决心。

经常而广泛的怀疑会造成社会的习惯性怀疑。这时候，怀疑的广度将会延展：我们会怀疑信息传播中的任何一个阶段及其传播的信息，整个社会也会陷入普遍怀疑的氛围中去。怀疑的深度也会增加：从对信源及其新闻报道的疑惑外，也对媒体从中扮演了什么角色，整个传播环境的氛围和情况如何等。久而久之，媒体失去公信力的同时，受众和整个社会之间的信任感也会逐渐降低。因此，社会性媒体传播时代，要警惕怀疑、去疑或释疑过程成了陈词滥调，怀疑失去了它本来犀利的观点和锋利的威慑力，反而影响了社会信任的建立和完善。

## 第二节 信道：媒介怀疑的催化剂

信道是信息传播的渠道，它是信息通往信宿的必经之路，也是整个信息传播过程中真正的传播环节，同时也是最重要的环节。在大众传播过程中，信息被负载在不同的大众媒体上，因此不同形态的大众传播媒体在进行怀疑时的出发点、特点和功能也不尽相同。

### 一 媒体对信源的怀疑

1. 不断挖掘真相的动力

大众传播媒体在信息传播过程中是中转驿站，也是信息汇集地，来自信源、受众和其他渠道的信息最终都汇总到媒体那里，经由媒体传播到受众，即便是社会性媒体时代，普通受众可以有越来越多的机会参与新闻生产和传播，但与大众传播媒体相比，个人媒体的信息负荷力和传播能力仍然十分有限，因此，大众传播媒介在媒介、受众与社会的怀疑关系形成和演变过程中，扮演十分关键的角色。对大众媒体而言，怀疑本就是新闻传播工作和事业中的基本状态，也体现了新闻事业不断探求真相的崇高的使命。李普曼曾假设："新闻和真实并不是一回事"，他的理由是基于新闻和真实的作用不同，新闻是把想表明和突出的事情报道出来，而真实是把隐藏的不为人所知的事实展现出来，只有在某些时候，新闻和真实才会一致，即"社会形势呈现可以认识和察觉得出来的状态时"①。李普曼说的这番话，洞察了媒体进行新闻报道的本质，也让人们可以更理性地对待媒体及其新闻报道，同时，也在一定程度上暗示了媒体在新闻选择和报道中的能动作用。相比李普曼的谨慎，普利策更多地从新闻报道的技术操作层面来推进新闻的真实性，他强调新闻专业主义，尤其是报纸要独立于党派和经济因素之外，并且强调报纸的以真实性为基础的准确性，因而推崇对新闻的连续报道形式。这两位美国报业和新闻界的巨人，都强调了媒体坚持不懈挖掘事实真相的努力和精神，只不过一个是从批判和反思的角度，另一个是从积极和操作性的层面来思考问题。真相就在媒体及其从业人员不断的怀疑和质疑中被层层推进和展现，让受众和社会无比接近。

诚如前文所述，在媒介形态单一、信息传播不普及的时代，受众没有太多的信息来源和渠道，于是开始倾向于相信来自主流媒体的各类信息，这种情况对其他非主流媒体也适用，尤其当重大或突发事件发生时，非主流媒体缺乏获取信息的来源，也会选择引用或转述主流媒体的表述；或是在不同媒介制度的国家，人们会更倾向于相信官方媒体，其他媒体也会自觉采用与官方媒体一致的话语表达。虽然这种状态会有产生某些偏见而造成不真实的可能性，但在信息匮乏、媒体单一的年代，事实的却如此。然而，大众传播发展至今，情况已经发生了很大的改变。主流和官方媒体虽然仍然具有权威性，尤其是在重大和突发事件时，但其权威性和信度仍然位居其他非主流媒体之前，但他们的权威性和信度也在不断地接受各种挑战。关于主流媒体和官方媒体的公信度的调查有很多，中西方都有，近些年进行的调查的结果都大同小异，即指向他们的信度在下降，无非是降幅和原因可能有所不同。如摩伊（Moy）和普福（Pfau）在2001年进行的一项关于美国受众对电视和报纸新闻信任程度的调查中得到这样的结论：从20世纪80年代年中期到20世纪90年代中期，人们对主要电视网络（ABC，CBS和NBC）的信任率从86%—87%之间下降到76%—77%之间，

---

① ［美］沃尔特·李普曼：《舆论学》，林珊译，华夏出版社1989年版，第237页。

而对熟悉的日报报道的信任度则从84%下降到65%①；无独有偶，在一项关于中国大众媒介的传播效果与公信力研究的大型调查中，中国学术团队也发现，像中央电视台这样的国家电视台的公信力在不同的地区和群体中有着不一样的信度反馈，进一步研究发现"越是在经济开放的、媒介业越发达得到地区，中央电视台的公信力就相对偏低"②。对主流媒体和官方媒体的信任度的下降，有很多原因，其中一个直接的原因便是大众传媒形式和组织机构越来越多，他们都不断对主流媒体和官方媒体的信源及其传播速度进行质疑，然后不断开拓和挖掘自己的信源，在某些信息获取方面，他们比主流媒体和官方媒体更快速、有效，满足受众的信息需求，然而在挖掘信源的过程中，也会面临辨识能力和度的掌握的问题，一旦没把握好尺度和原则，更容易造成信息虚假，或是造成对受众的一些权利的侵犯，最终造成社会资源的浪费。

2. 信源使用过程中恪守的原则

大众传播媒体和新闻传播活动诞生后的几百年来，新闻界的各个组织和成员都在为新闻和媒体在社会生活中的角色塑造、任务确定、责任归属等问题努力，并且随着时代的进步而不断进行辩论和调整，其中关于新闻专业主义的讨论是最贴近新闻传播及其传播者（大众传播媒体组织及其成员）工作本身的。新闻专业主义就是大众传播媒体作为一个职业机构，从事专业的新闻、信息生产和传播所秉持的一些理念，按黄旦教授对其的考察，认为新闻专业主义的理念包括五点："第一，报刊的主要功能是传播新闻，同时还要干预和推动社会；第二，在性质上，报刊是一个独立专业，因此，它必须是自主的，尤其是在政治上不依赖任何派别，更不做政府的喉舌；第三，报纸的目的是为公众服务，并反映民意；第四，报纸的运转是靠自己的有效经营，尤其是广告收入；第五，报纸的约束机制是法律和职业道德，尤其是后者"③。新闻专业主义的讨论由报纸首先发起，但基本上也适用于后来的广播、电视等媒体。

然而，新闻专业主义理念在发展和推行过程中，面临着各种因素的制

---

① Yariv Tsfati: *The Consequences of Mistrust in the News Media: Media Skepticism as a Moderator in media Effects and as a Fator influencing News Media Exposure*, Doctorate Thesis of University of Pennsylvania 2002.

② 喻国明、张洪忠:《中国广播公信力评测报告》,《民主与科学》2005年第4期。

③ 黄旦:《传者图像：新闻专业主义的建构与消解》,复旦大学出版社2005年版，第32页。

约和影响，有时候也不免陷入某些困境中。在社会层面，媒体通常会面对政治、经济、文化的制约，需要权衡与这些因素之间的距离和关系。政治涉及国家、民族、政府、权力等各种因素和利益，媒体在面对这类信源时，往往会呈现出不同的面向和多维的操作方法，其后果也是截然不同的。商业对媒体而言则是甜蜜的负担，广告和公关的应运而生，为媒体带来可观收益的同时，也会造成对信息传播的客观性和真实性的质疑，尤其是当媒体充当一些消费行为和产品或是商业机构的传播载体时，往往会忽视信源的真实性。在自身形式和构成层面，社会性媒体的产生和运行状态，似乎并没有遵循新闻专业主义的一般理念来进行，它们对信息传播和大众传播行业产生了革命性的影响。社会性媒体及其传播环境给专业的大众传播媒体带来了更多的信源和信息，但也使他们在众多信源中难以适从，有时候甚至会选择了错误或不真实的信源，难怪英国《经济学人》集团 CEO 安德鲁（Andrew）在西班牙马德里的一次国际媒体大会上宣称，《经济学人》杂志不追求"独家"，任何一篇文章的题材都有别人写过；他们做的，是对内容进行"打包"，用一种不同于他人的方式将内容打包呈现给读者。当然，《经济学人》由于杂志的定位，它并非以时效性新闻著称，或许可以在内容呈现和整合方面下下功夫。但事实是，《经济学人》集团的 CEO 的一番话，倒是影射了另一个现实：在信息高速传播、媒体呈现多样化态势、信息反馈渠道通达的今天，哪个媒体机构敢说自己是时效性最高的？换言之，大多数媒体如今都在一定程度上从事内容打包的工作，将各种信源组织起来，邀请记者、评论员撰写稿件、社评等，结合背景资料，呈现在受众面前。核心问题是，媒体如果没有能力去辨别信源的真假、没有胆识去采用揭露真相的信源、没有节操去撤除被特殊利益附身的信源，那么公众利益得不到保障，媒体的社会公信力也就无法建立。

3. 竞争过程中的怀疑

大众传播业发展至今，其职业性、专业程度、操作规范、运作流程等十分完整，因而被一些学者认为是"文化工业"，既然是一种很成熟和完善的职业，那么肯定有众多的利益，因为有很多竞争者。事实也是如此，媒体对信源产生的怀疑和提出的质疑，有一些自然是基于新闻专业主义和职业理念，还有一些来自大众传播市场的竞争压力。以突发事件为例，在突发事件刚发生后，第一时间便会有消息或简讯出来，在这个阶段，所有的媒体追求的都是时效性,即实时地将新闻呈现给受众。第二阶段,是对事件的深入报道。这里媒体便会产生分化:有些媒体提供更为真实和有效的信源来对第一阶段不实的新闻进行辟谣和更正;有些媒体会继续发掘新的信源补充事件的进展、过程等细节;有些媒体则开始准备社评和第三阶段的材料。第三阶段是对事件的发酵报道期。这个阶段中,各类媒体会根据自身的实际情况,包括媒介形态、自身定位和拥有的信源情况等进一步进行差异化报道,通常,拥有较多高质量的信源的媒体,能在突发事件的报道中占据十分有利的报道位置,并且在激烈的信息战中获得胜利,从其他媒体机构中脱颖而出。比如战地记者,虽然面临着人身和财产的极大危险,但出于记者的职业道德和理想,他们仍活跃在最危险的地方,每日在枪林弹雨中穿梭,在炮火隆隆的战争第一线为世界各地的人及时发送新闻报道,而在他们令人敬仰的身影背后,是他们隶属的媒体机构对信源的需求,因为谁也无法否认,激烈的媒体竞争中,谁拥有直接、快速、一线、有效的信源,谁就能在新闻大战中获胜。

媒体在信源间的良性竞争,能使信息更丰富和全面,也使新闻更真实,让受众更能从新闻中获益,但事实总不是一直如人所愿,如今,由竞争而起的问题和纠纷层出不穷,无意或有意,让大众传媒机构经常陷入到一种难以名状的尴尬境地。吴飞教授等曾通过对浙江省新闻单位一线采编人员关于专业选择和训练、新闻工作的态度与评价、媒介使用三个问题的调查后,认为如"暗访、偷拍、购买机密信息、纠缠信息来源、煽情处理手法、侵犯个人隐私、公开对方机密等做法实际上都是为了吸引更多的受众"[①],课题组认为这些行为更多的是激烈的媒体竞争造成的,并不全是记者的私欲。一线采编人员采取暗访、偷拍等方法,无非是为了获取第一手资料和信源,在新闻战中拔得头筹,至于对这些手段的合理和合法性,则采取了无视和忽略的态度,更别说考虑其对新闻事业和媒体的公信力造成的伤害和损失了。

## 二 媒体对信息的怀疑

大众传媒机构对信源的怀疑态度,主要是为了能在信息的源头就进行牢牢把握,以便对信息进行后期的处理,使之变成新闻报道,传递给受

---

① 吴飞、吴风:《新闻专业主义理念的建构》,《中国人民大学学报》2004年第6期。

众，而这些机构对在传输过程中的信息的态度却会随着机构在性质、定位、角色等差异而呈现出不一样的特点。

1. 主流媒体与非主流媒体

主流媒体谨慎怀疑但缺乏活力。这与主流媒体的历史、角色和定位有关，主流媒体通常历史较为悠久，在漫长的大众传播进化史中，主流媒体早已身经百战，它们有着更完善的机构组成、更完整的新闻操作规范流程、更丰富的实业经验，也有着更为成熟的危机应对办法，再加上它们的观点一般来说会成为社会主流观点而被大多数人所信赖，因此，他们对信息的怀疑持有谨慎的态度，换言之，主流媒体通常信奉以不变应万变，这样可以最大限度避免麻烦和误解，这种明哲保身法，或是出于大众传播职业追求的真实和客观，或是由于其较高的社会威望和公信力而不能摇摆观点，或是受到某些力量的控制而不能轻举妄动，总之已经成为了主流媒体对待信息的惯有态度。而这种态度中似乎少了一点怀疑和质疑的精神，也少了一些冲破现实、奋力突破的勇气，因此，主流媒体的四平八稳总是让人感觉它是缺乏活力的。事实也是如此，当受众厌倦主流媒体的腔调和节奏后，便会寻求一种在新闻获取上的精神释放和解脱，转而获取来自非主流媒体的信息，并对主流媒体的信息和对待信息的态度产生怀疑，导致主流媒体的公信力的分化和下降。但即便如此，主流媒体在信息传播领域仍然有很大的号召力，它们的改革和变化通常会成为传媒界的风向标而受到关注。如美国每年都会有类似"报纸即将灭亡"的论调，而理由之一通常都是美国的主流报纸，如《纽约时报》的销量下降或是在互联网新闻领域又产生了新的业务增长点等。

非主流媒体积极怀疑但经常越界。相比主流媒体的谨慎和保守，非主流媒体到是走了一条截然相反的路，当然，这里的主流和非主流是相对的。如西方19世纪30年代诞生的便士报，本也是非主流媒体，但后来由于其超前的新闻理念和成功的操作实践，而逐渐成为了美国报业的主流，甚至很多以政治等硬新闻为主的严肃报纸，也都借鉴了便士报的新闻理念而对自己的内容进行调整。便士报在刚出现时，就是与当时以政治和经济等硬新闻为主的主流媒体的风格截然不同而受到业界和受众的关注的：内容以新闻为主，而非政论和报告；大量的本地新闻，用煽情、趣味、讽刺的语言来引发读者的兴趣；有广告，来为报社赢得可观的收入。便士报的这种独特内容和报道手法颠覆了当时主流媒体那种沉闷的、呆板的、保守的、与受众心理距离遥远的风格。如今西方国家仍存在的一些小报，他们虽没严肃报纸的高雅，也没类似便士报的亲民，但它们以其猎奇、颠覆、怀疑主流的新闻和报道也拥有一批拥护者和忠实受众，只是，这些报道经常被证实是空穴来风，或是采用一些不正当的手法获取的，如最近关闭的《世界新闻报》便是一个典型案例，它引发了新闻界对新闻伦理、价值观、媒体公信力等问题的反思和重新定位。

2. 传统媒体与新媒体

传统媒体正统而保守。相对近期出现的新媒体来说，传统媒体对待信息和新闻报道更讲求秩序，一方面在新闻写作和表现手法上，传统媒体已形成了一套固定的体系，如新闻报道的倒金字塔型结构等；而表现符号也受到传统媒体本身的制约和约束。另一方面，传统媒体有着较为稳定和信赖的信源，也有一批稳定和忠实的受众群体，它们对变化的要求不那么迫切，因而对信息的怀疑也就不那么频繁了。这种正统和保守的风格，使得传统媒体在新闻报道形式上很难有大的突破，在新闻观点陈述上也遇到了瓶颈。一方面，传统媒体通常很少在第一时间进行怀疑，一般会采取事件进行到一定阶段，经过一定调查后才得出结论，这固然是谨慎和稳妥的方式，但在资讯如此发达和快速的今天，这种做法的效率值得怀疑。另一方面，传统媒体很少使用激烈的言语进行直接反驳，通常都采用温和的语气和严密的证据来辟谣或重新论证，以至于电视台一出现言语锐利、直刺问题焦点和冲突点的评论员或主持人一出现，便被热烈追捧。故传统媒体在面对新媒体的强烈来袭时，一度显得很不适应，当然也无法认同。

新媒体新颖而开放。这里所说的新媒体，还是指基于计算机和互联网技术的新兴的媒介形式，并不包括传统媒体的网络版，主要是指单纯依靠互联网来进行传播的媒介形式，如商业门户网站、社会性媒体平台等。首先，新媒体很新颖。它拥有最新的技术，一种在印刷技术、光电技术基础上产生的计算机和互联网技术；它拥有最年轻的受众，互联网用户平均年龄较低，虽然互联网有普及的趋势，但从互联网使用习惯和深度来说，年轻受众都有明显的优势。它拥有最新的传播理念，如开放的平台、实时的传播、及时的信息反馈和深入的互动，这些都是传统媒体无法比拟的。其次，新媒体的开放性和透明性，使得网民在其平台上展开了广泛的怀疑，这些怀疑快速而犀利，经常在短时间内形成舆论焦点，并产生轰动性的效果。近几年来出现了很多例始发于新媒体平台的舆论事件，尤其是在

2009年新浪微博上线后，以微博为代表的社会性媒体平台发展迅速，很快成为网民们怀疑、质疑、追责的舆论战场，当然这上面也充斥着谩骂、诽谤、侵权等道德和法律越界的各类隐患。不仅如此，在新媒体平台上还出现了以往传统媒体为主的大众传播活动中很少出现的现象，如习惯性怀疑，在网络上，经常可以看到网友对任何一条刊登于传统媒体的信息和新闻进行怀疑或吐槽的发言，这些语气中充满着不信任、讽刺、辛辣、猜忌的怀疑和质疑，映射出网民们对大众传媒机构，乃至社会的不信任。这是一个很值得深入思考和研究的话题。

3. 专业大众传媒机构与非专业大众传媒机构

专业的大众传媒机构系统运作但反馈较慢。专业的大众传媒机构是信息和新闻传播的主力军，因为按威伦斯基（Wilensky）的考察，一个专业组织的建立，需要经历五个阶段[①]：专职或全日制职业、建立训练学校、形成专业协会、赢得法律支持、专业协会公布正式的道德准则。经过这样的步骤建立起来并经过几百年运作的大众传媒机构，自然有着严密的、规范的、系统化的运作模式，拥有信息传播无可比拟的优势的同时，对一些长存于新闻结构内部的顽疾也是无法立即得到根治的。比如传输过程中的反馈和互动速度问题。专业的大众传媒机构在信息反馈上，始终比较缓慢，虽然在新媒体的刺激下，已经有了很大的改善，但仍然比较缓慢，因为在专业的新闻机构中，一条信息从信源，经历信道，到达受众，并进行反馈的过程需要经历很多环节和流程，并且每个环节都会经历选择、采集、加工、删改等工序，专业新闻机构作为文化工业的一部分，新闻要进入公众视野，就好像一个工业产品一样，需要经过很多道工序和检查，这样的好处是品质有保证，代价就是速度和效率，表现在新闻产品上，就是时效和反馈，尤其是反馈。因此，虽然专业的新闻机构在信源上做足了准备，也充满了优势，但在对信息的怀疑，并对这些被怀疑的信息向受众进行解释或辟谣时，就显得捉襟见肘了。

非专业的大众传媒异军突起但缺乏约束。个人媒体的兴起是非专业传播媒介一个重要的指标和象征。历史总是惊人的相似，新闻业从最初的"个人新闻"又走回了"个人新闻"，只是个中成分已悄然发生了改变。

---

[①] 黄丹：《传者图像：新闻专业主义的建构与消解》，复旦大学出版社2005年版，第6页。

如今的个人新闻,主要基于互联网,其核心观点在于"参与式新闻"[①],定义为民众或民众组织,在收集、报道、分析和传播新闻和信息过程中发挥积极的作用,参与的意图是为了给民主需求提供独立的、可信赖的、精确的、广泛的相关信息。综观如今的新闻传播,尤其是互联网上的新闻,确有很多来自个人,而非专业的大众传播机构。个人媒体在以社会性媒体为代表的互联网上,通常扮演的角色是爆料、质疑、跟进报道、分析等,这些非专业从事新闻职业的个人或团体,在社会性媒体上更有多面向的角色:被实名认证加V的个人成为爆料者、质疑者、见证人、专家;未被实名认证的个人成为隐形的爆料者和质疑者;由专家发起或参与的民间团体,也在充当怀疑者,自发调查并发布民间调查报告等,这些本是由专业的大众传媒机构完成的工作,如今普通民众也可以完成,于是,非专业的大众传播媒体快速崛起,并产生了对新闻和社会事件的广泛怀疑态势。虽然,个人或由众人组成的民间团体能够广泛参与到信息和新闻传播中,对专业的大众传媒机构及其信息传播形成补充和帮助之势,但是,我们不得不承认,由个人组成的非专业的大众传媒,虽新颖,但也有隐藏着一些隐患。比如个人通常只能参与新闻生产和传播的一部分,不能全程和全面跟进,因此,难免会产生以偏概全,甚至影响职业的新闻工作者的日常工作,导致了另一种信息遮蔽;还有,来自个人信源的真实性和可靠性值得担忧;另外,对个人传播者目前缺乏法律和职业道德的约束,单靠社会准则和个人道德约束,是不完善的。

### 三 媒体对受众的怀疑

各个时期的媒体与受众关系都十分密切,它们之间积极互动和彼此配合,共同造就了今日大众传媒及其行为方式进入人们日常生活的盛景。虽然,媒体与受众的互动和关系也并非一帆风顺,会面临各种冲突,但它们总是能找到解决办法,因此,媒体与受众一直处在一种微妙的平衡中。在这期间,大众传媒给受众及其他们的生活带来了太多新鲜,甚至怪异的东西,让他们在五光十色、纷繁复杂的由媒介制造的景象中左右为难、无所适从,"容器人""沙发土豆"们并没意识到自己被媒体绑架的真相,因

---

① Shayne Bowman and Chris Willis: *We Media-How audiences are shaping the future of news and information*, The Media Center at the The American Press Institute 2003.

为大众传媒对受众进行了深入、全面、细微的分析和怀疑,最终成功地改变了受众的生活方式。

1. 重构受众的媒体使用习惯

习惯在心理学上被定义为人类周而复始的一种重复性的下意识的行为,因此,旧习惯很难被改变,而新习惯也不易建立,因为"重复最多次的行为方式已经被深深烙印在我们的中枢神经系统中了"①,要建立新的习惯的唯一渠道也只有重复。大众传媒显然没有就此认命,它们通过不断地重复和强化,改变甚至颠覆了人们的生活方式,重构了媒介与受众之间的关系,创造了媒介时间,也把新的消费方式烙印在了受众心中。

大众传媒首先通过重复和强化,创设了媒介时间,并通过"媒介对人们日常生活的建构"②来推广和营造媒介时间观念。钟表时间不再是决定日常生活作息的唯一标准,人们迟迟不休息只是为了等待某一个电视节目或在虚拟网络上的对某一媒介事件的"围观"和讨论;日常的闲暇时光,也不是郊游、聚会或聊天的专属了,大众传媒或是作为陪衬,或是作为活动主角出现;更有甚者,大众传媒还成功通过技术革新占据了人们的碎片时间和零星时间。总之,媒介无处不在、无所不在,媒介时间被成功建构在人们的日常生活中,而媒介时间观念也就因此植根于人们的内心了。

大众传媒不仅颠覆了人们的日常生活习惯,建立起新的媒介使用习惯,还通过某些内容形式(比如广告和公关活动)为新消费主义文化的形成和繁荣背书。正如鲍德里亚所认为的,广告依靠大众传媒的传播"伪造了一种消费总体性",通过"让一个符号参照另一个符号、一件物品参照另一件物品、一个消费者参照另一个消费者"③,最终倡导了一种消费主义文化。广告从最初的商家吆喝的自发行为到如今与大众传媒之间的亲密关系,都与商业利益有着千丝万缕的关系。

2. 杂糅商业利益在媒体信息中

当今的大众传媒把光怪陆离的新闻事件都搬到了受众面前,制造了形

---

① http://www.psychologytoday.com/basics/habit-formation(纽约《今日心理学》杂志官网)
② 邵培仁、黄庆:《媒介时间论:针对媒介时间观念的研究》,《当代传播》2009年第3期。
③ [法]波德里亚:《消费社会》,刘成富、全志钢译,南京大学出版社2000年版,第135页。

形色色的媒介景观的同时，也将商业性带进了受众的日常生活，并且总在专业性和商业性之间徜徉和徘徊。对媒体及其信息的监督和审视也通常集中在专业性层面，看其传播的信息是否准确、是否真实、是否重要，而对其助力或推动的商业行为，如广告或公关活动等却容易妥协，甚至有放任和顺从的倾向。如新闻和信息必须按照发生时间和重要程度进行排序，从而传递给受众，但广告信息与新闻不同，无所谓突发性或重要性，关键是媒体是否与广告主达成了协议，只要是达成协议的，无论什么类型、什么风格、什么内涵都可以在媒体上播出，媒体甚至不用考虑前后是什么节目。因此，随着媒体商业化氛围的日益浓厚，大众传媒经常忽视受众的商业信息承载力，过度夸大受众对产品和新消费模式的需要，有时候广告为了达到目的，甚至会出现信息遮蔽和避重就轻等情况，而大众传媒一定程度上也成了虚假广告和片面广告的推波助澜者。

以电视广告为例，自1979年第一个商业广告在上海电视台播出后，40年来，中国电视商业广告有了长足的发展，这体现在广告内容和制作日益丰富和精美、广告时间越来越长、广告形式越发多样等特点。久而久之，对受众而言，对在电视节目之间插播广告已经习以为常，因此，电视广告更加变本加厉地挑战受众的承受极限。电视购物的出现，以其反复游说、重复刺激、低价引诱、神奇的效果等方式一度占据人们几十分钟的电视时间，直到后来，广电总局对电视购物的类别、播放时长和时段、广告内容和信息真实性做了严格的规定，电视购物带来的各种隐患才慢慢消退。电视剧贴片广告的出现，也是顺应市场化运作的产物。电视台对其也是欣然接受，并且继续在电视剧播出前、中、后插播本台的广告，以至于有人专门统计了电视剧播放时间，发现45分钟左右的电视剧时长，有一半以上是在放广告，戏称是"广告插播电视剧"。受众对于这种情况，通常都是谴责的同时，寻找其他终端，比如互联网来看电视剧。电视节目，尤其是娱乐节目中的广告创新形式更是多样，不仅节目间歇的插播广告，还有冠名广告、节目进行过程中的各种硬、软广告，还有一些借着互动之名，行营利之实的各种短信投票等，都使电视节目的商业化气氛空前高涨，但收获了广告商和广告收入的同时，媒体对其本身的定位和社会角色的思考甚少，对受众的负荷力和美誉度的考虑也欠佳。这种过度杂糅商业利益在信息传播过程中，会使大众传媒偏离正常的价值轨道，最终导致受众的不信任感加剧。

3. 迎合低级审美趣味

大众传媒在向受众进行信息传播时,一定对受众有个假设和预期,市场营销学把这个过程叫做细分和定位,即大众传媒将媒介和信息市场细分,并对自己所面对的受众研究和定位,从而制定出自己的传播方针和传播风格。从人口统计学的角度,媒体将受众按地域、年龄、性别、受教育程度等进行细分,再结合自己的媒介特征,进行针对性的传播,这是传媒市场专业化的产物。但在过程中,一些媒体为了广泛吸引受众,进行脱序传播,迎合低俗、媚俗、恶俗的审美趣味,这不仅是急功近利式的迎合,而且一定程度上也是对受众的误导和误判。

媒体利用受众在社会化过程中和全球文化融合趋势下的表现出来的一些漏洞和弱点,比如同情心、窥私、不信任等,来丰富媒介景观营造过程中所需要的一些元素,以求击中受众的内心来获得极大的关注和共鸣,比如一些剖析自己内心或真实情感的电视真人秀节目,在情境创设、话题人物选择、流程策划中,就广泛利用了人们的同情心、恐惧感、窥私欲等情感,选择一些有争议的人和事,来达到大家的关注和讨论,从而获得较高的收视率。有些媒体为了彰显自己的独特定位,会将其定位的年龄层的特质发挥到极致,并去社会环境化的大力宣扬这类受众所代表的精神,将这些特质中的某一些因子无限放大,将定位做到极致的同时,会让人感觉不够真实和客观。近几年来,由于互联网的普及和网络开放精神的蔓延,出现了一大批所谓的网络红人及其他们所引领的"流行",这些所谓的流行,可能是对某些主流文化的恶搞式颠覆,也可能是对某一种生活方式的厌恶式破坏,还有可能是对传统意见领袖和专家的盲目的推翻,它们共同组成了网络亚文化,当这些亚文化频繁出现在互联网媒体中,若未能得到有效和合理的解释和引导,它们就会蔓延开去,渗透到社会的各个层面,造成很多不可估量的影响。在麦奎尔的规范理论中,他假设了大众传媒目的的六大理论,其中一类是社会责任论,即大众传媒对公众是有义务的,需要代表公众利益,从这个角度出发,一味迎合受众的低级趣味,显然并不符合代表公众利益的媒体功能。但很可惜,很多大众传媒,尤其是互联网媒体,在迎合低级趣味和引导受众趣味方面,仍未走在前头,更可惜的是,它们似乎并没有意识到这一点,甚至,它们总是把培养高级趣味与互联网精神对立起来,认为互联网就是以颠覆传统、开创新世界为目标的,因此,一味强调其开放、包容、多元的特性,而忽略了作为大众传媒角色的互联网媒体的职责。

## 第三节 信宿：媒介怀疑的接收器

信宿是信息接受者，在大众传播过程中，也就是受众，他们处在信息传播的末端，也是所有信息传播的目的地。在如今的社会中，媒体与受众之间的关系如此紧密，因此，受众就成了大众传播信息最终的接收器，也是媒介怀疑的直接发起者和承受者。受众在媒介怀疑中，主要体现在对信息、大众传媒上，这些都源于或加剧对社会的广泛怀疑和不信任。

### 一 受众对信息的怀疑

在大众传播中，由受众主导的怀疑，最直接的表现是对于信息的怀疑。按照传统新闻学理论所论述的，新闻的灵魂是真实性，新闻价值五要素分别是时新性、重要性、显著性、接近性、趣味性，这其中，时新性主要是对新闻传播的速度提出了要求，随着新媒体的出现和普及，也有很多学者提出时新性应包含全时性、动态性和实时性的内涵；重要性和显著性是对新闻的内容选择做了严格的要求；接近性和趣味性主要是对新闻传播的效果做了要求。因此，受众对信息的怀疑，也是出自于此，通常针对信息本身、信息的重要程度和信息的效果提出质疑。

1. 信息的可信度

虽然真实性是新闻的灵魂，但还是有很多受众对信息的真实性提出质疑。如果对其加以细分，其实可分为对信源、信息编码形式、信息负载的媒介的怀疑。信源的可信度，是霍夫兰说服理论的一个研究成果，也是其开创的信息学习法中的一个重要变量，霍夫兰的说服实验最终标明，信源可信度在初次传播时对受众发挥着重要的影响，但随着时间的推移，影响日益减弱。霍夫兰的实验结果也表面，受众在初次对待信息时，通常会倾向于相信高可信度的信源。区分高可信度信源和低可信度信源，就涉及信源的历史、定位以及受众的认知和态度了。

除了对信源的信度的怀疑外，受众还对不同编码形式的信息产生怀疑。罗兰·巴尔特认为"在电影、电视和广告领域中，意义与形象、声音和字形之间的相互作用有关"[1]，这就表明在大众传媒中出现的信息，都是经过了二次加工，其与原来的符号相比，所指、外延和内涵都有了变化，根据变化的不同，受众对其的信任程度也不一样。比如现代人已经很能区分新闻和广告，对其的信任感也是不同的，通常认为广告有美化、夸大、宣传的效果，带着改变人的态度的目的，因此对其的真实感和信任感也普遍低于新闻。受众对使用不同符号组合而成的信息的信任感也不相同，像如今的媒体中经常使用"或将"这样不确定的词，直接导致了受众对信息的怀疑，而大众传媒经常使用图片或视频来增加可信度，也是为了增加受众的信任感。

通常信息都是直接经由大众传媒传播到受众，大多数现代人，尤其是都市人，已经对大众传媒的各种形式了然于心，但对信息负载在不同媒体上的信任感可能不尽相同，这也引发了对主流媒体和非主流媒体、大众媒体与小众媒体、传统媒体与新媒体的区分和讨论。国内外的很多数据表明，对主流媒体、大众媒体和传统媒体的信任感虽然在降低，但暂且不能动摇其在受众心中具有较高信任度的地位。

2. 信息的重要性

如果说受众对信源可信度的怀疑更多的是集中在对信息宏观层面的把握上，那么对信息的重要性的怀疑则聚焦于信息的微观层面。读者经常看完报纸说："今天没什么新闻"，通常想表达的是那天没什么重要的信息，或者是没有对本人有用的信息这两层意思。

全媒体时代，受众对信息的速度提出了更高的要求，尤其是在媒介技术的支持下，对新闻的新近发生性要求升级为实时发生性要求，获知事实的变动性需求则升级为获知事实的动态发展全过程。在这样的大环境下，萦绕在传统媒体及主流媒体上的很多光环都渐渐褪去，受众甚至开始质疑它们的信息的及时性和全时性，因此，当这些媒体经常在第二时间追踪新闻事件时，受众也就不再觉得这个信息重要或有任何的新鲜感了。与此同时，以互联网为代表的新媒体部落最初就是依靠信息传播的及时性和动态性获得受众的青睐的。这给传统媒体带去了很大的挑战，像报纸这样的传统媒体，由于受到出版、发行时间和流程的限制，虽然每天都有新闻，但

---

[1] 罗兰·巴尔特：《符号学原理》，李幼蒸译，生活·读书·新知三联书店1988年版，第115页。

受到互联网这样的 24 小时动态发布新闻的媒体的挑战，而显得新闻陈旧、落后和过时了。

对信息的重要性的质疑还不只局限于由传播速度带来的及时性上，还表现为受众是否需要或是否觉得自己需要这个新闻。事实上，随着大众传播市场的繁荣和受众媒介素养的提高，如今的情况更多是信息传播很快、信息也很富足，但受众仍同时感到信息爆炸和信息匮乏。一方面，大量的信息通过不同的传播渠道蜂拥而至，每天的时间，包括碎片时间都被各种信息所占据；但另一方面，真正重要的信息却匮乏，人们经常迷惘于不觉得或不知道这些信息对自己是否重要，同质化、娱乐化、商品化的信息淹没了真正重要的信息，让人在信息社会中无所适从。

3. 信息的有用性

信息的有用性，有用性表现为信息的知识性、预见性和指导性。大众传播行为和信息成为日常生活的一部分后，人们对信息的质量提出了更高的要求，不仅要求其能满足知情欲，还能满足其求知欲，也就是大众传媒及其信息能对人的日常工作和生活、社会发展和文化的进步有借鉴和指导作用，而大众传媒如果一味追求阅读率、收看收听率和点击率，一味追逐经济利益，那只能落下"弱智媒体""弱智信息"的名号，同时，受众对其的质疑和怀疑也将继续下去。因此，如今受众又重新唤起了对智性信息的需求，渴望在大众传播中能获取知识，而非哗众取宠的吆喝和噱头。

信息的预见性，是重要性的一种延伸，受众除了渴求实时发生的重要信息，还希望能全面了解信息负载的内容，能获得对新闻事件结果的认知，即知其然，知其所以然。由此，互联网媒体虽然能将信息的时效性做到极致，但缺乏对信息的跟踪性和预见性的传播。往往一条信息在互联网上产生并迅速扩散，但缺乏后劲或聚焦式传播，而变得虎头蛇尾，受众在过程中，也经常扮演围观者和起哄者的角色，但喧闹过后，却留下的是对信息和媒体本身的怀疑，真实性、客观性、动机都成了怀疑的内容。对信息的预见性传播的缺乏，造成了受众对信息的怀疑，也一定程度上加剧了信息匮乏。

指导性是对大众传播信息的知识性和有用性的最终效果，也是大众传播的功能在社会中的体现。受众接受大众传媒传递的信息，最初是为了克服物理距离造成的信息闭塞，以求通过媒体来获取更多的新闻，而如今，受众除了获取新闻外，还渴望从媒体的信息中获取知识、增长见识、参与讨论和决策、获得心理上的满足等，最终都是希望媒体的信息能对自己的社会生活有所帮助和指导。这对大众传媒而言，提出了更高的要求。如今无处不在的大众传媒和信息对受众确实产生着各种影响，但是指导还是误导，就要具体问题具体分析了。事实上，大量的信息流通，确实是丰富了见闻、增长了见识，还对社会生活和经济生产产生了积极的作用，但来自各种传媒的信息有时真假难辨、前后矛盾、娱乐至上、只重表面等，不仅不利于受众真实、全面、客观、深入了解新闻动态，而且还会产生一定程度上的误导而造成损失。当不明真相的受众常被大众传媒有意或无意的报道误导后，就会产生对媒介及其信息的怀疑，久而久之，也就造成媒介与受众之间关系的不信任。

## 二 受众对大众传媒的怀疑

一方面，新闻和信息负载在大众传媒上，借大众传媒幻化为各种符号走向受众；另一方面，新闻、资讯、知识等作为客观存在的信息，经由大众传媒的编码后，变成适合传播的符号，流向受众，并对他们产生各类影响。因此，受众对信息的怀疑，实际上也是受众与媒体关系的一种反映，是受众对大众传媒的质疑和不信任，并且如今这种怀疑是广泛的，突出表现为受众对主流媒体、非主流媒体和互联网媒体的怀疑和不确定。

1. 对主流媒体的怀疑

一提到主流媒体，容易联想到"严肃媒体""强势媒体"、俗话中的"大报大台"等词，对其的精确定义莫衷一是，不同的学者有不同的看法，但也形成了一些共同的看法，就是主流媒体具有较大的影响力和权威性。周胜林教授认为，具有较大影响力和权威性的主流媒体，应该做到以下几点："（1）反映重要的国内外大事；（2）既有报道，又有评论；（3）报道以独家新闻、深度报道、宏观分析和科学预测取胜；（4）报道和评论较多为其他媒体所引用；（5）媒体在读者心中留下一定的权威性；（6）报道和文章对决策者有影响；（7）由地区性媒体成为更大范围的以至全国性的媒体"[1]。主流媒体作为媒介历史最悠久、最大量负载信息的载体，与受众关系最密切、影响力最大的传播机构，它们与受众的关系也是十分复杂。受众从主流媒体处受到关于大众传播活动的启蒙，从接触、

---

[1] 周胜林：《论主流媒体》，《新闻界》2001年6月。

习惯,再到依赖大众传媒,过程中也伴随着对主流媒体及其信息的怀疑,只是,在大众传播未如此普及的昨天,受众对主流媒体的怀疑表现得不那么明显,也远未到需要将其视为一个问题来研究的境况。今日,当少数主流媒体和多数非主流媒体同时出现在信息传播舞台上,情况就变得复杂起来。

主流媒体的权威性遭受怀疑。曾经主流媒体所引以为傲的独家报道、深度报道等,如今都有了竞争者,这些竞争者,或是以传播速度极快著称,或是以更精准和专业的分析为傲,或是因强烈的新闻和信息探索精神而对问题研究入木三分,这些都使得主流媒体的光环褪色。如同一位新闻从业者的话所说的,"获取重大独家的门槛变得越来越高,难度变得越来越大,而市场给予的回馈却少了"[①]。信息时代,获取独家报道如此困难,那么主流媒体引以为豪的优点也就不复存在,权威性自然也会受到质疑。主流媒体的权威性遭受怀疑的另一个表现更为残酷,那就是在信息泛滥的时代,受众在获取和接受信息时都比较浮躁,他们甚至不注意也不在乎信息的出处,也就是说,受众更关心信息是什么,而不是信息来自于哪里。当一个新闻事件出现并被报道后,会迅速蔓延,并被多家媒体转载,接着各路媒体就以自己的方式来追踪新闻事件,而受众们,就立刻被淹没在信息潮中了,而且,这样受关注的新闻事件几乎每时每刻都在发生,受众常常还没想明白是怎么回事时,就立刻要准备接受下一则新闻了。在这样的大众传播生态环境中,主流媒体的权威性很难有机会发挥作用。

主流媒体的影响力遭遇挑战。影响力在量上,主要表现为主流媒体的规模、广告的效益等数据,随着社会性媒体等新的传媒方式的出现,由互联网媒体带来的新兴传媒市场的格局和运行模式还不甚明晰,但可以肯定的是,它们是具有爆发力和潜力的,未来是否能超越传统意义上的主流媒体,还有待检验,但上升态势已经很明显。影响力在质上,则表现为信息对受众的作用和受众对其的反馈上。主流媒体曾经为之自豪的高收视率、发行量等数据,如今也经常遭受众怀疑,如每年的央视春节联欢晚会后,都会出现一批批评、揶揄、讽刺"春晚"的受众评论,还有受众甚至直接指出央视所自称的"春晚"收视率有造假的嫌疑。这些情况都反映了

---

① 包丽敏:《独家还重要吗?》,新浪博客,http://blog.sina.com.cn/s/blog_4e4de19701015474.html,2012年8月20日。

如今的主流媒体正在遭受前所未有的受众的怀疑。

2. 对非主流媒体的怀疑

相对主流媒体，非主流媒体则代表着"小众""行业性""小规模""随意性""娱乐性"等。同时，信任是一种稳固的关系状态，它的确立需要一个比较长的时间。非主流媒体的受众规模小且较窄、自身规模也有限、社会影响力小，因此，不易受到社会大众的注意，也得不到社会的公认，虽然在互联网媒体时代中，非主流媒体的生存空间得到了延展和扩大，但其权威性的建立仍需较长时间。

非主流媒体在重大突发性事件中容易赢得先机，但真实性和客观性很难得到保证。在互联网传播时代，非主流媒体容易在一些突发性事件中，成为首先报道的媒体，但由于非主流媒体的规模和影响力，它们的报道容易被怀疑，且不容易扩散。即使是最新的社会性媒体，它的扩散能力也有限，因为受众仍为少数，社会中的大多数人还是倾向于看报纸、电视或是浏览门户网站。除了传播能力外，非主流媒体信息的真实性和客观性更容易遭受质疑。美国的德拉吉报道（Drudge Report）开创了网络新闻的先河，出自这个网站的关于美国前总统克林顿的绯闻案在世界范围内引起了轩然大波，也引发了人们对网络新闻、博客新闻的关注，而这个小的非主流的网站也在短时间内获得了极大的关注度和知名度。在这之后，德拉吉报道仍致力报道政治、文艺界的小道消息，却因被发现很多报道都是虚假的、也非独家，而遭受诟病和谴责。虽然，德拉吉报道至今仍在全球拥有无数的受众，但其美誉度和忠诚度值得担忧。

当发生重大的社会事件或危机时，非主流媒体的影响力也会变得十分有限。社会稳定时，大众传媒领域蓬勃发展、竞争激烈，但当国家或社会发生重大危机和变故时，主流媒体通常进行权威信息发布、对传闻和谣言进行澄清、对民众的恐慌情绪进行安抚、对下一步的计划进行部署等，而这些功能，非主流媒体并不具备。因此，通常在这个时候，非主流媒体反倒成了谣言聚集地和民众情绪的宣泄处。比如21世纪初我国国内的非典型性肺炎（SARS）事件，从消息封锁到谣言四起，从国内主流媒体集体"失语"到造成罕见的全国范围内的社会恐慌，这个案例从另一个侧面反映了非主流媒体无法扮演主流媒体的角色，后来主流媒体终于担负起公开病情、探讨病因、发布预警、解疑答疑等本应承担的任务后，事件才慢慢平息。当然，这个案例也非常好地反映了大众传媒与受众间的信任危机造成的重大的社会影响。

3. 在互联网媒体中的迷失

最初产生并应用于军事和科研领域的互联网,给人类带来新技术的同时,也彻底改变了人类信息接收方式和大众传播产业,它创造了一派盛景,把人类带进了一个光怪陆离的信息世界中。它开创的传播方式使新闻从报道新近发生到报道正在或实时发生的事实变动;它提供的界面是比报纸笨重,比电视屏幕小,也不如广播那么灵活,但这个界面却从硬件到软件都不断更新迭代,彻底改变了几十年来人们信息接收的习惯和方式,并将继续保持发展的态势,界面和屏幕的每一次变大或缩小,都同时带动一场信息革命;它倡导的报道理念颠覆了传统大众传播业界所制定的规则,传统业界对它曾一度保持谨慎的态度,但它一意孤行,将开放、透明、互动精神坚持到底,终于使新闻业开始重新思考未来走向,而草根新闻、公民记者等概念的出现,也让人们感受到了新闻学和新闻业的新生力量。但对其带来的传播方式和现状仍然有诸多的怀疑,而且怀疑从诞生之日起就从没间断过,但来自同侪、受众、社会等的质疑都没能阻挡互联网前进的脚步,终于,它成功进入我们的日常生活,成为大众传媒的一员。

纵使如此,受众对互联网媒体始终有一些怀疑。首先,互联网上海量信息及其不断更新的状态,让受众应接不暇,这是信息爆炸和泛滥的直接结果,即受众对海量的无法消化的信息无法承受,于是渐渐迷失在互联网世界中,他们或是变得逃避真实世界,沉溺在网络虚拟空间中;或是对互联网信息保持尽信的态度,怀疑一切来自传统媒体的声音;更多的受众是随波逐流,成为互联网世界中的碌碌无为的个体,他们不再关心新闻的本质,他们只关心一天中发生了什么,而不在乎这则信息是否真实、是否重要、是否有用。

其次,发声者太多,守门人缺席,让人难辨真假。并非所有的受众都迷失在互联网中的,也有受众试图在互联网媒体中保持冷静和客观,对新闻和信息进行仔细的甄别和判断,但收效甚微。因为互联网的开放和透明,颠覆了新闻和信息依靠大众传播媒体传递给受众这样一个既定规则,每个个体都可以在互联网上发出声音,尤其是社会性媒体兴起后,互联网媒体对人人都是传播者进行了技术上的支持,这样一来,信息更加繁杂,而且由于互联网媒体缺乏像传统媒体一样的守门人,于是开放和透明的背后,留下的是受众难在短时间内甄别新闻的真假,也很难获得对新闻或信息的全面了解，外加互联网信息的快速更新程度，使得受众还没搞明白前一则新闻事件，就被迫要接受下一则新闻了。

再次，传播者的背景和目的不明，媒体的公正、公平、正义无法体现。人人都是传播者和无时不在的传播环境，使得信息频繁高速流通的同时，也容易被不知底细的传播者利用，从而做出错误的判断。互联网传播是进入21世纪后才逐渐普及的传播方式，至今也不过十多年，对于如此新的一个传播方式和领域，规则的制定和遵循显然跟不上技术的发展和受众的投入速度，因此，受众欢呼互联网的开放、自由、平等的同时，也意识到了无章可循的尴尬境地和未来发展的绊脚石。有太多的案例可以说明，很多传播者在利用信息传播的不对称和受众的接受弱点来进行自我炒作，也有很多案例可以证明，新闻事件的战场一旦转移到了互联网，就会变得异常复杂，有时候还会丧失本来的公平和公正。

## 三　受众对社会的怀疑

大众传媒是反映社会的一面镜子，也是联结人与人、人与机构、人与社会的桥梁，受众对大众传媒及其信息的质疑和怀疑，一定程度上也折射出受众与社会之间的不信任关系，反映在受众对社会及其组织机构的怀疑以及受众在充满怀疑的社会中产生的不自信和不安全感。现代人对任何事情表现出的普遍不信任被认为是一种"现代犬儒主义"，徐贲认为这是一种"'以不相信来获得合理性'的社会文化形态"[1]。在这样的思想和判断基调下，受众对大众传媒构建的"媒介真实"中，通常有以下几种显著表现。

1. 聚合和盲从效应

聚合是大众传播中的受众特点之一，大众传媒及其传播过程可以轻易地将散布在不同地理位置和不同心理特征的受众聚集到一起，形成对一个事件的聚集性和密集性关注、追问和讨论，受众的这种聚合力也成为大众传媒影响力的一个见证。受众通常会对某些事件、某些机构、某些人物、某些话题产生聚焦，引发热烈的讨论，进而形成舆论，而针对这些事件和机构的怀疑显得尤其普遍，甚至出现盲从的效应。也就是说，只要是针对

---

[1] 徐贲：《当代中国大众社会的犬儒主义》，爱思想，http://www.aisixiang.com/data/4392.html?page=1。

这类机构和事件的，受众就会释放质疑，而且这种怀疑一直会持续下去，并伴随着臆测、谣言、想象来扩散其影响力。受众的聚合力在这个时候会显得无比强势，有时候甚至能影响和左右事情演变的态势和结果。除了对事件的关注外，受众还会表现出对某些大众传媒及其信息的有选择性聚合，表现为只相信一家媒体之言，而忽略其他媒体传递的不同观点，这跟大众传播媒体的使用熟悉程度和习惯密切相关。这通常出现在因大众传媒接触较少和信息单一而媒介素养不是很高的受众群中，对少数媒体产生极度的信任的同时，就意味着对其他媒体的观点和意图的怀疑。这也是一种由受众主观意识形成和主导的信息遮蔽和媒介怀疑。

聚合效应能促使受众对新闻或公共事件的聚集式关注和选择性相信，同时也在一定程度上产生了盲从的现象。受众容易在对信息的集中和聚焦式关注中丧失自我，盲目跟从。首先，忽略常识。盲目相信并听从大众传媒及其传播的信息，反映出对自我的不信任和人际交往的怀疑，因此倾向于相信与之距离最遥远的大众传媒。这在大众传媒诞生初期有这样的传播影响，即我们前文所论述的媒介敬畏阶段，受众对大众传媒及其信息传递给予最大限度的信任，有时候会忽略常识，但随着时代的变迁和大众传媒的发展，这种盲目的相信媒体的现象已经越来越少了。其次，缺乏自我判断能力。盲目的信任或怀疑，很多情况下是因为缺乏自我判断的能力，当一个事件发生后，很容易聚集在一些意见领袖身边，成为沉默的大多数，这会导致大众传媒及其信息的反馈呈现单一化状态，最终不利于受众对信息的理解。再次，缺乏探索能力。大多数受众在大众传媒及其信息传播过程中，愿意单纯作为信息接收者出现，于是当一个事件经由大众传媒曝光后，很容易在舆论中迷失自我，从而盲目地相信或怀疑媒体和信息，从而很快形成自己的态度，并做出一些判断。而如今的社会性媒体，改变了以往受众轻信、尽信或尽不信媒体及其信息的一些状态，使得信息传播更加多元，也使受众的信息接收更加主动，但又会造成另一种情况，即穹顶效应。

2. 穹顶效应

信息的穹顶效应，原是《财经》杂志前副主编罗昌平用来描述在新媒体崛起的今天，一些公共和热点事件传播过程中呈现出来的新趋势和动向，受众在短时间内对一个事件产生了极大的关注，并且发挥群体力量，通过各种途径，将事件支离破碎的元素聚合和还原，整个过程中，都极大地摄取了大众视线与公共资源。信息传播的穹顶效应的形成，是新媒体进入主流舆论场的标志，也是公众广泛而深入参与新闻和信息传播的结果。在此过程中，信息的采集、分析、论证、传播异常分散，但又紧密围绕事件进行，对事件进行着碎片化的呈现；主要依靠新媒体进行，尤其是社会性媒体这类能使个体充分参与信息传播的媒体应用；公众在传播过程中发挥了巨大的力量，他们一方面持续不断地关注，另一方面也积极参与了信息传播过程，而这一切都是自发的。

公共事件和热点事件这样的呈现方式，除了体现公众、草根的参与意识加强和传播手段多元化外，也凸显了大众传媒、社会和受众三者之间关系的微妙改变。首先，传统媒体、权威媒体在突发事件、敏感公共事件中的"缺席"。传统、官方、权威媒体在一些敏感、突发事件中的缺席不是第一次，只是，在新媒体时代，这种"缺席"会饱受诟病，并受到公开的质疑。此类情况中，有些是因为媒体身份特殊进行的有意的或默认的"缺席"；有些则是因为跟进不及时、应对不迅速造成的信息空窗式的"缺席"，对于后者，当公众建立起信息穹顶后，传统媒体再介入时，总让人感觉后知后觉和支离破碎，颠覆了以往人们对传统媒体优势的认可和权威性的肯定。其次，受众对官方话语和权威话语的怀疑。受众对媒体话语的怀疑，一直都有，但在穹顶效应中，怀疑既是原因，又是结果。因为怀疑和不相信，因此选择自己探求真相，并依靠互联网平台，得到了来自四面八方的各类资讯，在依靠公众和草根力量建构起来的信息穹顶中，公众的好奇心得到了满足、信息得到了充实、情绪也得到了释放，也一定程度上促使他们在未来更多地采用这种方式，与此同时，传统、官方、主流媒体的公信力和反馈力也得到了前所未有的质疑。再次，受众在怀疑中的集体意识的自我重建。通常，信息穹顶的建立过程中，都是从只言片语的爆料开始，接着出现一些佐证，然后进入信息混乱期，各方势力都鱼贯进入，其中夹杂着对主流媒体及其信息的质疑、对事件本身的怀疑、各方分析和判断，最终，随着权威媒体的官方发布，事件告一段落。在这个过程中，受众在不断的怀疑、推翻、重建、再怀疑、再推翻、再重建的过程中，最终建立起了一幅较为完整的事件原貌。

3. 蝴蝶效应

如果说聚合、盲从效应凸显了受众在信息爆炸和泛滥年代的无所适从，穹顶效应则体现了受众的积极参与意识，而蝴蝶效应则进一步体现了受众在传播过程中的主动参与和能动反馈对大众传播及其社会的影响和作用力。受众对社会事件、社会机构、社会运作方式的每一次怀疑，就仿佛翅膀的一次震动，而大众传播媒体，作为连接社会与受众的中介，像仲裁者，协调着受众和社会之间的信息获取、呈现的关系；更像平衡者，对受众与社会之间展现出来的一些怀疑和不信任进行纠偏，以期达到某种程度的稳定。

因此，对一个社会事件来说，受众期望还原真相、了解原因、探求实质、获得思考，若是大众传媒无法满足或帮助解决这种信息不对称，受众就会自己寻找解决办法，继而重新引发一系列的震动，最终达成新的平衡。就整个社会而言，公众渴望得到更多的权利和自由，发挥自己作为公民在社会中的作用，统治机构或社会机构若是忽视这种细微的需求和细小的不稳定，就会积少成多，最终引发社会的改革或重建。虽说，通过震荡后，总能形成暂时的稳定，但过程中很多力量的平衡会被打破，比如社会、媒体和受众三者之间的关系，随之消失的是彼此的信任感和自我安全感。

# 第四章

# 符号性与意义生产中的媒介怀疑

## 第一节 媒介主导的怀疑

大众传媒与受众的关系中,大众传媒既是主体,又是客体,当大众传媒作为主体时,往往指它作为社会中唯一的大众传播机构,主导的对信源、信息和受众的怀疑,这些怀疑,既有社会环境等客观因素,也有大众传媒及其传播本身的特点等主观因素。

### 一 信息传播过程中的符号异化

传播是人类社会产生以来就有的行为,由媒体主导的大众传播则是人类社会发展到一定阶段的产物,也正是因为有了大众传播,人类社会各群体及其文化的交流才变得更加通顺,人类社会的发展也才因此变得更加成熟和完整。与此同时,大众传播也随着人类社会的发展而变得日益完善和进步,技术的进步使得媒体形式不断推陈出新;大众传播的深入使得过程变得日益复杂;社会需求和发展使得大众传媒的功能和角色多元化,而这一切都让大众传媒成为怀疑的主导力量。

1. 大众传播过程的复杂性

由大众传媒主导的怀疑主要发生在大众传播中,大众传播指的就是信息从信源,经由大众传媒,传递到信宿的整个经过,它有两个基本特性:一是过程。信息从信源到信宿,需要经历一些步骤,步骤看似简单(只需信源正确,信道通畅和信宿接收就可以完成),但实则过程漫长、程序烦琐。如《大众传播通论》中把大众传播过程分为五个明显的阶段:第一阶段是职业传播者将某种讯息制作成适合某种媒介负载和传播的内容;第二阶段是快速、连续地传送;第三阶段是机械媒介的使用;第四阶段是人数众多成分复杂的受众;第五阶段是传播者与受众关于相同含义的交流①。因此,一个大众传播过程要完成,需要经历诸多环节,而其中,媒介在讯息制作、传递和发布方面,都起到了重要且主导作用,也正是因为其在大众传播过程的主导作用,因此,对信源、信息和受众的怀疑也就有了时间和空间的便利性和可能性。二是复杂。大众传播从最初的个体行为变为如今的社会行业的一部分,大众传播业也已然成为社会分工的其中一类,而且呈现不断深入和延展的特性。作为一种信息产业,大众传媒在对一个讯息进行加工制作和发布时,会经历多个环节,以报纸为例,会经历从信源到记者,再到编辑的步骤,还会与报社其他部门和内容进行协调,最后才能到达受众。不同的传播媒体及其传播方式,也会形成不同的信息传播氛围,甚至会改变传统的信息的大众传播过程:社会性媒体的出现和普及,就改变了传统的自上而下的大众信息传播方式,而变成了自下而上(图4.1②)。在这样的传播过程中,新闻传播的最大特点就是点对点传播,即每个人都可以参与信息传播,并随时改变角色,新闻在出现在受众面前之前是没有经过过滤的,这又让大众传播过程变得比以前更为复杂,也使媒介主导对信源、信息和受众的怀疑发生得更为自然和频繁。

2. 大众传媒角色的多面向

社会角色通常指个人"通过社会化的过程,学习承担社会角色,即与某人给定的社会地位相称的社会期待"③,也就是说,个人的社会角色虽然有个体的行为差异,但也有相同的符合这个角色可以共享的角色行为。大众传媒作为社会组成的一部分,它也有社会全体赋予它的社会期待。然而,大众传媒作为一种相对年轻而且不断有新变化的职业,与一般的职业角色不同的是,它的社会角色具有多维面向,不像其他的传统职业,已有了固定的期待和模式。大众传媒在政治、经济、文化、社会中,都有着不同的社会期待。在这四个领域,对大众传媒的共同期待是,它是各种信息的传播者,但显然,社会全体对大众传媒还有不同的社会期待,构成了其独特的社会角色。

---

① [美]德弗勒、丹尼斯:《大众传播通论》,颜建军等译,华夏出版社1989年版,第10页。

② Shayne Bowman and Chris Willis: *We Media—How audiences are shaping the future of news and information*, The Media Center at the The American Press Institute2003.

③ [英]安东尼·吉登斯:《社会学》,赵旭东等译,北京大学出版社2004年版,第37页。

第四章 符号性与意义生产中的媒介怀疑

图 4.1 自下而上的大众传播模式

在政治中，大众传媒曾经在西方被誉为"无冕之王""第四权力"，一方面说明了它在舆论监督方面有着至高无上的地位，另一方面也蕴含了人们对大众传媒在国家统治和政策实行等方面能起到监督并告知作用的希望。这种社会期待，让大众传媒不得不保持对政治的敏感和警觉，一发现有异象，就要告知民众。因此，大众传媒在国家统治、政策制定、法律法规发布等政治生活方面，会第一时间告诉受众，并提供受众讨论和反馈的平台。大众传媒在政治中的角色和社会期待，使得国家、政府等也十分重视与大众传媒之间的关系。在经济生活中，大众传媒作为一种产业，本身属于工业化的产物，又结合了信息产业和服务产业，因此，它本身就是一个经济体，其运作模式与一般的企业既有相同又有区别。而广告，作为大众传媒无法回避的经济方式之一，更是增加了人们对大众传媒社会期待的复杂性，也使大众传媒有了除信息传播之外的其他社会角色。尤其是当两种社会角色，即新闻传播和追求经济效益并存时，更加深了理解的复杂程度，也让怀疑更加频繁地发生。大众传媒在社会中，也一如既往地满足了传播者的社会期待，即能在第一时间，将发生于社会中的新闻事件告知受众，如今的互联网时代，受众不仅希望新闻事件能实时传递，而且还能动态地传递，即让他们了解事情发生、发展和结束的整体过程，对新闻的时效性提出了更高的要求。这使大众传媒机构一刻不停地追踪新闻事件发展的全过程，并且将新闻真相层层揭露。不仅如此，如今社会对大众传媒的信息质量提出了更高的期待，不仅希望真实准确，而且还希望是有价值和作用的，这其中就包含知识传播的需求，也就是说，社会希望大众传媒能在传播动态新闻事件的同时，也传播跟新闻事件有关的知识信息，从而促进社会全体受众对此类事件的深度理解。这事实上对大众传媒机构提出了更高的要求，也预示着新闻媒体进入了新的发展阶段，即摆脱单纯信息性的传播，而兼顾信息和知识的有机结合。大众传媒在社会文化中，更是要担当多元的角色，不仅要传播文化，还要促使不同文化间的相互理解和交流，从而促进全世界的文化交流和发展。

3. 大众传媒的社会功能的多元化

大众传播的功能按其服务的不同领域，可分为社会功能、经济功能、社会功能、文化功能等；按其产生的功能的性质，可分为正面功能和负面功能；按其功能的发生状态，可分为显性功能和隐性功能。就大众传媒的发展而言，它的功能也是随着其在社会中的角色和地位不断发展变化的。根据其在社会不同领域的角色和分工，它的功能主要有以下几方面。大众传媒首先具有传播功能，这是其最基本的功能，需要大众传媒传递真实、动态、准确、重要的新闻和信息，因此，大众传媒及其从业人员需要不断在社会各领域奔波，来求证和传播信息。其次，大众传媒具有监督功能。大众传媒有着强大的舆论影响力，它需要对社会各界进行监督，并且将异常情况及时告知公众，这也是大众传媒的社会责任的一部分，要求大众传媒有十分敏锐和警觉的"社会嗅觉"，并能持有一种追求正义、公正、负责的态度。再次，大众传媒也有娱乐大众的功能。大众传媒已经成为了人们的生活方式之一，因此，娱乐也就顺其成章成了大众传媒的功能，尤其是一些媒体，由于其符号传播的特殊性，娱乐负载在这些媒介形式上显得十分自然，因此，更容易使娱乐通过大众传媒传递到全社会，只是，大众传媒的娱乐化似乎有发展过快和普及太广的特点，因此，对大众传媒而言，掌握适度原则成了十分重要的内容。

大众传媒在发展和运行过程中，由于其传播过程复杂、社会角色多面向和社会功能多元化，因此，它会对信源及其内容进行求证、取证，通过鉴别、筛选、判断、分析等过程，将真实准确的信息传递出来；不同的媒介形式有着各自的传播优势，也会在传播过程中反馈出来；经过长期的专业化和职业化发展，不同的大众传媒及其机构也会不断细分，有着不同的社会地位，承担不同的角色和任务，它们之间对信息的选择和传播也不尽相同；随着人类社会的政治、经济、文化等的发展，大众传媒的角色和功能也在不断演变，会让大众传媒在运行时会有不一样的调节和适应方式。总的来说，大众传媒的传播过程让媒介主导的怀疑变得常规化和规律化。

## 二　媒介符号的偏向

传播过程的复杂性使大众传媒成为怀疑的发起者和主体，它们在开展怀疑和不断追求真相时所采用的工具便是各类符号。以各种形态出现和传播的符号，一方面使大众传媒在怀疑时有了可依赖的和表现的介质；一方面却因为各种符号之间的表现和传播特点而使信息有一定的偏向，从而引起更多的怀疑。大众传媒使用的符号之所以具备这两重效应，主要与人类传播中使用的符号本身的特点有关。

1. 符号学的四对基本范畴

巴尔特在《符号学原理》一书中主要论述了符号学的四对基本范畴及其相互关系，分别是：语言与言语；所指与能指；组合与系统；外延与内涵。在语言与言语中，巴尔特在索绪尔观点的基础上，进一步明确"语言是一种社会制度，又是一种价值系统"，而言语是一种"个人的选择和实行行为"[①]，但语言和言语之间既相互联系，又各有不同，语言是从言语中而来，是将言语中不断重复的符号抽象而得，但言语是个人化的，即个人运用语言规则表达个人思想，语言却是社会性的，是一种任意性的和无理据性的社会约定。在大众传播中，大众传媒的从业人员，如记者，他们在进行采访工作时所采访到的，是与事件有关的人的言语，这些言语符号，是个人化的、未经修饰的，若要将其作为新闻报道的一部分，还需要辅以语言的符号，在这个过程中，语言与言语是否能在同一层意义上进行一一对应，值得商榷，也一定程度上导致了怀疑的产生。在所指与能指中，能指的实体是物质的，而典型符号，如口语符号、书写符号等，是"由同一物质承载的所有符号集合起来"[②]的；所指是符号的使用者通过符号所指的"某物"，它既不是符号使用者的心理再现，也不是一个实在物质，而是一种可言物，既所指以能指为中介。符号的所指和能指，使大众传播的符号和意义之间的关系变得异常复杂，而且典型符号之间的能指

---

[①] ［法］罗兰·巴尔特：《符号学原理》，李幼蒸译，生活·读书·新知三联书店1988年版，第2—3页。

[②] 同上书，第38页。

和所指的特点也各有不同。组合与系统指的是符号的可变性，组合侧重于符号的排列和组合，强调的是其在空间上的延伸，系统指的是符号之间形成的一种固定的社会化的联想。对一篇新闻报道来说，新闻事实就是文字符号的排列组合，而一系列同类型的新闻报道，则逐渐构成了关于这类报道的文字符号系统。符号的内涵和外延也是紧密相连的一对概念，"内涵本身作为一个系统，包括能指、所指及把二者结合在一起的过程（意指过程）"①，而外延系统符号组成了内涵系统中的一部分，但又有属于内涵系统外的部分。通过符号学的研究，可以看出：大众传媒所使用传播的符号根据所依托的介质不同，会呈现出不同的符号特点；不同的符号各有其在四对基本范畴中的呈现方式和运用方法；符号系统会与文化、历史、知识等发生互动，从而形成意义；不同的符号系统之间也会通过一定的介质进行互动。

2. 符号系统的特性

符号系统的复杂性、互动性、关联性、灵活性使得大众传媒主导的怀疑成了必然，不同类型的符号在传播中呈现出的特点，则加速了这些怀疑的发生和进行。如果将这种传播符号的特点置于人类历史和文明进程的大背景下，就成了伊尼斯所说的"传播的偏向"了。伊尼斯认为，根据"不同媒介的特征，某种媒介更适合知识在时间上的传播，而有些媒介更适合知识在空间上的传播"②，这种由于媒介表现符号及其传播特点引发的一种新的文化的诞生和普及，会导致一种新文明的产生，而这种由偏向带来的新文明也因此带有一定的偏向。伊尼斯的这种带有技术决定论色彩的观点，却在一定程度上强调了大众传媒的符号系统及其传播特点会促使一种传播现象的出现，而且这种传播文化是带有鲜明特色的。

结合巴尔特的符号学和伊尼斯的传播的偏向的观点，我们可以清楚地看到，一方面，大众传播符号系统的特点，以及这些符号系统与传播技术及其产物的结合，造就了大众传媒在信息采集、编辑和传播过程中对信息的真实性发生怀疑的基础；另一方面，符号系统之间的互补和互动，又使

---

① [法] 罗兰·巴尔特：《符号学原理》，李幼蒸译，生活·读书·新知三联书店 1988 年版，第 85 页。

② [加] 哈罗德·英尼斯：《传播的偏向》，何道宽译，中国人民大学出版社 2003 年版，第 27 页。

大众传媒在进行怀疑的过程中，拥有了很多实用性工具，从而使释疑过程能顺利进行。

3. 大众传媒符号系统的偏向

就大众传播符号系统的特点而言，不同的媒介形式所依托的符号各有偏重。口语传播及其所形成的口头传统，是形成语言系统的基础，也便于人们的沟通和传播，但由于其太过鲜明的个人特色和群体特色，而这种特色又受一定的历史、文化和地理等因素的束缚，因此并不适合大众传播。当然，一个地区的口语传统作为文化的一种形式，又依赖于大众传播媒体将其普及和推广。书籍、报纸、杂志的出现，是社会由口头传统向文字传统转变的标志，这既依赖于文字、图像符号的普及，又得益于印刷术、纸张等现代传播技术的发展，文字能将口语所描述的人事物在一定的语言和文化范畴中，记录保存下来，而图像符号则能给予这些人事物一种抽象的可记忆的形象，并且还留给人们想象的空间。与口语传播不同的是，文字和图像能够被保存下来，并不断复制和传播，在此过程中影响其他人。但文字和图像符号及其依托的报纸、杂志和书籍，比起口语传统来说，更倚重知识在时间中的传播，因此人类历史和文明就在书籍、文献等的传播中被保留、传递和传承了下来。但这些印刷媒体对受众的接受要求较高，它既要求人要具备较高的识字和文化素养，而且要求这些受众与印刷媒体及其传播的内容具有相似的文化背景。且印刷媒体的生产周期较长，过程也较复杂，逐渐就不能满足人们对信息传播的速度和真实性的要求了。此外，以文字为主的印刷媒体，符号的外延范围较大，所承载的内涵也就较为丰富，所留给受众的想象空间较大，也就更容易造成对信息的怀疑。广播使用的是主要是声音符号，听觉符号同时具有物理性和心理性的特征，从这个角度说，听觉符号具有口语的传播特征，但又由于经过语言符号的排列和组合，因此，广播的语言和声音符号会让受众有身临其境的错觉。跟广播具有相似功能的还有电视，电视的符号系统是在广播的基础上，增加了视觉符号系统，这种视觉符号系统用文字、图像等符号，增加了人们对信息的全方位感知，减少了在印刷媒体中由于文字和图像的想象空间造成的不确定性，但这种确定性并非全面呈现，而是精确地呈现了事件的一个维度，并且由于视觉符号的精准指向，会让受众有这就是事实的全部的错觉。数字技术的发展及互联网的发展，使信息传播的符号系统有了进一步的整合趋势，视觉、听觉、文字、语言等符号全部集中在一种媒介形式上，致力于表现同一个事件，增加了获取事件真相的可能性和多维度，而且这种符号系统的整合会使符号能指与所指、组合与系统、内涵与外延有了更广泛的延伸和结合，丰富由这个整合符号系统所表现的事件的内涵。

不同符号的特点让它们之间产生互补效应，再加上符号之间会在不同传播介质间互动，就让大众传媒有了很多实用工具。对大众传媒来说，掌握了不同类型的符号，不但能发现新闻事件的可疑之处，还能利用不同的符号来获取真相。如采访对象的口语的不确定性，可以用声音和图像来弥补；图像的片面性和遮蔽性，可以用动态视频来完整；声音符号的转瞬即逝不易记忆性，可以用语言和图像符号来弥补。而在广告这种特殊传播形式中，也要综合利用多重符号系统来建构其意义，比如图像需要辅以语言符号，来明确其意义，从而达到传播效果和认知效果。

总体而言，一种特定类型的符号，并非十全十美，它的特点决定了其有的不可替代的优势和不可避免的劣势，而这些劣势在大众传播媒介中，就会造成媒体对信息的怀疑和对真相的不断追求，同时，若是媒体使用单一符号来进行传播，就不免会造成信息和真相的片面呈现和遮蔽。

### 三 媒介与受众关系的变迁

大众传媒行业发展至今，经历了诸多变化，再加上其本身从事的就是变化性极大的工作，这个行业可算是发展最快和变化最频繁的行业之一。在过程中，媒体与受众的关系也经历着变化，在这些变迁中形成的改变，也使媒体变得更加敏感、锐利和观点多元。

1. 大众传媒与受众距离的变化

大众传媒与受众的距离反映在新闻和内容生产的各个阶段，比如采访、编辑、写作、发布和反馈，同时也表现在物理距离、社会距离和心理距离这三个层面上。在媒介与受众关系发展的不同阶段，大众传媒与受众之间的距离也在发生着变化，变得更加亲近、熟悉、了解。大众传媒的物理距离指的是媒体与受众之间在时间和空间上的差距；社会距离指的是"由于生理、职业、受教育程度、种族、文化、社会地位等因素影响而造成的大众媒介传播者及其传播内容与受众之间存在的关系亲疏程度"[①]；

---

① 邵培仁、杨丽萍：《论媒介距离的传播特质及其现象和成因》，《新闻爱好者》2012年第13期。

心理距离则指媒体与受众之间心理上的差距。

媒介敬畏年代，大众传媒业者仍处于不断探索中，媒介形式和信息传播方式都远未如今那么繁荣和丰富，大众传媒及其机构的目标和使命也不甚明确，这个时期，媒体与受众的绝对物理距离很近，表现在媒体通常只关心附近或邻近的一些新闻，或是只关注某一领域的新闻，因此，获得的受众面也很狭窄，都仅限于某一狭小的地理范围内的具有相同社会背景的人。虽然物理距离很近，但社会距离和心理距离却因为媒体对信息传播行业的角色、作用和功能不甚明确而变得遥远。在大众传媒刚兴起的年代，新兴的大众传媒对受众的概念模糊、对受众的信息需求忽视、对受众的信息体验和反馈也毫不关心，因此，传播者和受众处在一种单纯而单向的关系中，媒体对事实和真相的探寻、对受众需求的挖掘和反馈的应对，也都处于十分缓慢的发展阶段。

随着大众传媒行业的发展，媒介的形式日趋丰富、新闻报道日趋多元、受众对媒体的了解也日益加深，受众密切关注并日益依赖媒体，媒体对受众的影响也是体现在方方面面。媒介崇拜年代，原本只限于在本地的媒体开始关注更远地区和更长时间周期的信息，而外来的媒体也随着传播技术的进步和发展到达受众，媒体与受众之间的物理距离开始变得遥远。但两者的社会距离和心理距离反而变得相近了，就媒体而言，一些大型、主流、权威媒体开始形成，其形象在受众心中日益巩固；在信息内容方面，固定、专业、分众的形式开始形成，以电视为例，按内容分，有新闻、访谈、评论、电视剧等，这些节目逐渐形成自己的稳定的细分的受众群。媒体与受众的关系变得日益紧密和亲近，大型的主流媒体为了巩固原有受众群，吸引更多的新受众，开始在新闻信息传播方面进行更多元化的尝试，他们扩大信息来源和范围、挖掘新闻细节和追踪事实真相、创新节目形式、增加与受众的互动，再加上媒体之间的竞争态势也日趋形成和变得激烈，媒体在这个阶段的能动性得到了很大的提升。

如今，大众传媒工业业已形成，并蓬勃兴盛地发展着。媒体与受众的物理距离可远可近，无远弗届，受众足不出户，便可知天下事，尤其是在互联网技术成熟之后，就如捷克共和国前总统哈维尔（Harwell）在一篇名为《全球文明、多元文化、大众传播与人类前途》的报告中所说的："多亏有了电视，全世界一夜之间发现有个叫做卢旺达的国家，那里的人民正在遭受难以置信的痛苦；多亏有了电视，它使我们有可能向那些受苦的人提供至少一点儿帮助；多亏有了电视，全世界在数秒之内就被发生于俄克拉何马城的大爆炸所震惊……"如今的媒体不仅可以让我们了解世界上任何一个角落发生的事情，而且还向我们传递了多元的文化和价值观。同时，媒体与受众的物理距离也可以很近，甚至普通受众也可以参与媒体节目的录制和互动，比如受众可以参加演播室内的节目录制、受众在街头有可能参与新闻事件的报道等。在这样的可远可进的媒介与信息体验中，媒体与受众的社会和心理距离也呈现了多维发展态势。媒体为了在激烈的信息市场竞争中赢得一席之地和长久发展之计，必须寻求自己的信息内容的核心竞争力，于是新闻媒体开始追独家、求深度报道、挖掘细节和真相，另一方面，也对受众进行了细致的分析和研究，对目标受众的年龄、性别、教育背景、社会背景、文化、心理等进行了细分，从而推出相应的内容和节目。

2. 大众传媒对受众评价的变化

在传播效果研究领域，受众对媒体及其传播内容的认知、体验和评价是核心内容，但事实上，大众传媒对受众也在进行同步的研究和分析。大众传媒对受众的评价主要侧重于媒体对受众的认知、分析和评判的改变，这些改变是随着媒体与受众关系的变迁而逐渐发生和完成的。

在媒介敬畏时期，大众传媒作为一个新事物，各方面发展都不甚完善，因此媒体对受众的认知也很有限，更别说对其进行分析和评价了，那个时期的媒体与受众，是两个完全独立的个体，仅有的一些媒体在小范围内传播信息或新闻，而对受众的位置、受众的喜好、受众的评价等，都无暇顾及，因此，传播活动由传播者全权控制，进行一种单极的传播。这样的传播环境下，媒体的怀疑能力、报道力、创造力都广受束缚。

当传播者逐渐意识到，大众传播对信息受众强大的影响力和渗透力后，便开启了对受众的研究和分析工作。在不同的阶段，传播者利用各种资源（学者、第三方调查机构等）对受众及其传播效果进行分析，比如拉斯韦尔在洛克菲勒传播研讨班中创造了传播学"5W"模式，其中主要也是侧重于宣传的效果研究；美国无线电台开始后的几十年中，电台与市场研究专员建立了合作关系，以求获得广播对听众的效果资料，从而推动广告商与电台的合作；霍夫兰受美国政府委托，对二战时美国士兵对战争的态度进行监控和研究，通过大众传播形式和手段，如电影来展开研究。这些都是传播者对受众的认知和分析。在这个阶段，传播者开始对受众进行关注，并根据其传播目的，来对其进行分析和研究。

媒体与受众的关系发展至今，其与受众的关系日益紧密和相互渗透，媒体也是前所未有地重视、关注受众，为受众提供评价和反馈的方式和渠道，在策划新的媒介内容产品时，也是将目标受众进行精准划分和分析，为了完成大众传媒机构的各种利益和组织使命，如今的媒体都在争夺优质的目标受众。这个过程，以各种方式展现，比如订阅率、收听率、收视率、点击率等这种数据，背后浓缩的是媒体为了吸引受众所做的努力。当然，国内一年一度的各大媒体的广告招标会，那逐年递增的数字和节节攀升的广告费，除了彰显各大媒体的品牌价值外，也是来年吸引更多受众的一种手段。每一年，各大媒体机构为了吸引受众，也是不断颠覆自身，不遗余力地推出新的内容，或是对旧有的内容进行改变和转型。除了媒体外，第三方机构，比如广告公司、调查公司等，也是竭尽所能地提供各种分析，让大众传媒机构更接近、了解受众。

3. 大众传媒与受众互动方式的变化

受众是大众传媒产业存在和发展的根本和基础，其与媒体的互动，直接影响了这个产业的运行模式和发展方向。在大众传媒产生至今的一年多时间内，媒体与受众的互动方式也在悄然发生着变化。

大众传媒业刚开始的年代，媒体与受众的互动较少，属于各自为政。一方面，媒体作为一种新事物，它还在寻找自己的使命、运作方式、功能和在社会其他产业中的位置。当然，那时候的媒体及其内容的影响力也较小，对人们生活也影响甚微。另一方面，受众还没形成像今天这般普遍的群体，少量媒体仅有的受众，也对大众传媒这个行业持一种将信将疑的态度，更别说自发与其互动了。

随着大众传媒业逐渐成为社会众多职业中稳固的一类后，人们对信息的需求陡增，对媒体及其内容也是日益习惯和依赖，受众开始将其作为一种工具使用，并逐渐熟悉它们的使用方法和功能，经历了对新事物的恐惧之后便是对大众传媒给工作和生活带来的便利和新鲜感的接受和习惯。如这个时期出现了电视这种媒介形式，它给受众带来的身临其境的画面感是当时别的媒介形式无法替代的，因而很快就俘获了受众的心，再加上，电视不断创造出与受众互动的新方式，如受众作为观众可以亲临节目录制现场、通过电话等通信手段与电视中的人对话等，这些都促进了媒体与受众的互动。这些互动，较媒介敬畏年代，已有了长足的发展，但仍属于浅层的互动,真正深入的互动还未到来。

现代社会中,受众可以使用和体验的媒体形式更趋多样,而且都是互动性极高的媒体,如新闻网站和新兴的社会性媒体,媒体与受众的互动不仅形式多样,而且较以往进入到了更深度的层面,即受众不仅反馈出他们对媒体提供的内容的评价和需求,还直接进入了内容生产过程中,甚至与专业的媒体从业人员一起创造和生产信息内容。在这样的发展态势下,媒体比以往更加敏锐,不愿放过任何适合其组织加工和生产的信息;其对内容的追踪和挖掘也比以往更加锋利,不能丧失其作为媒体机构的专业性;其对受众的需求分析也更精准,不能在激烈的竞争中丧失核心竞争力。

## 第二节 受众主导的怀疑

大众传媒及其产业在快速发展的同时,受众对媒体的熟悉、接触、使用和体验也在不断深入,他们对媒体的认知从最初的由不熟悉造成的恐惧感到如今的驾轻就熟,对媒体传播的信息也是从最初的全盘接收到如今的怀疑和批判。在媒体与受众之间,由受众主导的怀疑主要体现在对媒体的怀疑、对信息的怀疑以及对社会的怀疑三方面,这主要是受众在大众传播过程中心理变化、选择机制和与媒体互动方式变化的结果。

对受众在信息社会中的心理、表现、行动等,除了通过媒体或第三方机构对其的使用习惯、满意程度等进行的调研外,还可以通过媒介素养教育研究的内容和方法来了解。虽然媒介素养教育主要是针对学生,在如何应对和参与媒体及其信息,从而对自己的行为做出有益的决定时的预备(preparation)教育,但从其中的内容中,却可以看出受众在应对媒体和信息时需要注意和处理的一些问题,而这些问题也可以折射出受众在应对媒体及信息的心理、态度和行为的变化。国内有学者曾总结了媒介素养教育的五项目标,分别是"(1)建立对信息批判的反应模式;(2)发展关于大众媒介的思想,对媒介形式和功能的正确认识;(3)提高对负面信息的醒觉能力;(4)培养建设性地使用大众传媒的能力;(5)提高青少年创造和传播信息的能力"[①],其中第五条是针对网络媒体的。这五个目标

---

[①] 卜卫:《我国媒介素养教育研究综述与反思》,收录于王怡红、胡翼青:《中国传播学三十年》,中国大百科全书出版社2010年版,第510—511页。

涵盖了受众在媒体及其信息接收过程中的态度、心理和选择。

## 一 受众的心理变化态势

从古登堡印制世界第一份大众传播刊物至今，人类的大众传播媒介形式及其信息传播方式经历了多重转变，在此过程中，人们对媒体及其信息的认知也发生了很多变化。

1. 受众对媒体的认知

对媒体的认知是媒介素养教育中的一个方面，其中包括对媒介及其性质的认知、对媒体功能及局限的认识和对媒体的评价。大众传媒行业发展至今，受众对媒体的认识越来越全面，对其运作方式也越来越了解。如报业在欧洲的发展，可谓一波三折，初期受到了上层建筑的行政干预，但终于也是冲破藩篱，在"18世纪第2个25年里，找到了自己的位置"[①]，表现在报纸数量和总类激增，发行时间也日趋多元，在新兴商业阶级兴起、教育水平提高以及交通和道路的改善和传播技术的进步共同作用下，报纸初现第四等级的影响力。之后的广播和电视的出现，让受众又多了一种渠道和方式来获取信息和知识，很多新的传播现象也都随着电子媒体的兴起而产生。如今的互联网，创造了一个更开放、透明和互动的获取信息和知识的平台，在短短的几十年间，就收获了一大批忠实的受众，这从互联网传播的很多数据中可得，如《第43次中国互联网络发展状况统计报告》（2019年2月发布）中称，中国网民规模达8.29亿，普及率达59.6%，手机网民规模8.17亿，这对在中国发展才二十年的互联网传播来说，速度确实惊人，这些数字也从一个侧面反映了受众新的传播技术和传播媒介的关注和支持。

如今的受众，除了习惯大众传媒出现在日常生活中外，也早已习惯每天都接触大众传媒，无论主动或被动，因此，他们对媒体功能及局限的认识也是逐步加深。学者早已对大众传媒的功能和局限做了很多归纳和总结，如卢曼认为大众传媒的重要影响力，或者说作用就是建构了媒介真实，这种建构主要体现在："（1）媒体影响公众舆论，但是通过议程设置而非直接影响；（2）媒体没有传播真实，而是组织信息流并确保其新颖

---

[①] [美]迈克尔·埃默里、埃德温·埃默里：《美国新闻史——大众传播媒介解释史》（第八版），展江、殷文主译，新华出版社2001年版，第39页。

性；(3) 媒体是高度选择的，所以它们并非是公众的镜子和渠道，而是建构了媒体自己的真实和真相"[1]。受众也是在接受媒体信息传播的过程中，慢慢形成了自己的观点，并发挥自己的能动性，展开积极的思考，而不是一味听信媒体所言。

除此之外，受众对媒体的反馈和评价也是更加直接、客观和批判。很多调查都致力于研究受众对媒体及其信息的评价，而很多媒体为了能与受众进行良好的互动和获得对新闻的即时反馈，也是在新闻信息发布的同时，就提供评价和反馈机会，通常是论坛、评论框或以选择题出现的调查，让受众评价新闻事件，或是简单询问受众是否相信这个新闻事件。而媒体从业人员，比如记者和编辑，也可以从中了解到受众对信息的需求，或是发现自己的新闻报道中缺失和遗漏的内容。这种直接的反馈渠道，使受众与媒体之间联系异常紧密，也让受众更加了解媒体的运作方式，对其的大众传播行为也有了更清醒的认知。

2. 受众对信息的认知

除受众对媒体的使用和体验增多、对媒体及其性质了解加深外，对媒体传递的信息的认知也在逐步深入。受众通过媒体获取新闻、学习知识、解闷消愁，还利用媒体提供的平台来发表观点、抒发情绪、发展人际关系等，因此，受众对信息的真实性、重要性和有用性都有了自己的判断。

首先，受众对大众传媒信息的认识由浅入深。以往，受众往往将大众传媒当成是"传声筒"，认为其提供了新闻和信息传播的渠道，而如今，大众传媒的角色并非那么单一，受众除了利用大众传媒进行信息和新闻的获取外，也将其作为发表观点和抒发情绪的平台、获取欢愉和娱乐的渠道以及人际交往的方式之一。因此，人们对信息的性质、作用和功能也有了更深的认识。

其次，受众对大众传媒信息的批判意识加强。人们接触的媒介较以往更多样、信息表现方式也更丰富、信息表现角度也更多元，在过程中，受众渐渐学会了自己筛选、比较、记忆和信任，对来自大众传媒的信息要求更高，对信息的批判意识也变得更强，受众中的一些互动意识好的人，会利用各种渠道表达自己的怀疑和质疑。一方面，受众常对来自媒体信息的

---

[1] Gotthard Bechmann and Nico Stehr: *Niklas Luhmann's Theory of the Mass Media*, Soc 2011 (48).

真实性进行怀疑，他们渴望的是更多的细节和有理有据的分析。事实上，这折射出受众对信息的质量有了更高的要求，媒体对信息简单的处理，对事实语焉不详的编辑和对传播方式单一维度的使用，已经不能让受众满意。另一方面，受众对负面信息也有了更理性的认知。如李普曼直言的："报纸并不想要注意全人类的事。它们有值守人员驻在某些场所，如警察局、验尸所、区事务所、市政厅、白宫、参议院、众议院等处。在多数情况下，驻守人员都属于一定的组织，这些组织雇佣一些人观察一小部分知名的场所，注意什么时候什么人的生活发生了反常的现场，或者什么时候发生了值得报道的事件"[1]。受众对信息有自己的见解，大众传媒"只报喜不报忧"或"只报忧不报喜"的信息风格，都会受到受众的质疑，甚至是指责，于是，他们会选择在开放合适的平台上，如论坛或社交媒体上，通过各种方式，如吐槽、恶搞、讽刺等，来表达他们的不满。

再次，受众对大众传媒信息的重构意识加强。如果说大众传媒对信息进行的是二次加工，那么受众对来自大众传媒的信息的再加工，则属于第三次加工了。根据媒体与受众目前的关系，受众与信息关系紧密、与媒体互动频繁，他们对信息进行重构主要有两种类型：一类是参与式重构，一种类颠覆式重构。前者是目前活跃于各种社会性媒体，如微博上的一些学者、专家、独立记者等，他们对各类新闻和信息十分关心，尤其对一些社会影响力大的信息，积极提供专业分析、建言献策，他们的参与，给这些重大新闻事件，增加了思考方向和空间，同时也给专业媒体补充了新的事实，提供了新的报道角度。颠覆式重构则来自一些伴随着计算机技术和电子传播媒介及其信息成长起来的年轻人，他们在互联网上异常活跃，经常对各种信息进行重构，采用的方式通常是恶搞，用嘲讽、不屑、搞笑的态度来对待各种信息，尤其是对主流媒体的信息、经典文本和热门事件和信息，背后折射的是青少年对现实的不满、对主流价值观的不认同、对刻板印象的颠覆，他们的重构造就了互联网上的亚文化，而这种亚文化对青少年的影响着实不小。

## 二 受众的媒介与信息选择机制

信息时代，受众在大众传媒与信息的选择上，有了更多的选择，这些

---

[1] ［美］沃尔特·李普曼：《舆论学》，林珊译，华夏出版社1989年版，第224页。

选择一般都会遵循选择性理论的步骤,即从选择性接触,到选择性理解,再到选择性记忆。

1. 受众对媒体的选择

受众有了更多的媒体选择,且同时选择和使用多种媒体。一方面,可供受众的媒体形式很多,既可以选择不同形态的媒体,如报纸或电视等,又可以选择不同的媒体品牌,如全国报纸或地方报纸;另一方面,对一个新闻事件,受众会同时接受来自不同媒体的报道,并互相参考和比较,从而形成对某一新闻事件的看法。因此,如果各类媒体间对同一事件的细节报道不统一,就更容易引起受众的质疑。然而,在选择众多的情况下,对媒体的理解和记忆就不那么容易形成了,也就是说,受众常关注信息本身,而忽略信息的出处,这对大众传播媒体来说,就需要明确其形象和定位,并增加在受众面前的提及率和曝光率,这对受众来说,在林立多样的媒体品牌中,找到适合自己需求的媒体就显得异常困难。

受众从传统媒体转向新媒体,从主流媒体转向非主流媒体,从大媒体转向小媒体和个人媒体,逐渐形成自己的媒体选择习惯。新媒体、非主流媒体、小媒体等,都是信息时代的产物,虽然绝对数量上来说,它们还无法打破传统媒体、主流媒体以及大媒体所构建的媒介格局,但从发展趋势上说,它们发展迅速、影响巨大。新浪网联合人民网舆情监测室在2012年12月发布的《2012年新浪政务微博报告》中称,新浪政务微博年增长率高达231%,其中,以十大政务机构微博中排名居首的上海市政府新闻办公室官方微博为例,一年中共发布了7873条微博,拥有粉丝数2267435个。从中便可知,微博这种新的社会性媒体平台,构建了政府机构与普通老百姓之间的信息发布及其沟通平台。当然,这种新的媒体平台诞生的三年来,不仅政府部门利用其作为官民互动的平台,大众传媒也将其整合进信息传播的系统中,普通老百姓则利用其作为接受资讯、获取知识、挖掘新闻真相和细节的工具。从过去的几年看,很多重大新闻事件及其质疑声都源自微博等社会性媒体。

受众越发追求媒体与其需求之间的契合度。马斯洛(Maslow)曾把人的需要按强弱及先后出现的次序分为生理需要、安全需要、归属与爱需要、自尊需要和自我实现需要。在这些需要中,"安全需要、归属与爱以及自我实现需要是影响人使用媒介的最主要需要"①，而随着受众的文化水平的提高和媒介使用体验的加深，其在选择媒体时，对媒体及其信息与自身的需求之间的配合、吻合和互补性的要求越来越高，这不是简单的说教和宣传能改变的。如学者在分析青少年对互联网的沉溺时，就提到，互联网能满足青少年的"认知、情感交流与宣泄、自我肯定与表现、转移与升华"②的需求，由此，一旦媒体与受众的需求之间没有形成共鸣，那么，受众就会对媒体产生怀疑，进而疏远。

2. 受众对信息的选择

受众对媒体的选择机制的变化也同时反映在对待信息上，受众对信息的选择日趋主动和理性。受众，不管是拥有什么背景的人，都在纷繁大众传播信息中找到与自己的需求吻合的共鸣点，比如青少年从动漫作品中找到现实社会中所未曾感受到的爱与认同，韩剧迷们从韩剧中感受到家庭伦理的共鸣等；受众还经常主动搜索自己所想要的信息，"搜索依赖症"就是受众主动获取信息的一个佐证；甚至，大众传媒及其信息还占据了受众的碎片时间，让他们在松散的、不连贯的、休闲的时间中也无法躲避大众传媒及其信息对其的影响。在这样的多样和多元选择机制下，受众对媒体及其信息的要求也就越高，更容易产生对媒体和信息的怀疑。

受众不仅选择他们所需要的信息，还主动传播信息，甚至创造新的信息。《微博力》一书中，曾提出"辫子新闻"的概念，指的是由传统媒体、公民新闻和社会性媒体这三条绳组成，每条绳又包含大量纤维，而这些绳索在改变新闻生产及受众获取信息的方式。与以往由专业新闻工作者生产新闻不同，辫子新闻时代，受众或成为公民记者，或成为新闻生产的见证者、传播者，共同来生产新闻。在这个过程中，受众比以往任何时候都要能动，他们既是接收者，又是传播者，还是一定程度上的创造者。他们参与新闻生产的某个或每个环节，提出他们自己的观点和想法，帮助厘清新闻事实、增加新闻细节、完善新闻整体。

媒介素养教育的目标之一就是要提高青少年创造和传播信息的能力，实现的途径是"不仅仅要教具体的媒介知识（比如：什么是报纸，报纸发展过程等）或传播技能（比如：如何写新闻稿等），而是要联系参与者

---

① 李永健：《大众传播心理通论》，中国传媒大学出版社2008年版，第77页。

② 同上书，第77—79页。

的生活经验,在此基础上通过传播发展它们改变生活的能力",参与者最终获得是"关于行动(包括分析、参与和改变)的知识"①。由于受众对信息选择和处理方式发生了根本性的变化,也使得合理和正确的媒介素养教育迫在眉睫。

### 三 受众与媒介的互动模式

受众的心理变化和选择机制的变化,最终导致了受众与媒介的互动方式的改变,而互动方式的改变,不仅使媒体重新思考和处理信息和受众,也改变了受众对媒体及信息的观点。从媒介敬畏到媒介怀疑,受众经历了从旁观者,到接收者,再到参与者的转变,受众与媒介的互动模式也在受众的角色转变过程中发生了变化。

1. 受众作为旁观者

在大众传播媒介刚出现之时,媒体作为一种新事物出现在社会环境中,受众对这种全新的信息传播方式不熟悉,也没有形成对媒体及其信息的系统性认识,因此,他们对信息需求量不大,对由媒体来传播信息这种方式也较为冷漠,通常是作为旁观者出现在大众传播中。另一方面,媒体也没把受众置于大众传播的重要位置。双方都忽视了对方,就如同两条平行线,鲜有交集。

在大众传播媒体初现时,一些地方已经出现了现在意义上的受众,而且为数众多,不过,这些受众与现在不同的是,他们是被动地被卷入大众传播中,而不是主动、积极获取信息。如我国夏商周时期的一些青铜器上都有铭文,铭文的很多内容都是帝王的占卜行为、过程或结果,可见,当时的巫师及其占卜活动在统治阶级的统治行为中占据很重要的位置。由此,"原始的全民性的巫术礼仪变而为部分奴隶主所垄断的等级制度的宗教统治法规"②,当时的统治阶级利用青铜器(媒介)、甲骨文(符号)、骨刻(信息制作)、占卜活动(传播方式)来进行大众传播,而老百姓(受众)由于自己的蒙昧无知,便不自觉的被卷入了这种针对农业、战争、治病、祭祀等的大众传播中,并对巫师的占卜和统治阶级的统治深信

---

① 卜卫:《我国媒介素养教育研究综述与反思》,收录于王怡红、胡翼青:《中国传播学三十年》,中国大百科全书出版社2010年版,第517页。

② 李泽厚:《美的历程》,文物出版社1981年版,第33页。

不疑。这种由原始社会的巫师活动转向宗教活动，受众被动处于传播过程中，并未形成良好、通畅、平等的传受关系。

2. 受众作为接受者

随着受众通过学习和教育逐渐摆脱了愚昧和无知后，他们对媒介及其信息从陌生和恐惧变得熟悉和自然，同时，媒介及其信息对其的影响也是日益增强，尤其是在一些重大的社会转折点时，媒体都未缺席，还充分发挥了其覆盖面广、传播速度快和影响力大的特点。

发生于20世纪初的辛亥革命在中国历史上有着举足轻重的地位，它结束了中国两千多年的封建专制统治，开启了思想进步和民族觉醒的大门，在这样一场重要的民族革新的运动中，大众传媒，主要是私人报馆，在革命信息报道、刊登有识之士对革命的评论、革命思想的解读等方面做了大量的工作，在信息传达、舆论引导、开启民智、激发讨论等各方面产生了巨大的影响。从报馆方面来说，在武昌起义之后，望平街上的报馆不仅像以往一样每天清晨出报，而且"不断发送各类传单，密集时五六趟不为多，到了傍晚，还要特别加印号外，报道最新消息"[1]；革命党人宋教仁、于右任等人也是在武昌起义后，立即在《民立报》上进行回应，引导舆论，也使该份报纸成为当时最畅销的报纸。从受众方面来说，人们总是跑到望平街探消息、买报纸，以至辛亥革命刚爆发时，报馆的玻璃门窗上，都"贴满了跟战况有关的大字海报"，以满足人们的信息需求；读书的年轻人们，也无心学业，时时刻刻都在关心革命情况，用当时尚在读书的顾颉刚的话来说，就是："天大的一个任务是看报"[2]，可见当时的报纸对年轻人的影响巨大；香港和海外的华侨、华人等，也是通过报纸来关心和了解革命进展，并做出自己的响应；海外各国驻华办事处的一些官员，也是通过大家读报及其反应来判断时局，从当时的局势看，革命党人在时势、舆论、思想、行动、人心等各方面都占据了优势，最终促使了革命的成功。日本人和西方人将这次革命称为"口舌革命"和"心理革命"，都强调了舆论和大众传媒在革命中的重要地位和影响力，从这场革命中媒体和受众的互动可见，媒体仍起主导作用，媒体的信息和言论引导着舆论，受众接受并相信媒体所说，并将此作为判断时局的主要依据。

---

[1] 傅国涌：《辛亥百年——亲历者的私人记录》（上篇），东方出版社2011年版，第136页。

[2] 同上书，第143页。

### 3. 受众作为参与者

大众传播活动日渐频繁，不仅体现在大众传媒形式的丰富，从报纸，到广播电视，再到如今的互联网，还体现在受众对大众传媒及其传播活动也从敬畏，到崇拜和接受，再到参与和怀疑的态度。在媒介敬畏和媒介崇拜时期，并非没有怀疑，只是，怀疑的广度和深度都不及今天。

今天的受众，参与了大众传媒的新闻传播活动，不仅作为终端的接收者，还作为过程的见证者、素材提供者和监督者，这体现在，他们的日常生活被媒体所关心和关注，并成为传播内容出现在媒体上；作为观众出现在电视或广播演播室，成为完整节目的一部分，共同构建了一个虚拟的电视环境，呈现给收音机或电视机前的受众，在这个过程中，现场观众不仅仅是纯粹的受众，更多的是作为节目的组成部分，自然就要按照节目的风格、现场的流程和传播效果来控制自己在现场的行为，他们一定程度上也成了传播者，将真实感和现场的气氛带给未到现场的真实的受众；作为有见识的、热心的、自省的受众，通过各种互动平台给大众传媒的内容提意见或者建议；在互联网上积极行动，或爆料、或评论、或发表观点、或纠正媒体的错误、或发起活动唤起民智。这一切，都说明了，如今的受众已然与大众传媒刚出现时不同，他们更加能动、主动和积极地参与大众传播活动，他们在大众传播活动中的诉求也更多元和复杂，同时，他们对大众传播活动及其媒体的要求也更严格和有怀疑精神。

## 第三节　媒介怀疑背后的利益博弈

大众传媒与受众之间，是一种负载了内容和意义的符号传播，也是一次符号背后的政治、经济、文化和社会力量的较量。在这个过程中，在不同的历史时期和事件的不同发展阶段，传播者都精心选择了符号的形式、内容、意义和载体，受众则用自己的知识储备、所处的社会地位和所拥有的传播工具去理解、阐释和重构这些信息符号，进而编织起自己对于现实世界的媒介想象。想象与现实之间的差距，因时而异，因事而异，但大众传媒作为社会与受众之间的中介物，其与受众之间确有距离。这些距离，或是因媒介技术的非易得性而造成的地区差异，或是因反馈不及时或缺乏反馈而造成的传播的单向性，或是传播者和受众之间的政治、经济、文化地位的差异。传受的距离背后，是媒介和受众的关系的真实写照，也是一个多方力量和利益角逐的竞技场，在时间和空间维度发挥作用，一旦传受关系失衡，就会导致媒介怀疑的产生，造成媒介与受众之间的不信任。

## 一　时间性的传受失衡

### 1. 不同历史时期的传播策略选择

媒介、受众和社会的关系，一直处于动态发展和平衡过程中，大众传播媒介对真相和事实的探求和传播，在时间轴和空间轴上经历着双重考验。在时间轴上，一方面，传播机构和传播者在不断追逐、接近真相，但真相却是一个非常复杂的事实系统；而真相又在时间的长河中不断重塑外在表现形式；另一方面，受众对新闻事件以及通过媒体的报道认识世界的过程是缓慢和渐进的，而且受到所处的社会大环境和自身的知识基础的制约。在这个互动过程中，传播者和受众的信息接收和感知方面的不对称和失衡频繁发生。

在历史的长河中看，不同的国家、地区、组织和媒体，在不同社会历史时期，都采用了不同的被认为是最适合当时社会环境的传播策略，经历了一系列的传播实践后，每个国家和地区的社会变化也呈现出了不一样的速度、方式和结果。美国政府在 20 世纪 40 年代开始，就深刻意识到大众传播媒体在影响民众舆论方面的作用和影响力，尤其是在战争这样的特殊社会状态中，利用广播、电视、电影这样有强烈情感感染力的媒体，既可以鼓舞战士们的士气，也可以获得民众的支持和理解。因此，美国政府在20 世纪 40 年代，利用《美国之音》（Voice of America）来对抗德国纳粹组织的广播宣传。除了广播外，电影也是政府在战争宣传时采用的利器之一，英美政府在二战时就采用拍摄一系列的纪录片的方法，来进行战争的解释和宣传。纪录片在二战时的宣传功能主要体现在以下四方面：向公众解释为什么要参与战争；来自战争前线的最新信息；呈现民众在工厂等领域对战争及战士们的帮助；教育民众和士兵什么是战争年代最需要的。据统计，英国在二战期间，一共拍摄了 730 部纪录片，在剧院、工厂、政府机构播放，大约有 2500 万民众观看了这些纪录片；美国在珍珠港事件后，也由好莱坞拍摄了一系列的战争宣传片，其中 20 世纪福克斯、赫斯特等大型的媒介集团都参与了战争宣传片的拍摄和宣传工作。这些纪录片，在传递战争和世界局势的信息、说服士兵和民众、解释战争的意义和局面等方面，都起到了非常重要的宣传作用。

相对于 21 世纪在国际局势和事务上的主流的倡导的发展与和平的主张，20 世纪前期在欧美国家拍摄的一系列战争宣传片就显得与这个时代格格不入，让民众不禁怀疑：那些倡导和平的政府和政治家们，为什么在二战期间授意拍了那么多关于战争的纪录片呢？这种在特殊历史时期的传播策略，在国家利益的考量下，经由大众传媒及其产品，极大地影响了受众的信息认知和行动策略，影响他们对社会的感知和判断。

2. 风险事件中的传播力量角逐

现代社会中，人、资源、信息的频繁流动和交换，不但使未来的不确定性进一步增加，而且为各种因不可预测和不可控而导致的风险事件的传播影响的弥漫和渗透提供了舆论场域。20 世纪 80 年代，德国的乌尔里希·贝克第一次用"风险社会"描述西方的社会现状，这是对西方现代性的反思，即从风险频发的视角来反省现代性给西方社会带去的诸多社会现象及其根源。

在风险社会中，会发生很多风险事件。卡斯彭斯（Kasperson）夫妇等学者在 1988 年提出了风险的社会放大框架（Social Amplification of Risk Framework，简称 SARF）的理论模型，这是一个剖析和研究风险事件时的分析框架。这个理论框架的核心内容是："风险是一个同时包含生物物理和社会性概念在内的互动的现象。人类对风险的体验也同时是一种对潜在危害的体验，以及机构和人类加工和解读这些威胁的体验。风险分析，一方面要考虑到风险的复杂性，另一方面也要认识到社会互动可能会放大或减弱关于风险的信号"[①]。在这个分析模型中，风险事件在经历了从信息源，到信息渠道，再经由社会站、个体站，最后引起机构与社会行为变化的全过程后，会触发一系列的涟漪效应和深远的影响。其中，在风险事件的传播阶段中，风险信息在经历多种传播渠道后，信息发生了放大（或减弱），信息的失真、变形和异化就产生在由传播媒介及其背后各种力量的角逐中。

大众传媒在风险传播中，主要扮演风险"放大站"（或"减弱站"）、涟漪效应扩散者和风险对话沟通平台角色。在风险事件的第一阶段传播中，大众传媒在风险事件的初始期、发酵期、集中爆发期和后

---

① Roger E. Kasperson and Jeanne X. Kasperson: *The Social Amplification and Attenuation of Risk*, *Risk Assessment and Risk Management* 1996 (5).

续平复期中，会通过对风险事件的横向和纵深化报道，来引发和放大公众对风险的感知，引发广泛的讨论。但有时因信息不对称和不透明，或各种敏感因素的制约下的信息封锁、隐瞒、不对称和失真，也会产生风险的社会减弱效应。在涟漪效应中，按受波及程度由近及远，分别是受到直接影响者、专业群体、公司、利益相关者、行业和社会，由此可见，风险事件的传播是一个牵扯和调动众多社会资源的复杂的社会互动过程。在这个互动过程中，在风险事件发生的各个阶段，各个机构和群体的信息面向和数量不尽相同，它们的卷入程度也各异，所做出的风险感知、沟通和应对也迥异；在风险事件的某个特定阶段，卷入事件的群体、机构和个人，也会在海量信息的传播客观状态、动态的事件变化态势和复杂的心理状态下，呈现出对信息接受、感知和反馈的偏向性理解，媒介怀疑时有发生。

3. 大众传媒的权威感和影响力

从"第四权力"到"无冕之王"，以报业、电视为代表的传统大众传播媒体在社会生活中逐渐建立起权威感和影响力。纵观世界新闻历史发展，我们可以发现，报纸、广播和电视在重大和关键的历史事件和节点中，都扮演了重要的角色，它们或是提供了最快捷和准确的信息、或是揭露了政治经济丑闻、或是倡导了某种新的社会观念，传统媒体在社会生活中有着极大的介入度和影响力，尤其是传统的主流媒体，逐渐在受众中形成了权威性，建立了信任感。

然而，随着新媒体技术的不断涌现和人们的传播行为日益普及，媒介与受众之间的信任关系却并没有随之增长，相反，怀疑与日俱增。从大众传媒的工具性表征来说，主要有两个原因。一是传统媒体的传播符号和形式有限，影响受众对信息时效性、媒体表征和传播效果的认知和认同，引发受众对真实性、准确性和时效性的怀疑，进而降低受众对其的信任；二是新媒体，尤其是基于互联网和移动互联网的媒体的普及，使得传统主流媒体的重要程度和接收频次下降，而互联网上的信息主体纷杂，既有专业大众传播机构，也有非专业的企业、政府、机构和群体，以及以个人为单位的自媒体传播者。受众虽依赖互联网，但对产生的信息的真实性和时新性持较为谨慎和模糊的概念，尤其是当突发事件发生时，网上上会生产巨大数量的内容，来引导受众，受众一方面感叹信息爆炸和信息接受碎片化，无法处理和消化海量信息；一方面又觉得对多维度和多面向的信息无从下手、难辨真假。

从大众传媒的媒体呈现和职业操作来看，大众传媒机构为了追求新、奇、快，片面迎合受众片段式、碎片化和短时间阅读特征，对新闻进行简单、粗略的处理，导致某些新闻未经证实，或部分事实不清，或缺乏对真相的持续性追踪，影响新闻媒体的权威性，破坏媒体与受众的信任关系。互联网和移动互联网媒体出现后，每一个传媒机构，既作为一个节点来进行传播，也是众多分发节点中的一员来接受信息，各个网络节点信息之间的转载、传播和互动会变得异常便捷而频繁进行，因此，当一个假新闻出现后，它的复制和传播会非常快，造成的不良影响也会持续较长时间。总体而言，目前的新闻传播是去中心化、网状的，没有特别的信息传播中心，同时，每一个媒体也都有可能成为传播中心，因此，大众传媒机构业已建立的权威感和信任感，也会在网络新媒体时代，延伸出新的内涵，而媒介与受众的关系，也即将面临重构。

## 二 体系性的传受失衡

将大众传播视为一种传播过程，因传受失衡、传播技术缺陷、信息不对称等原因造成的媒介怀疑，具有比较清晰的传播脉络和路径图，但当大众传播发展成为大众传媒机构和大众传播职业后，由于面临异常复杂的体系和结构，相互依赖和影响因素众多，大众传播由于体系和模式差异造成的传送失衡，真实存在却不易觉察。由大众传媒机构的模式造成的传受失衡，存在于任何一种模式中，表现形式和程度，因体系而异。

纵观世界各国的大众传媒结构，大体可以分为自由主义模式、社会责任模式和苏维埃和社会主义模式，每种模式中的政治、经济和文化力量的构成比重都不同，因此，各类模式中组成部分的结构和关系也呈现出不同的特点，会产生因政治和经济作用于大众传媒导致的传受失衡，从而导致媒介与受众的不信任。这种传受失衡，在不同的大众传媒模式中，表现不尽相同。

1. 大众媒介体系模式差异

德福勒在1966年绘制了美国大众传媒体系模式图，并将这种模式定义为自由主义或自由市场模式。自由主义模式的大众传媒机构的主要组成部分是受众、金融和商业机构、私人的媒介制作和分发公司、施加各种压力的政府的和民间的公共法规和控制机构①。大众传媒机构由私人所有，以盈利为目的在自由市场中参与竞争，金融和商业机构为媒体内容制作提供资金支持，购买广告时间和空间，并从媒体的商业活动中获取利益。为了盈利，大众传媒机构倾向于传播迎合受众的兴趣、口味和需求的信息和内容，在这个过程中，大众传播的商业色彩浓厚。政府和民间组织虽然可以对大众传媒机构予以政策、技术和财政上的规定，从而平衡过度的商业化带来的弊端，然而，私人所有的传媒机构对媒介内容和传播具有极大的控制权。在这样的自由主义模式中，大众传媒机构的商业化会带来一系列的因监管不及时和舆论监督不到位造成的过度娱乐化、低级趣味、偏离新闻真实、忽视公共责任和公共利益等问题，造成媒介与受众的不信任加剧。

除却自由主义模式外，全球另两种主要的模式是西伯特所提出的"社会责任"模式以及苏维埃和社会主义模式。社会责任模式主要体现在西欧和日本的媒体机构中。大众传媒机构的社会责任模式，强烈要求制作者提供信息、教育和文化并满足在商业上不可行的少数人的趣味②。与自由主义模式相比，这种模式中存在一个强势的、能施加压力的公众部分，能对媒介的内容和表现形式进行直接的反馈，而媒介制作人和内容提供者则相对处于受限制的位置。在这种模式中，受众需求层级和大众传媒机构的信息供给之间，无法一一对应，媒体提供的"高级"内容，也许会比受众的需求多。对市场化需求反应较为缓慢的大众传媒结构模式，可能会部分丢失在市民社会中的舆情反馈和舆论监督的功能。

苏维埃和社会主义模式以社会主义国家的大众传媒机构为代表。与前两种模式相比，这种模式存在一个十分强的政府管理和治理部门和较为薄弱的商业部分。信息的内容和传播不是由市场，也不是由少数人和组织决定，而是经由政府及其管理部门来进行筛选后，得以传播。政府在大众传播和大众传媒运营和互动中，扮演了重要的角色，也使得信息传播具有较强的政治色彩，从而影响受众的信息接受，也影响大众传媒机构的方针和策略，造成传受不平衡。

2. 大众传播的结构性失衡

不同的传播体系，由于主导性理论、传受关系的影响性因素、传播过

---

① ［美］丹尼斯·麦奎尔、［瑞］斯文·温德尔：《大众传播模式论》，祝建华、武伟译，上海译文出版社1987年版，第120—121页。

② 同上。

程中各环节和群体的互动方式的不同，其信息传播失衡的表现和特征也各不相同。以自由主义模式为支配理论的大众传媒机构，结构性失衡主要体现在商业化利益追求、受众信息需求、政府和社会或民间团体之间的关系失衡上。在美国和西欧，关于媒体商业化与新闻的时效性、真实、公平之间的关系讨论，一直没有停止过。尤其在例如总统选举这样的全国性事件中，媒体的党派倾向、商业化和新闻传播的基本要素之间的关系，更是错综复杂。虽然美国也有少数的公共媒体，但由于数量较少，影响力较弱，并不能在传受关系中起到有效的平衡作用。

社会责任模式为支配理论的大众传媒机构，其结构性失衡主要体现在代表公共利益的大众传媒机构，到底在多大意义和程度上代表了受众的利益和需求？英国广播公司的首任总经理洛德·里思（Lord Ries）曾经提出，公用事业广播有义务去教育人并向人们提供信息。然而，对这些准则的辩护在文化策略方面变得就纠缠不清，因为这种文化策略竭力将一种阳春白雪的文化强加于一个含有多种成分的民族共同体[①]。多年来，英国广播公司（BBC）也一直遭受着将某种代表社会精英的观点强加于普通受众的批评和诟病。

苏维埃和社会主义模式中的大众传媒机构，最显著的结构性传受失衡就在于政府与大众传媒机构和职业传播者的关系，以及其在新闻传播过程中扮演的角色和发挥的作用。在这种模式中，政府在大众传播过程中的监管作用，会直接影响传播者（机构）和受众的信息发布、沟通和互动。如果监管过于频繁和细致，那么会导致大众传媒机构无法发挥自己作为社会机构的独立性和自主性，从而引起受众的不信任。这种不信任的背后，反映的也恰恰是政府与受众、政府与传播机构、受众与传播机构等的关系现状。

3. 大众传播的非结构性失衡

结构性失衡通常有理可依、有迹可循，但非结构性失衡则是由于突发的、未预料到的、非体系化的原因造成的传受失衡，社会力量变化中的信任危机、风险社会中的媒介怀疑，都属于非结构性失衡。非结构性传受失衡，不像结构性失衡那样明显、清晰和可预见，无规则的传播过程中也更

---

① [英]尼克·史蒂文森：《认识媒介文化：社会会理论与大众传播》，王文斌译，商务印书馆2001年版，第102页。

易受各个事件相关方和利益集团的影响，从而使得有效信息传递不及时、不透明、不真实，导致传受的信任和平衡关系被打破。

在自由主义模式下的美国，每次的总统选举，民众都通过大众传媒来了解候选人的情况、选情和民调数据，大众传媒及其信息已然成了美国总统选举的信息风向标和舆情引导者，但2016年的总统选举，却让大众传媒，尤其是主流大众传播媒体都大跌眼镜。在这次总统选举中，主流大众传播媒体、民众的舆情和最终的结果之间，存在着某种非结构性偏差。而到了2017年，根据皮尤研究所（Pew Research）的调查显示①，从1958年到2017年，公众对政府的信任目前已经降低到历史最低点，只有18%的美国人说他们相信首都华盛顿的政府正在"像以往那样"（3%）和"大多数时间"（15%）在做令人信任的事。从2016年到2017年，民众在总统选举期间、选举中和选举后，出现了截然不同的反应，大众传媒机构在其中的表现、行为以及其与受众之间的关系变动，很值得我们细思和推敲。

风险事件中的非结构性失衡，发生的概率就越发大，造成的影响也是各异。现代社会中的风险事件众多，经济和社会领域的"黑天鹅"②和"灰犀牛"③效应频出，每一种风险事件的发生，都考验着大众传媒的信息敏锐性报道危机过程中的及时、真实和客观，应对舆论的准确性和引导性，以及处理后续涟漪影响的策略。但风险事件的发生、演变和影响，或积累已久，或难以预料，因此，通常过程复杂、牵涉面广、枝节庞杂，因此，在风险事件的信息传播过程中，大众传播媒体、事件相关人或组织、受众之间的关系会变得微妙，甚至会出现风险事件经由大众传播扩大（或减小）了影响范围和程度，导致风险事件的升级或被忽视的情况出现。

## 三 全球信息传播秩序中的传受失衡

在全球范围内，对大众传播媒介在社会中的纽带、监督协调和桥梁作用，已有了共识。大众传媒及其传播内容，是促进社会发展和变革的重要力量，也是推动产生新文化形式的重要途径。大众传媒传播信息和资讯、

---

① http://www.people-press.org/2017/12/14/public-trust-in-government-1958-2017/.
② "黑天鹅"效应比喻概率小但影响巨大的风险事件。
③ "灰犀牛"效应比喻概念大而且影响巨大的潜在风险事件。

促进社会创新和现代化、影响议程和舆论、搭建全世界政治、经济和文化交流的桥梁和平台。随着互联网的全球化,信息也无远弗届,大众传媒在国家形象建构、外交和经济交流中将发挥越来越重要和关键的作用,但同时,大众传媒和信息传播的国家性、地区性、议程性、话语性差异等问题,也会日益凸显,成为影响大众传播在世界范围内的重要因素。

1. "人类命运共同体"视阈下的地区传播和信息差距

全球政治经济一体化的时代大背景下,国家与国家、国家与地区、地区与地区之间的政治和经济关系也在经历着新的转型,新型大国关系、各种国家之间的联盟和组织建立,促进了各国家和地区交流的频繁和密切,也意味着信息传播要经历着全球化、多元化、多维化的转变,需要在国家的政治、经济、历史文化差异中寻找传播价值的共同点。

扁平化的互联网传播使得政治经济高度关联的世界各国在信息传播领域也会面临紧密连接、协同合作、竞争合作的态势。各国的信息传播,传播的广度在扩展,传播的深度也在加强,各国不仅在内容上互通有无,本着理解和尊重他国传统和文化进行信息交流;而且在信息传播行动中,也呈现出了更多的协同和合作,在进行新闻传播时,需要拥有全球化的眼光和全局的思维。

进入21世纪以来,各类经济、环境、社会等风险事件频繁发生,展现出"黑天鹅""蝴蝶""灰犀牛"等效应,造成世界范围的政治经济、国家安全的波动,更加印证了全球在一定程度上的政治、经济、文化和信息共通性。中国在2011年提出的"人类命运共同体"概念,是应对复杂多变的国际形势和诸如环境、国家安全等全球性问题提出的一种中国理念和中国方案,有助于推进全球包括信息安全治理在内的安全治理,维护世界和平和安全,因此,这个概念也在近年被写进联合国决议中,在国际层面得到了肯定和支持。

不可否认的是,拥有数千年历史的国家和人类,在信息传播上既有地区性和国别性的差异,也有体制性和结构性差异,还有传播习惯和传播生态的差异,信息马太效应明显,政治和经济强势国家和地区的信息数量、国际传播能力以及产生的国际影响力越来越强,而那些政治动乱、经济落后的国家和地区的信息话语权和影响力越来越弱,几近于无声。信息分享、传播及其产生的社会影响在全球范围内存在着地区和国家间的失衡。

## 2. 国际传播中的传播偏差和信息不对称

20世纪80年代以来，全球化成为世界各国发展的基本特征和趋势。伴随着以货物和资本的跨境交流和交易，全球化从经济领域开始，一直延伸到信息传播、文化、生活方式、意识形态等精神领域的全球化。在全球化趋势外延不断扩大和信息革命愈演愈烈的同时，一些学者，如约瑟夫·奈提出，要实现国家利益最大化，不能仅依靠军事实力的胜出，而更多地要依赖来源于文化、政治理念和政策这样的软实力。由此，各国和地区的传媒体系和信息传播作为一种软实力传递的载体和渠道，既拥有全球交流和互动的常规性功能，又有着软实力组成部分的战略性功能，显得格外重要。

由于信息马太效应的存在，信息和资讯在全球范围内，展现出了极大的地区差异性和国家不平衡。正如史蒂文森所说的，所有制的全球性集中和各媒介体系的全球性控制说明，经济的权力常常转化为政治的和文化的权力[1]。

经济排名世界第一的美国，不仅在商品、贸易、货币上拥有着全球影响力，而且在国际信息传播领域，也有着完整的传播体系和绝对的话语权。美国的传播媒介系统完整和成熟，拥有着多样和完整的传媒体系，涵盖报纸、杂志、广播、电视、电影、互联网、社会化媒体等各类媒介形态，创新力和影响力都位列世界前列；美国还有着成熟的国际传播布局和经验，既有新闻集团、维亚康母集团这样有着全球战略布局的传统传媒集团，也有谷歌（Google）、脸书（facebook）、推特（twitter）这样的全球性社会化媒体；还有以迪士尼集团、环球影业、华纳兄弟影业等几大电影制作公司为代表的好莱坞电影产业，这些传媒集团及其生产和传播的媒介内容，不仅在美国国内进行着新闻传播的工作，还在世界范围内传递着美国的文化、生活方式和美式价值观。以脸书为例，经营覆盖全球130多个国家，而其2018年第二季度的财报[2]也显示，在该平台上的月活跃用户数为22.3亿人，可见其在全球传播中拥有天然的用户优势。因此，美国在全

---

[1] [英]尼克·史蒂文森：《认识媒介文化：社会会理论与大众传播》，王文斌译，商务印书馆2001年版，第116页。

[2] https：//investor.fb.com/investor-news/press-release-details/2018/Facebook-Reports-Second-Quarter-2018-Results/default.aspx.

球范围内，经常通过这个完善体系的各种"发声筒"，将"软包装"与"硬内核"巧妙融合，传递美国的核心价值观[①]，建构自己在国际传播领域中的话语权。

在美国利用自己的经济和文化优势，在全球迅速进行"美式全球化"概念的传播建构和共识认同的同时，一些国家和地区或因为常年饱受乱战之苦，民不聊生，无暇顾及国际传播话语的建设；或因为传媒体系结构化的缺陷，导致在国际传播舞台上难有作为；或因为文化、宗教背景和原因，无法在全球信息传播中发出声音，这些国家和地区在国际传播中有着天然的劣势，很难在短时间内被扭转，因此，如今全球信息传播仍存在着较大的"信息鸿沟"，存在着传受不平衡和媒介怀疑。

3. 世界信息传播新秩序建立的内在动力

在全球政治经济紧密联系，人类寻求解决共同的国家纷争、环境、地区安全等世界性问题的办法，但信息传播却仍存在国家、地区间的较大差异。某些经济强国建立的强大的对外宣传体系和一整套裹挟着国家价值观的传播话语，一定程度上制造着信息不平衡、不对称和不公平，造成世界范围内的对信息的不信任和诚信危机，扩大了信息鸿沟。基于全球人类处于"共同体"之中，各国要顺应时代变化，融入全球政治、经济和文化议程中，就亟需打破认知和信息藩篱，让信息在全世界范围内，在不同宗教、种族和文化之间不带偏见地流动，以期建立一个新的信息传播秩序和规则，让全世界人类互相包容、合作和互动，共同应对全球性问题。

由此，中国提出了新世界主义的主张，其核心思想便是"同心打造人类命运共同体"，这既是中国研判国内和国际局势后的创新论断，对人类社会发展潮流有着前瞻性的指导；也是中国积极肩负大国使命和承担国际事务的理论和实践担当。有学者这么评价新世界主义，认为其"致力于同国际接轨、与世界对话、同全球共命运，致力于与世界各国、各国际组织和区域组织互动互助、共进共演。新世界主义意味着包容性、发展性、层次性、策略性、弹性和张力，意味着需要用一种内外结合、上下互动、左右联通、多方呼应的统筹协调、包容互动、互利共赢的原则或理念处理和

---

[①] 史安斌、廖鲽尔:《美国媒体价值观传播的历史脉络与实践经验》,《新闻记者》2016年第3期。

应对世界变化与时局挑战"①。

打造人类命运共同体不仅是个政治经济学命题,还是个传播学命题,即建立信息传播的命运共同体话语体系,为世界信息传播新秩序建立提供方法论。面对全球各国和地区多元的历史、文化、信仰、价值观等,需要有在相互尊重、相互理解基础上的多方互动、平等对话、密切联系的交流和沟通机制,搭建不同文明和文化之间的信息桥梁;面对信息和资讯在国家和地区间传播不平衡和不对称的现状,需要全球媒体,尤其是有世界影响力的主流和核心传媒机构,能够共享技术和经验、打破信息壁垒,用全局和世界眼光进行新闻报道和国际传播,平衡全球新闻传播生态;面对世界冲突和全球问题时,各国新闻传播机构应该本着新世界主义的理念,及时、精确、客观和全面地进行新闻报道和信息传播,尽量避免因技术、经验不足导致的信息失衡;因本国或地区特殊媒介生态环境造成的信息闭塞、不透明而导致的传播障碍;因意识形态、价值观和文化等理念差异导致的媒介怀疑。

---

① 邵培仁:《面向新世界主义的传媒发展与愿景》,《中国传媒报告》2017年第3期。

# 第五章

# 媒介怀疑的价值分析

现在，我们身处信息时代，信息是传播活动中的核心，因此，所有的大众传播活动都是围绕信息开展的，不同于以往的是，大众传媒机构的信息表现和传递方式越发多样和丰富，而受众寻找和接受信息的主动性和信息反馈的积极性也是空前的，同时，大众传媒及其信息日益渗透进入人际传播、组织传播等领域，使得人际、组织传播的工具和大众传播工具逐渐融合成一体，最终，大众传播成功进入日常生活，并日益固化为生活方式的组成部分。传受双方关系较之以往更为平等、开放和交互，也因为如此，传受双方的信任关系建立更为迫切，同时也更困难。在信任关系建立过程中，怀疑作为一种"有教养的意识"，便出现在大众传播中，并迅速蔓延至传授双方。

虽然如前文所述，怀疑通常是针对呈现的信息的真实性、公平性、可能性、权威性等的质疑，并且怀疑既可以是隐藏于内心的想法，也可以是付诸释疑和追求真实的行动和过程，还可以是传受双方较为稳定的关系状态，全社会都相互怀疑的最后结果就是造成社会性的信任关系崩塌。如今，广泛存在于大众传媒机构、受众和社会之间的怀疑也是发生在大众传播的各个方面，体现在对信源、信息、符号、目的、效果等方方面面，但从目的和结果看，这是大众传播过程传播者与受众建立信任关系中必经的震荡阶段，每一次的怀疑和释疑，都有利于双方关系的紧密性。从怀疑的各方看，怀疑行为和过程本身也是自我意识、知识、文化、素养、社会意识发展和提高的表现。因此，存在于大众传媒、受众和社会间的怀疑，是对事实、真相、真理等的追求态度，也是通过自我觉醒、提高认知、积极行动和改变来促使各机构和全社会都能更加理性和自省的一种无形资源，还是促使大众传媒机构发展、受众更理智和全社会信任关系建立的强大力量。

## 第一节 怀疑作为一种态度

从最初的对媒介和信息的敬畏，到之后的崇拜和依赖，再到如今的怀疑，受众对大众传媒的态度在发生变化，再加上媒体本身具有的怀疑、批判和追求真相的内质，怀疑作为一种态度转向就扎根于媒体、受众和社会中了，成为当下媒介与受众关系的一个显著写照。

什么是态度？社会学家和心理学家们提出了很多定义，其中，很多学者都认为态度是"对一个物体积极或消极的评价"①。在态度的组成成分上，有学者认为"态度是以情感（affective component）、行为（behavioral component）和认知（cognitive component）信息为基础，根据某个评价维度对刺激所作的分类"②。也有一些学者从态度在表达基本的心理状态的能力方面出发，提出态度的"三要素结构"，即态度表达的是"感觉（feelings）、信仰（beliefs）和过去行为（past behaviors）"③。总的来说，态度是基于情感、行为和认知的对一个物体积极或消极的评价，态度一旦形成后，也会形成和影响人们的感觉、信仰和行为。

正如态度最终表现为消极或积极的评价，但其内部结构较为丰富，并且，态度的形成过程也受到其他相关因素的影响，这些相关因素主要是思维方式（ideology）、价值观（value）和行为（behavior）。其中，思维方式、价值观和态度的抽象程度不一，思维方式最抽象，其次是价值观，再次是态度，但三者间又有一些概念上的共同特点："首先，这三者都是可评价的，它们对一个实体表现出积极或消极；其次，这三个概念都是主观的，它们反映了一个人如何看待世界；第三，它们都可能存在于意识或潜意识中；最后，这三者之间并非孤立存在，而是相互联系，比如人们的思维方式会影响他们的价值观，最终可能形成某种态度"④。而这三者，最终影响了人类的行为。在这方面，很多社会心理学家已经做了大量的实验和分析来验证它们之间的关系，虽然很多研究只停留在态度-行为和价值

---

① John Delamater：*Handbook of Social Psychology*，Springer2006，p. 284.

② [美]艾伦·约翰·珀西瓦尔·泰勒等：《社会心理学》（第十版），谢晓非等译，北京大学出版社2004年版，第139页。

③ John Delamater：*Handbook of Social Psychology*，Springer2006，p. 289.

④ Ibid.，p. 284.

观-行为上。

怀疑作为一种态度存在于大众传播中的价值在于：大众传媒通过对事实的不断怀疑和追求，力图将整个新闻事件的全貌还原给受众，从而起到引导、监督和教育的作用；受众对大众传播媒介从依赖到质疑，在这期间伴随着自己知识、阅历、文化、社会意识等的不断提高和进步；社会中的各个组织和个体，通过在大众传播领域的怀疑和释疑，不断反省和调和各个结构间的关系，最终达到稳定的相对信任的状态。在这样的互动中，怀疑最终成为态度高度内化成精神存在于其中，共同促进人类社会的进步。

## 一 怀疑的过程：去伪存真、去浊扬清

媒介怀疑是一个过程，既反映出媒体与受众关系的变迁历程，期间折射出经济发展、文明发展、文化多元、价值观多样等各种社会变化，也表现出参与大众传播活动各方追求真理、真相和真实的所付出的努力和成果，同时反映出信息在大众传播活动中经历的曲折的发展和传递过程。

大众传媒机构对信息符号、传播媒体和过程以及效果持有怀疑态度，促使他们利用各种手段来接近并获取事实，想方设法推陈出新而不墨守成规满足于现状，孜孜不倦地向公众传递媒体理念和价值观。于是，我们就看到了：战地记者冒着枪林弹雨也要冲进战争现场，为的只是给受众带去现场的画面和关于战争的资料，虽然这种真实感和事实可能是以牺牲生命为代价的，但记者们显然只把事实放在第一位。同样的情形也发生在一般的记者上，他们通常出现在新闻第一现场，用第一手资料向受众传播信息。对一些重大的突发性事件，记者和媒体也通过大量的报道和连续的追踪，试图向受众还原真相。各类媒体，尤其是电视媒体，除了每天都在提供新信息外，还每隔一段时间，就会对节目或节目表现形式做调整和改变，带给观众新的感受，这种改变，既是竞争的需要，也是经营管理的结果。大众传媒如今也更加谨慎对待信息和重视传播平台，对不实的信息进行辟谣，对未经证实的信息谨慎报道，同时还考虑信息对受众和社会的影响。这都是大众传媒机构在怀疑的过程中所做的一些努力。

受众对信息传播、媒体和社会更是持普遍而广泛的怀疑态度。这种怀疑的态度，使受众更关注和重视各种来自大众传媒的信息，并对信息的真实、重要程度、价值及其对社会造成的影响做出自己的判断，也会同时对媒体在信息传播中的表现、功能和目的建立自己的观点。受众从尽信到怀

疑的过程非一日完成，而是在与媒体和信息互动的过程中，逐渐形成的。现在的受众，接触到一则来自大众传媒的信息后，呈现多元化发展态势，有些受众仍过分冷漠或激动，有些受众则怀疑其真实性、重要性和有用性，有些受众则积极求证，有些受众还会选择在互联网上互相讨论并形成网络舆论，受众的这种能动的反馈还会影响媒体对事件的关注和跟进情况。与此同时，受众还对媒体建立起自己的认知，尤其是网络亚文化的兴起，使得长期大量接触这些亚文化的受众，对所谓的主流媒体、大媒体、传统媒体的信息都持怀疑态度，他们更倾向于怀疑和嘲讽的眼光看待这些媒体，而对非主流、小众媒体和新媒体则持因好感而相信的态度。这种亚文化通常以嘲讽、恶搞、怀疑等方式呈现，虽是小众文化并且由于其过分片面的看待事物而不一定能形成广泛的认同，但至少这种对社会固化的结构和态度的反驳和冲击，可以帮助反省如今的媒体和传播结构，也使传媒机构和受众更加谨慎地对待、传播和评价信息。

## 二 怀疑的状态：明辨是非、提高素养

当怀疑成为一种常态时，便会形成一种稳定的对待信息和传播的态度，而这种怀疑，若是能在受控、理性和平稳的环境中进行，就会成为一种自省、监督、进步的意识，促使媒体能在追求事实和履行新闻传播的社会责任方面更加坚持，使受众在辨别事实和真相、形成与媒体的良好互动方面更积极主动，使全社会都能形成对大众传播过程和信息的理性、自省和觉醒的意识。

媒体对受众的思维方式、价值观、态度，甚至行为都有重要的影响，而这些因素都建立在感觉、信仰和过去行为的基础上。我们知道，感觉、信仰和过去行为都是通过直接或间接经验得来的，社会心理学家也指出："直接经验对态度的形成更为重要，而间接经验对思维方式和价值观的形成更为重要"[1]。间接经验中就包括很多人和机构，比如父母、同侪、教育机构、宗教机构和大众传媒机构。大众传媒机构通过议程设定来帮助影响受众对事件、媒体和社会的态度，从而逐渐完善自己的思维方式和价值观，最终这三者共同作用导致行为的变化。对媒体而言，对事实、真相的追求，对议程的选择和设定以及对社会责任的坚持和倡导，最终不仅帮助

---

[1] John Delamater，*Handbook of Social Psychology*，Springer2006，p. 292.

大众传媒机构更好地在社会中良性运转，而且更重要的是，帮助受众建立起对媒体和信息的正确认知、选择和鉴别，从而实现全社会的意识进步。

受众对媒体及其信息持怀疑的态度，来促进自身理解信息和帮助更好地行动，更反映出全社会的信息认知能力和文化素养的提高能力。很多研究都聚焦于媒体的某些信息及其呈现，来研究其对某类受众在认知和行为方面的影响，尤其是负面影响。比如研究者研究电视中的暴力、色情等负面内容，对青少年的态度和行为的影响；研究过多使用电子媒体，有可能会降低人们阅读和创造能力；研究广告信息和呈现方式，是如何建构一个虚拟的印象，从而影响消费者的认知和选择；等等。这些研究虽然最终指向媒体的信息及其传递，但事实上也反映出受众在应对媒体及其信息时的态度、认知和行为。当受众的媒介素养日渐提高，他们对媒体的功能、传播过程、目的和作用有了更深入的了解，对真假信息和负面信息鉴别以及信息批判能力也有了更清醒的认识，自然就能更好更理性地使用大众传媒工具来接受信息，甚至是创造信息进行新的传播。在这样的氛围下，媒体、受众和社会都会在自省和理性的怀疑态度指引下，让大众传播活动进入合理、有序和良性的发展轨道。

## 第二节 怀疑的实践作为一种资本

媒介怀疑，作为媒体、受众与社会之间的一种关系现状，是在大众传媒机构的信息传播及其与受众之间的关系互动过程中逐渐形成的，也就是说，在大众传媒的传播实践和受众的接受实践及其互动的共同作用下，媒介与受众及其社会之间就逐渐形成了怀疑的态度和氛围。

马克思（Karl Heinrich Marx）在《关于费尔巴哈的提纲》中说：全部社会生活在本质上是实践的，把对象、现实、感性都要当成实践去理解，并认为实践具有直接现实性，即实践是把主观认识和与客观实在直接连起来的桥梁。在大众传媒机构与受众在社会中互动实践中，传受双方都加深了认识，并激发了结构和关系的改变。这种互动实践既发生在社会领域，也发生在经济领域，还发生在文化领域，事实上，已经建构起了一个独特的场域。

场域的概念由法国社会学家布尔迪厄提出，"场域是指商品、服务、知识或社会地位以及竞争性位置的生产、流通与挪用的领域"[1]。它的结构特征是："首先，场域是为了控制有价值的资源而进行斗争的领域。其次，场域是由在资本的类型与数量的基础上形成的统治地位与被统治地位所组成的结构性空间。再次，场域把特定的斗争形式加诸行动者。第四，场域在很大程度上，是通过其自己的内在发展机制加以构建的，并因而具有一定程度上的相对于外在环境的自主性"[2]。在大众传媒与受众的怀疑实践建构的场域中，大众传媒机构控制了有价值的资源，即以各种形式，如新闻事件、知识、数据等出现的信息。为了这些信息资本，一方面，大众传媒既需要与本场域外的其他机构做资源的争夺，也需要与本场域内的其他机构或群体做信息资源的争夺，这些争夺付诸行动后，都可以因怀疑而改变资源的价值；另一方面，受众的怀疑实践，则更加凸显了信息这类资源的价值，并且会影响本场域内各个机构的力量对比和资本流向。而大众传媒机构与受众所有的怀疑实践，都是在社会环境中进行，虽然这个场域相对独立和自主，但因为社会性，而与其他场域之间的资本可以互相影响和流通。

说到场域中的资本，布尔迪厄认为"当一种资源因其具有很高的价值而成为争夺对象，并发挥'社会权力关系'的功能时，就成为资本"[3]，而资本同时也是"积累的劳动"[4]，并指出了资本的四种基本类型：经济资本、文化资本、社会资本和符号资本。其中，前三种资本之间可以相互转化，但文化资本不如经济资本那样稳定。符号资本是一种"'不被承认的资本'，它把潜在的利益关系伪装为超功利的追求"[5]。它"不被看作是权力，而是被看作是对承认、依从、忠诚或其他服务的合法要求"[6]。因此，符号资本把政治与经济的权力合法化，但又不等同于它们，这也是布尔迪厄的资本研究中最独特的见解。

媒体与受众之间的互动实践，主要分为三个层面：首先，大众传媒及

---

[1] [美]戴维·斯沃茨：《文化与权力——布尔迪厄的社会学》，陶东风译，上海译文出版社2006年版，第136页。

[2] 同上书，第142—146页。

[3] 同上书，第49页。

[4] 同上书，第87页。

[5] 同上书，第104页。

[6] 同上书，第105页。

其机构主导的怀疑实践中，大众传媒通过怀疑不断追求新闻事实，给受众提供更有时效性、真实、重要、有用的信息资源；大众传媒组织安排并提供平台，去浊扬清，将有智识的观点和见解传播；大众传媒机构竭力追寻和把握信息资源，并努力将其转化为文化资本。其次，受众主导的怀疑实践中，受众对信息的真实性、呈现方式、传播方式等保持谨慎和怀疑的态度；受众对媒体的目的、功能、行为方式等批判性地接受，并积极参与传播实践和传播互动，在过程中怀疑、验证、驳斥和改变。再次，媒体与受众的怀疑实践与社会生活实践融合在一起。怀疑实践本身在社会环境中进行，受到社会环境的影响和约束，同时又映照出社会发展进程和社会群体关系状态，于是，符号资本就在特有的由大众传媒与受众互动怀疑实践过程中形成并积累起来。

## 一 大众传媒怀疑实践加速积累文化资本和经济资本

在大众传媒及其机构与受众通过互动怀疑实践建构起来的场域中，几乎有所有的资本类型，但占据主要地位的是文化资本。大众传媒及其机构的怀疑实践，一方面，加速了文化资本的积累。媒体在追求新闻事实上所做的一切努力，包括对真相的不断追踪、对新闻细节的核实、对呈现方式的反复推敲，都夯实了大众传媒作为职业信息传播者的形象；大众传媒机构为求在激烈的市场竞争中谋得一定地位，对受众细致的分析、针对性的研究和分众化的传播，建立起各自独特的媒体形象和生产出各类媒介产品；大众传媒在高度分化的现代社会中，能保持对传统习俗文化的继承和对人类社会发展有利的思维方式和价值观的倡导和传达，更是有助于帮助大众传媒积累其文化资本。

另一方面，不断积累的文化资本，也在一定程度上转化为了经济资本和社会资本。大众传媒为了能更及时、更真实、更快速地向受众传递信息和文化，在媒介技术上进行了长足的探索和研发，媒介技术资源伴随文化资本的积累而繁荣。于是，印刷术的推广与普及，让报纸和书籍代替了口口相传，奠定了大众传媒机构的基础；摄影、录音和摄像技术被广泛运用于大众传媒，使得媒体在传递事实时，更加自信和有依据；互联网技术的应用，更是让信息传播变得实时、透明和互动。传播活动和技术的繁荣，也直接导致了传媒市场的欣欣向荣，这可以从宏观上的传媒经济的地位及其周边产业的发展，和中观层面的传媒集团的繁荣和新的媒介形式和组织的不断涌现，以及微观层面的媒体的产品呈现方式和其充当广告营销平台的繁荣程度体现出来。

## 二 受众怀疑实践影响文化资本

媒体及信息的受众的怀疑实践主要体现在对文化资本的影响和符号资本的建立上。首先，受众影响媒体的文化资本。大众传媒及其机构经过多年发展，向广大的受众提供了关于媒体、信息及其大众传播过程的机制，通过控制信息资源向受众传递，让受众相信并信赖它们。事实上，受众对媒体、信息和社会的怀疑程度加剧，不仅改变了受众与媒体及其信息的互动方式，也改变了业已形成的媒介产品使用和消费框架。并且，受众对大众传媒积累的文化资本的怀疑和质疑，也会让文化资本在"代际传递（家庭、个体）"[1]过程中遭遇更大更不稳定的风险，这一点，从新媒体的迅速崛起过程中可见一斑。新媒体的崛起，尤其是在年轻一代社会人群中的普及和扩散，自然有着时代和时机等偶然性的因素，但也一定程度上反映了传统媒体无法满足某些社会人群的信息需求的现状，传统的书籍、报纸杂志、广播，乃至近期的电视，经过多年积累起来的文化资本，都在代际传递中被不断削弱，以年轻一代为主的"颠覆者们"，对传统媒体的审美趣味、对主流媒体的冠冕堂皇和专业媒体的单调乏味都产生质疑，继而转向新媒体。

## 三 符号资本的积累

符号资本的概念在布尔迪厄的文化理论中有很重要的地位，同时，在以符号的传递为核心的大众传播产业中，符号资本的积累也是极其自然的过程，但在媒介与受众的互动以及在社会中形成的怀疑氛围中，符号资本会以各种不同形态出现。

媒体与受众的怀疑实践，会慢慢改变既有认知，促进社会整合进程。符号以各种形式，如语言等，给社会提供交流、认知的工具，大众传媒对信息的加工和生产，本身就是对各种符码的加工和生产，再通过传播过程，去影响受众。因此，大众传媒对现实社会的反映和思考，强烈影响着

---

[1] ［美］戴维·斯沃茨：《文化与权力——布尔迪厄的社会学》，陶东风译，上海译文出版社2006年版，第93页。

受众。能动的受众，对来自大众传媒的符号进行怀疑和批判的接受，使其在社会化过程中的认知发生改变，从而影响行为。

媒体与受众的怀疑实践，也有助于被转化为信任资本，从而变成全新的符号资本。如果媒体与受众一直处于长期、广泛、持续的怀疑状态，则会造成其信任的缺失和崩塌，最终不利于这个场域的维持和发挥功能。事实上，怀疑的初衷和最终目标是为了建立彼此间平等、稳固、持续的信任。因此，不断的怀疑实践，最终会被转化为信任资本，产生全新的信任和互动符号系统。

## 第三节 怀疑作为一种力量

怀疑作为一种广泛存在于媒体、受众和社会中的态度，是它们对所处的传播环境中的客观现实的心理反映，由此进行的实践则是对怀疑意识的能动的有针对性、有目的的行为，最终，媒体、受众和社会之间在不断的怀疑意识和实践的共同作用下，汇集成一种力量，它促使大众传媒机构发展、受众更理智和媒体与社会之间的信任关系建立。

### 一 大众传媒对事实的追求

真实是新闻的灵魂，也是新闻媒体及其从业人员的职业底线。徐宝璜先生在近百年前对新闻进行定义时，就强调了事实在新闻内涵中的重要地位，他认为新闻为"事实""最近事实""阅者所注意之最近事实""多数阅者所注意之最近事实"[①]，即新闻不管是什么，首先应该是真实发生的事。徐先生还指出，记者要核实信源和信息的真实性，同时，在对素材进行编辑和写作时，也不能颠倒是非和黑白，编辑如果要发表意见和评论，也不能将其混入新闻事实中，而应该放在新闻的最后，让受众能清晰地分出新闻事实和评论。正因为如此，获得真正的新闻十分不易，过程中容易受各种因素的影响从而全部或部分丧失真实性。因此，对虚假、片面、不完整的信息的怀疑是新闻从业者的理想和信念的反映，同时也促使他们为了获取新闻事实不断奔走。

当互联网技术被广泛应用于大众传播领域后，媒体在获取新闻事实方

---

① 徐宝璜：《徐宝璜新闻学论集》，北京大学出版社 2008 年版，第 52—55 页。

面，一方面多了信源和求证的渠道，也使新闻传播的形式更为多元；另一方面，也对媒体维护新闻真实性形成了巨大的挑战。在这样的情况下，对网络上的信息的怀疑、求证和辟谣意识和实践，就成了媒体对新闻真实这个行业底线坚守的动力。首先，各类媒体共同完成对某一新闻事件的原貌呈现。互联网传播对大众传媒业的最大贡献是提供了一个让信息快速传播、渗透和引发讨论的平台，因此，某个新闻事件很容易在网络上形成一个强势的舆论场，吸引各种传媒机构来为这个舆论场增加新闻事实，最终共同建构起对这个新闻事件的事实整体。其次，对不实新闻的驳斥和真相的追踪广度和力度增强。互联网的便捷性让新闻事实的时效性异常凸显，也让谣言与事实获得了同样的传播速度和渠道。然而，大众传媒机构对各种信息谨慎、批判的怀疑态度，让谣言最终也无所遁形，这就加速了大众传媒，尤其是负责的大众传媒机构维护新闻事实、追踪新闻细节和挖掘新闻深度的过程。再次，互联网重建媒体与受众的信任。传统媒体、大型媒体和主流媒体已经在很长一段时间内以其专业性、影响力和权威感，与受众建立起了广泛的信任。然而，在互联网传播中，这种业已形成的信任模式有可能被打破和颠覆。互联网对信息的时效性、真实性、深度和互动方式都提出新的要求，也一定程度上成就了一些转变迅速、应对灵活、深谙互联网传播特点的媒体，其中一些甚至是新的、非专业、小型、非主流的媒体，比如创建才十几年的门户网站。当然，传统、大型和主流媒体也在互联网传播中获得了新的发展机会。

## 二 受众对真相的渴望

受众的态度和行为的转变在媒体与受众关系演变中有着非常关键的作用，如今的受众对媒体和信息的广泛怀疑，既体现在他们对新闻事实的要求，也体现在对新闻深度的要求，还体现在对新闻的意义的追寻上，最终反映了他们事件真相的渴望。事实和真相并不完全等同，事实是片段化和阶段性的，一个事件的事实呈现是逐渐完成的，也是不断丰富的；真相则是相对全面和完整的，在一个新闻事件的零碎的、分散的事实被逐步揭露后，经过媒体的报道，才能逐渐在受众心中建立起关于这个事件的印象和全貌。

受众的怀疑意识会让他们对来自大众传媒的信息持谨慎的态度，于是，对某一新闻事件，受众会想方设法验证其真实性，其中包括关注事件的背景和后续发展、寻找对事件细节的更多信息、搜索相关事件、听取来自不同渠道的声音和评论等，最后形成对这一事件的个人主观看法。受众在怀疑意识和实践的驱动下，变得主动和积极，他们从不同的渠道，通常是各种媒介形式以及不同的大众传媒机构，把它们之间的信息进行对比，发现问题，获取新的信息。接着对他们所发现的问题进行深入的分析，通常是依靠交谈和讨论来完成，如今这个场面频繁出现在互联网互动平台上，比如论坛、社会性媒体等。在这些平台上，受众往往会围绕事件分成泾渭分明的派别，接着相互辩驳，在激烈的讨论中交换信息、建构全貌。在这样的过程中，一个新闻事件就成了舆论焦点，在短时间内就会吸引众多人的关注和跟进，最终在媒体和受众的怀疑实践中，舆论渐渐平息，双方的视线都会转向下一个焦点。

### 三 对社会和环境的反思

存在于媒体和受众之间的怀疑是广泛而普遍的，这也反映了媒体和受众之间的关系现状，受众并非完全不相信媒体，他们不轻信或尽信某一类或某一个媒体所说，而是有了更多的信息获取选择和信息求证渠道，而存在于媒体与受众之间的怀疑，也一定程度上反映了媒介组织、受众以及与他们所在的环境之间复杂的互动关系，同时每一次怀疑及其结果，也都会引发对社会和环境的反思。

谣言、流言的历史和人类的大众传播一样悠久，而且无论什么时期，谣言和流言的传播速度、范围和效果都毫不逊色于新闻传播，个中的原因，有人是这样解释的，当提到一战时战争谣言传闻异常成功，学者认为原因是"相信它们真实性的人们在没有迹象向他们证明的情况下，发现了邪恶的明显性和那些掩饰了无耻阴谋的恶人们的特殊效力，而不是发现了一种对谨慎的鼓励"①。这个原因很好地解释了社会环境的氛围会影响信息传播的环境和效果。媒介与环境之间的关系，已经被纳入媒介环境学的研究范畴。当然，媒介环境学研究的范围还要更广博些，它不仅研究信息环境本身，还研究人在媒介及其建构的环境中的交往和交往信息系统。说到底，媒介环境学研究的是媒介及其信息如何在

---

① [法] 让-诺埃尔·让纳内：《西方媒介史》，段慧敏译，广西师范大学出版社2005年版，第132页。

环境中影响人的认知、感觉、价值观等。大众传媒和受众之间普遍存在的怀疑，既是传播环境的真实写照，也反映了这个时代的社会、文化和技术环境，对媒介与受众关系的反思和重建，其实也是对社会、文化、技术环境的改变和创新。

# 第六章

# 媒介怀疑折射出的传播病态

怀疑已经广泛存在于媒介、受众与社会三者之间，无论是媒介主导的怀疑还是受众主导的怀疑，都反映了大众传媒与受众及社会的关系现状。从积极的一面说，怀疑为社会提供了一种谨慎、批判的态度，让媒体和受众在大众传播中能反思反省，从而获得关系的稳定和和谐。但大众传媒更像是社会的一面镜子，媒介怀疑提供了一种看社会的视角，通过怀疑及其怀疑内容，可以窥探出媒介与受众在社会大众传播环境中表现出的一些病态现象和危害表现。

## 第一节 疑心病：信任大厦的崩塌

发生在大众传播环境中的怀疑广泛、普遍和内涵丰富，怀疑的主体和对象可以是大众传媒及其从业人员或是受众，怀疑的内容可以是真实性、重要性、目的、过程、方式和结果，怀疑的表现形式可以是内心的想法和态度，也可以是付诸解释、追问、不相信、反对、批判等的实践，但怀疑的最根本原因和最原始的动力便是因不相信而形成的质疑，媒体和受众若是长期、稳定地处在相互怀疑状态下，则也意味着它们之间的信任关系并没有建立起来，而信任，作为一个社会学术语和研究范畴，也被广泛认为是社会组织和人类社会活动的基石。

### 一 信任的概念解读

对信任的概念界定，不同的学者从不同的方面，提出了很多种解释，如福山认为信任是"在一个社团之中，成员对彼此常态、诚实、合作行为的期待,基础是社团成员共同拥有的规范,以及个体隶属于那个社团的角色"①,这个概念强调了共同的规范在信任关系中的重要性;卢曼则认为"信任是对某人期望的信心,它是社会生活的基本事实……若完全没有信任的话,他甚至会次日早晨卧床不起"②,这里更多强调信任这个概念在日常生活中也是无处不在的;科尔曼则具体研究信任的内核,说"最简单的信任关系包含两个行动者:委托人和受托人"③。对众多信任概念的概括和总结后,我们可以看到,信任概念包含以下几方面:"(1)关系;(2)利益;(3)委托人的不确定性;(4)委托人可能会得到的利益;(5)委托人可能会付出的代价;(6)期望;(7)信任是自愿的;(8)被信任人的可靠度的重要性;(9)时间间隔"④。

从上述信任的概念中可以看出,信任的一些特点和属性是我们在研究媒介与受众的关系中值得注意的。首先,信任与文化有着广泛而深入的联系。将信任置于经济学领域中,信任跟货币、契约、交换的等的关系和互动比较明朗,也较能为人理解,但信任一旦进入文化和社会生活范畴,就显得异常复杂,尤其是发现信任跟道德、价值观、伦理习俗、习惯紧密相联,因此,社会群体共有的伦理规范和道德共识就成了建立信任关系的基础了。其次,信任是自愿的。这一方面表明信任是出自内心的一种想法和态度,另一方面也表示信任关系的变化性和脆弱性,就如卢曼所说的:"赋予信任的人与社会格局变成符号复合体,这种复合体对骚乱特别敏感,它仿佛根据信任问题记录下每一个事件。所以,在这种信任问题的范围内发生的任何事情对整体而言具有压倒一切的重要性:一个谬误就可以使信任全然无效,根据它们的符号值,相当小的错误和表达不当,都可能揭开某人或某事的'真面目'"⑤。再次,信任关系建立的时间间隔。这

---

① [美]弗朗西斯·福山:《信任:社会道德与繁荣的创造》,李宛蓉译,远方出版社1998年版,第35页。

② [德]尼古拉斯·卢曼:《信任》,瞿铁鹏、李强译,上海世纪出版集团2005年版,第4页。

③ [美]詹姆斯·S.科尔曼:《社会理论的基础》(上),邓方译,社会科学文献出版社1999年版,第113页。

④ Yariv Tsfati: *The Consequences of Mistrust in the News Media: Media Skepticism as a Moderator in media Effects and as a Fator influencing News Media Exposure*, Doctorate Thesis of University of Pennsylvania 2002.

⑤ [德]尼古拉斯·卢曼:《信任》,瞿铁鹏、李强译,上海世纪出版集团2005年版,第38页。

主要体现在，被信任人的可靠度在信任关系的形成中非常重要，也就是说，信任与过去有关，因此，熟人关系在某些社会文化中就形成一种根深蒂固的天然的信任关系，当然，建立在熟悉基础上的信任关系在社会转型期和分化期中，会陷入因关系和环境转变而造成的道德空白和情感缺失中，原先的信任关系也会随之面临崩解。信任还与未来有关，过去或现在为信任关系的建立所做的努力，都是导向未来的，为将来处理两者关系和解决问题建立依据。

## 二 信任瓦解的表现

媒体与受众关系从紧密程度上来说，比以往任何时候都要联系密切，大众传播及其媒体已经进入人类社会日常生活中，但从彼此信任的角度来说，媒体与受众的信任关系在一定程度上面临瓦解，或者说，他们之间曾经在一个阶段内形成的信任关系，在信息社会，面临着严峻的挑战。

1. 媒体公信力的下降

媒体所在的大众传媒业是一个很特殊的行业，其特殊就在于它在社会结构中所处的位置经历了非常明显的转变。按哈贝马斯的观点，就是报刊等大众传媒经历了从私人领域到公共领域的转变，而大众传媒机构作为公共领域界于私人领域和公共权力之间，因此它具有自由而灵活的传播能力、连接作用和调节能力，它在私人领域和公共权力机构中的公信力也就逐渐建立起来了。然而，随着社会的转型和分化、大众传播媒介技术不断革新和媒介形式日益丰富，媒体的公信力面临巨大的挑战，甚至有许多调查数据都直接表明了媒体公信力的下降和对媒体的不信任感的增加，这里面存在一些显而易见的现象。

大众传媒机构的公信力下降。通常人们对媒体的质疑都集中在媒体的报道理念和态度、媒体的报道立场、媒体在商业性与专业性之间的权衡等方面，而某些媒体如今在这些方面确实存在一些不良的倾向，其中又以一些被揭露的残酷的真相而颠覆了人们对媒体的印象和知觉。尤其是如前文所述，好不容易形成的信任关系，对骚扰信息十分敏感，很可能因为一个谬误就使信任崩塌，特别是当这个谬误发生在历史悠久、知名度高的媒体上。2012年发生在新闻集团（News Corportation）旗下的《世界新闻报》的"窃听丑闻"不仅让媒体的公信力受到了前所未有的挑战，还给所有媒体甚至整个新闻界都敲响了警钟。窃听丑闻暴露的是媒体权力的膨胀，已经入侵到了个人的基本权利,而事件发生后,各类媒体对其报道的角度和观点,则更让受众大吃一惊,除了像侦探般挖掘窃听事件的种种细节外,当鲁伯特·默多克(Rupert Murdoch)在听证会上险些被攻击而其夫人邓文迪起身保护丈夫的事件发生后,媒体们更是争先报道,呈现了两极分化的态势。一些媒体用这个画面做头条,并且过度解读邓文迪进行反击的行为,这其中也不乏以严肃媒体自居的大众传媒机构,如BBC、《卫报》;另一些媒体则坚持自己的严肃性、权威性,并没有对这个新闻做过多的渲染,如美国的《纽约时报》、《华尔街日报》等,我们在对一些媒体坚持自己的报道立场和风格表示赞许外,也对其他过分渲染和煽情而丧失其应有的专业态度的媒体表示担忧,也难怪英国前首相卡梅伦(David William Donald Cameron)在《世界新闻报》事件中发表评论说,除了默多克外,英国媒体需要集体反思。大众传媒机构,尤其是传统媒体、主流媒体、权威媒体、大型媒体若不能在信息时代坚守自己的理念和立场,那么,媒体公信力的下降会更明显,对媒体的怀疑和质疑也会一直持续下去。

对媒体的怀疑,还表现在对媒体呈现的信息内容的不信任,集中体现在对新闻和广告的不信任上。首先是对媒体的新闻内容的怀疑,怀疑其是否真实、公平、客观、完整、重要等。真实性是新闻的灵魂,媒体和受众对其的追求自不用说,但媒体却经常跨越真实性的底线或是用各种方式打擦边球。网络传播时代,信息异常丰富的代价往往是新闻真实性和完整性的降低,媒体为了追求受众的关注度,经常不经核实地转载或发布新闻、用一些耸动的标题吸引眼球、对细节语焉不详,而媒体在实践中,也寻找到了一些自以为一举两得的方法,比如网络媒体面对一些未经核实但又可能成为热点新闻的素材,通常采用的就是在标题上加上"或""或将"之类的不确定的字眼后发布的方法,若是之后被证伪,那么再发布一条辟谣的补救信息,用这种方式打真实性的擦边球,最终只能慢慢失去公信力。其次是广告。广告建构的媒介景观及其效果,不仅为媒体和广告主带来了丰厚的收益,还能被纳入艺术范畴而逃避媒体社会责任和建立基础和初衷的拷问。事实上,一些虚假广告、恶俗广告,不仅浪费了受众的媒介时间,还会让媒体的公信力因其对广告内容管理的疏忽和放纵而下降。因为,对受众而言,媒体的公共性和社会责任在其对公信力的评价体系中占据着关键的位置。

不仅媒体及其传播内容会让受众对媒体的公信力产生怀疑，而且传播方式的改变和偏向也会加重受众对公信力的质疑。传播技术的进步，总体而言让媒体的传播样态和表现方式更为多元，但一定程度上，也增加了媒体的修饰和掩饰的手段。比如电视媒体，十分擅长创设传播环境：报道环境、主持人和记者的打扮和声音，连同图像、声音、文字等符号，一起增加新闻的可信度、可看性和可读性。现在非常热门的真人秀节目更是将电视媒体擅长讲故事的长处发挥得淋漓尽致，以情感类的真人秀节目为例，电视节目通过演播室的布置、倾听者（通常是主持人、心理学专家、现场观众等）、倾诉者（戴墨镜表示神秘感和真实性）的安排、复杂互动的节目流程、现场冲突性（如发生了意见不合、突发状况等）等，来营造一种真实感，吸引受众收看。除外技术之外，媒体的传播活动通常通过文字（字幕）、声音、图像等符号来进行，记者和编辑可以用各种修辞以及对字词句的组合运用，来让受众相信它们的新闻报道。

公信力下降的最后一方面表现是媒体的影响力受到冲击。一方面，媒体的层出不穷使一个特定的大众传媒机构的影响力受到了抑制。以往，信息总是有针对性地集中，主要汇集在大型媒体、权威媒体中，现在，媒体种类繁多、竞争激烈，受众在有了多元选择后，也就不再把目光只放在某几个媒体上了，尤其是互联网传播普及后，受众对信息的关注度增加，但对媒体的关注度反而减少，因为他们更在乎的是信息是什么、真相是什么，而不是信息和真相来自哪个媒体，因此对特定的大众传媒机构来说，影响力反而不像以前那么集中了。另一方面，信息爆炸分散了媒体的影响力。各种分析数据表明，如今受众的跨媒体消费趋势明显，也就是说，当一个新闻事件出现后，受众会迅速分化，开始从各个方面了解、讨论、分析和传播信息，而且他们会对来自不同媒体的信息进行对比、整合和消化，从而形成自己对事件的看法。这个过程中，媒体，尤其是传统的、大型、主流的传媒机构的影响力反而会被削弱。

2. 社会整体信任感的降低

媒体与受众的关系变迁中，既有媒体和受众的交往方式的改变，也映照出整个社会变化和变迁的图景。受众对媒体及其传播内容的质疑和不信任，一定程度也折射出社会生活中的普遍怀疑，至少，人们对社会现实变化及其社会中人与人之间关系的现状变得十分关心。也有人认为，是社会整体信任感下降和道德滑坡，才使得人与人、人与社会组织、社会组织与社会组织之间的信任关系变得异常脆弱。

　　社会诚信问题关乎民族、国家和社会的命运,时任国务院总理温家宝曾对国内层出不穷的恶性食品安全问题发表评论,严厉指出"诚信的缺失、道德的滑坡已经到了何等严重的地步",引发了人们对社会诚信问题的深刻反思。《中国青年报》也在 2011 年做过一个题为"如何重建中国的社会信任"的专题,学者们结合目前社会信任的发展现状,分析了社会诚信缺失的深层次原因,并提出重建社会信任的重要性和可能渠道。对目前的社会中不信任情况加剧的深层次原因,有学者认为是"社会转型和社会整合机制中的失当"①,其中,社会转型使传统的熟人社会关系日渐瓦解,人们对新的社会信任模式还不熟悉和接受,于是社会信任面临空白。社会整合机制则是指社会制度、规范及其执行机构以及社会文化和价值观的传播载体,在面对一些具体的涉及社会道德的纠纷时,未能展现良好的运行水准和传播载体,也未能给广大民众一个合理的解释,导致产生了负面舆论影响,对社会道德的维护和社会信任的建立未能产生积极的作用和引导。

　　高度分化的社会使人们难以形成统一的价值观,价值观在社会中呈现出多重面向。文化人类学家和社会学家都已经指出,思维方式影响价值观,而价值观对伦理习惯乃至文化的形成,有着至关重要的作用。后工业时代,人们所处的是一个经济转型、新工业出现和新社会阶层诞生的世界,面对重新制定的经济规则、新出现的社会管理问题和新建立的文化伦理习惯,人们在疲于应付林林总总新的现象和新环境的同时,也让自身思维方式和价值观进入一个新的变化的空间,固有的思维方式和价值观有可能被颠覆,新的多元取向的价值观会建立。于是,当新的价值观还未成形和强化时,面对熟悉又陌生的信息社会,人们往往会选择批判、怀疑和观望。

　　通过媒体反映的信任感降低的内容,也对民众形成一定的负面影响。原先媒体的报道范围和内容十分有限,受众在一个相对封闭的传播环境中,接受到的信息量及其反映的现实问题也局限在很小的范围内。现在的媒体,将海量的信息呈现在受众面前,让受众自己去辨别、判断和筛选,

---

①　沈杰:《为什么今天的社会充满不信任》,《中国青年报》http://zqb.cyol.com/html/2011-10/17/nw.D110000zgqnb_20111017_3-02.htm。

其中也包括一些有关社会道德和诚信困境的新闻事件,如轰动全国的"彭宇案"及一系列的相关事件,因事件反映的内容冲击了普通民众业已形成的"好人有好报""助人为乐"等的传统道德观和价值观,引发了人们的热议。事件虽已告一段落,真相也浮出水面,即彭宇确实与老人发生了碰撞,最后也成功和解,但其造成的对社会信任下降和道德滑坡的影响已经无法挽回。回顾事件全过程,政法机关运作水准及其对媒体的沟通存在很大的问题,导致信息滞后、失真,最后引起全民的误读和负面舆论影响,但这件事情的发酵也反映出人们对社会诚信问题的深切关注。因此,类似的事件一旦经过媒体的报道和传播,便容易快速形成负面舆论场,最后也会对不明真相的受众产生对社会诚信的负面情绪和影响。

### 三 修复信任的可能性

社会诚信是社会交往的基础,也是人与人之间的关系纽带,它在信息时代所面临的挑战和缺失,迫使人们要对社会信任关系进行改善和修复,根据上文对信任的概念的考察,信任关系的建立要依靠信任一方和被信任的一方双方在一定时间内的努力,因此,一方面,要努力改善和修复与社会信任有关的因素的现状;另一方面,社会诚信关系的改善和修复一个长期的动态的过程,需要社会组织不断地投入和努力。

1. 时代的媒体公信力

对媒体公信力的表现,有学者认为体现在四方面,分别是"以人为本、内容真实、导向正确和形式亲和"[①]。这主要是从大众传媒的传播内容、功能和理念方面来阐明的。而媒介公信力的修复还可以从所处的社会环境出发,信息是后工业时代的核心要素,大众传媒本身就是信息的制造者和传播者,其在受众和社会中的公信力,直接影响了信息传播的质量和效率。因此,网络传播或网络媒体的公信力修复和重建,是媒体公信力系统中急需解决的问题。

传统媒体要在互联网上延续其日积月累的公信力。信任关系既不主观,也不客观,它并非一朝一夕建立的,传统的传媒机构在漫长的大众传播过程中,逐渐建起了自己的公信力,但面对互联网技术时,传统媒体若是不了解或不能适应新技术对信息传播提出的新的要求和规则,就会在网

---

① 江作苏:《媒介公信论》,新华出版社2010年版,第198页。

络媒体公信力建立中没有作为。互联网平台上由于缺少守门人，很容易聚集流言和谣言；也因为缺少引导者，很容易让一个事件发酵、变形；又因为缺少约束，很难形成一种理性的分析和讨论氛围和结果，更别说建立公信力了。传统媒体若能将自己的责任感和公信力延续到网络媒体上，那么，情况就会有很大的改观。比较乐观的情况是，传统媒体在网络新闻报道中，不再缺席，也能发出自己的声音，并且用专业、规范和严谨的态度和方法进行操作，一方面能及时制止谣言的扩散，另一方面也让受众对网络新闻多了几分信任。当然，网络媒体公信力的建立仍然是路漫漫，需要不断的探索和尝试。

新兴的网络媒体要建立自己的媒体品牌。媒体在互联网上的公信力，仅依靠传统媒体的网络传播或机构是不够的，还不能忽略新兴的网络媒体，如门户网站和各种专业主题网站。门户网站作为网民获取新闻和信息的入口，汇集了来自各个专业媒体的新闻，门户网站对其进行选择、分类和编辑，将新闻按照类别排列、按重要程度排序、将重要的做成专题，同时提供评论，来引发人们的讨论。现在的门户网站，对一些重大、突发性的事件，也会有自己独特的信源，同时建立专业频道（如汽车、美容等）来主动发布资讯和信息，这些门户网站经过几十年的发展，也逐渐形成了自己的媒体品牌，它的公信力也在逐渐形成。还有一类不容小觑的网站，是一些专业主题网站（如果壳网）等，这些网站汇集了一大批专业领域内有知识、有想法、愿分享的信息发布者，他们不是专职，也非专业记者，但他们对自己的专业领域非常熟悉，能够提供一些正确、完整和有智识的信息。如果壳网上有一个叫"谣言粉碎机"的小组，专门就人们对世界、社会或生活的认识误区从科学的角度进行分析和辟谣。像这类网站，内容中涵盖了人们通过一般的大众传媒无法获得的答案和真相，它们也在传播过程中，逐渐积累了口碑和公信力。

社会性媒体的兴起和应用给媒体公信力的建立带来新的课题。社会性媒体的出现，如博客、微博、微信等，从根本上改变了信息传播的模式，使受众真正进入到信息编辑、传播和评论过程中，同时也改变了信息生产的模式，使人人都成为了传播者。在社会性媒体平台上，以微博为例，所有人都能发出声音，它们是个人、政府机构、社会组织、企业、专业媒体等，信息的真实性无从保证，更别说社会舆论影响了。在这样的情况下，社会性媒体公信力的建立就显得更为困难和难以操作。

2. 大众传播中的人际信任

受众对大众传媒机构及其内容不相信，说到底是对传播信息的人的不信任；社会诚信度的下降和道德滑坡，也是人与人之间信任感缺失的反映。人是社会组织中的最小个体单位，人组成了家庭、群体、社会机构等，大众传播中的疑心病，也体现了人际信任的缺失和滑坡。

对媒体来说，记者要建立与受访者之间的人际信任，这样才能采集到真实、有用的信息；主持人通过面部表情、声音和动作，与观众达到心理上的亲近，从而建立在媒介上的人际信任，比如陈鲁豫被受众亲昵地称为"邻家女孩"，这种熟人式的人际信任是传播者与接受者良好互动关系的基础；社会性媒体上的专业媒体，如新浪微博名为"朝日新闻中文网"的账号，通过客观公正的新闻发布和诙谐幽默的互动态度，被网友亲切地称为"朝日君"；依靠媒体传播的广告，虽然宣传的产品各异、风格不同，但最终都是为了说服消费者，促使他们改变态度或行为，因此，信任感也是广告商想在广告产品和受众之间建立的一种基本关系。所以，传播者及其传播机构，并不是生硬、单向地传递信息，而是在过程中与受众建立类人际的关系，通过人际信任，最终达到媒介信任，形成公信力。

对社会来说，人际信任是社会信任的基础，因为社会信任说到底就是人与人之间的关系，查尔斯·蒂利认为，判断自己是否进入一个信任网络的依据有以下几条："首先，信任网络意味着由共同的纽带——直接或间接地——联系在一起的人群，他们组成了一个网络。其次，信任网络意味着由于存在这样的纽带，因而网络成员的重大诉求得到了关注、网络成员之间彼此扶助，而网络也正是由若干诸如此类的强大纽带构成的。再次，信任网络意味着网络成员共同承担着一些重大而长期的事业。最后，信任网络意味着网络纽带之构成，源于将共同的事业置于某个体成员的失信、失误和失败的风险之中"[①]。因此，大众传播中的人际信任和信任网络的形成，需要媒体、受众共同努力营造。

3. 社会信任的重拾

社会各阶层、机构、部门和个体之间的信任关系的建立，最终就能重拾社会信任。对社会信任关系的建立，通常认为可以从制度和规范保证入

---

① [美] 查尔斯·蒂利：《信任与统治》，胡位钧译，上海人民出版社 2010 年版，第 5—6 页。

手,即通过法律、规范和制度的建立,通过奖惩措施的具体实施,来推进社会信任的达成;当人们逐渐形成对信任的认知后,便会内化为态度、思维方式和价值观,最后变成一种道德约束和文化习惯。还有一种思路撇开了社会信任达成的具体措施和步骤,而是从社会结构的层面来研究,就是法兰西斯·福山(Francis Fukuyama)所认为的"公民社会"的建立,是"各种中层组织的复杂大拼盘,里面包含了企业、志愿团体、教育机构俱乐部、工会、媒体慈善机构、教堂"①,这个社会健康而活力旺盛,让人们学习知识和技能、融入文化、传承社会价值观,因而也是建设社会信任的中坚力量,从中我们可以认识到,媒体与受众的信任感的建立,对人际信任和社会信任的修复和重建起到关键的作用。

## 第二节　势利眼:偏见与歧视

哈贝马斯追溯了报业的发展历程后,认为作为公共领域最典型机制的报业,其结构和功能已经有了根本性的改变,报业及其所属的新闻业最初只是私人新闻写作,其目的单纯为了经济利益,即追求商业利益,内容就"局限于新闻交流与新闻监督"②;而后夹杂了说教和政治动力,新闻业也就进入了个人新闻写作时期;再来就是商业报纸阶段,广告开始进入大众传媒产业链,于是报刊业变成了"有特权的私人利益侵入公共领域的入口"③。哈贝马斯试图通过报业结构的转型来说明公共领域的政治功能转型,但也让我们看到了新闻传播业与政治、经济和社会各阶层之间的复杂关系走向,从中看到了媒介偏见的根源和本质。

### 一　偏见和歧视的概念解读

社会学家认为,偏见从字面上理解就是"超前判断",它包含信念和态度两个方面,其中那个"偏见的信念成分叫做刻板印象,态度是由对于

---

① [美]弗朗西斯·福山:《信任:社会道德与繁荣的创造》,李宛蓉译,远方出版社1998年版,第9页。
② [德]哈贝马斯:《公共领域的结构转型》,曹卫东、王晓珏等译,学林出版社1999年版,第218页。
③ 同上书,第222页。

偏见对象的评价性判断构成"①。偏见在人和社会群体中广泛存在，人格因素、后天习得和社会环境变化等都会导致偏见的产生。歧视是偏见的行动指向，是指"由于某些人是某一群体或类属成员之间而对他们施以不公平或不平等的待遇"②。既然如此，大众传媒作为一类社会机构，自然也就无法避免地产生普遍意义上的偏见。

对媒体偏见现象，有学者从"偏见"的词义变迁入手来进行分析。杰弗里·纽伦堡（Geoffrey Nunberg）认为"偏见"在50年间有以下的变化："大体上与'片面性'或'党派性'同义，是准确和客观的反义词；而后指一种无意识的偏好或偏袒；80年代后开始开始混淆思想和行为的区别，几乎与'种族偏见'这类词等同，因此要求报道观点多样性"③。纽伦堡对在政治问题上出现的媒体偏见现象持悲观态度，他认为对偏见词义理解的变迁，会容易使那些持客观、中立报道的媒体因"缺乏多样性"的偏向而被受众指责，而这个现象若是一直持续，会造成不好的影响，受众会迎合符合党派偏见的媒体报道，而对那些不符合自己口味的或是客观、中立、无党派偏见的媒体产生怀疑。

再往大的社会影响方面望去，美国学者蒂奇纳（Tichenor）等人提出的"知沟"（knowledge-gap）理论，认为社会经济地位决定了一个人的信息接受速度、程度和数量，从而拉开其与社会经济地位低的人的知识距离。传播媒介和信息业发达，反而导致了知沟的出现和扩大，这里面既有决定性的经济条件，还受接受者的智能储备、传播技能、社会交往和信息接受和理解等方面的制约，并且还与大众传播媒介信息传播有关。大众传播媒介本身的特点，以及它在信息选择、表达、传递上的人群倾向或阶层倾向，最终使得信息在不同经济地位的人群中的覆盖和传递发生倾斜和偏差。

## 二 当代媒介偏见和歧视的表现形式

现有的研究中，媒介偏见反映在两个层面：一是大众传媒及其机构的

---

① ［美］戴维·波普诺：《社会学》（第十版），李强等译，中国人民大学出版社2007年版，第305页。
② 同上书，第306页。
③ 刘见林，《华盛顿观察》周刊（Washington Observer weekly）第45期，2003年12月3日。

偏见；二是受众和社会对不同大众传媒的偏见。前者强调的是大众传媒在传播时，受到政治、经济、文化、社会等因素的影响后，在选择信息对象、确立报道角度、使用报道语言等方面，存在偏见，从而导致某些群体被忽略或边缘化、某些信息被掩盖或片面呈现的情形。比如，媒体对弱势群体、性别、人群、地域、种族等的偏向和在大众传播中的歧视性操作。后者指的是受众在信息获取、搜索和接受方面，有着自己的媒体选择的偏好和偏向，这些偏向导致了受众对媒体信息的选择性接受和理解。比如上文提到的，媒体的多元化报道会使受众更倾向于选择和接受合乎自己口味的报道和观点，而怀疑其他所有的。在怀疑的媒介与受众的关系现状中，偏见和歧视也是导致怀疑产生和加剧的原因之一，同时由媒介偏见引起的传播异象，也在大众传播领域不断弥漫和发酵。

1. 媒体信息及内容层面

媒体对弱势群体的忽略和偏见。处于贫困和社会隔绝的高度风险中的，如少数民族、移民、残疾人、无家可归者、物质贫困者、孤寡老人和孩子等，还有长期失业被社会边缘化的人群，被称为弱势群体。这个群体，没有进入主流的话语体系，因此他们的社会权利表达不畅。媒体对他们的偏见，主要体现在两个方面。第一，对弱势群体有意或无意的忽视。出现在媒体里的偏见无处不在，可以是"选择性忽略、词语的选择和对因主要信源而产生可信度的改变"[1]。大众传媒市场竞争的激烈和商业目标的导向，需要媒体对受众和节目类型有着精准的定位，于是，大众传媒开始了分化，如果说专业媒体和小众媒体的出现，让偏见在"多元和专注"的外衣下变得能让人理解，虽然大多数专业媒体和小众媒体都不是为弱势群体服务的，他们服务的群体通常是社会上主流人群或新消费主义的群体，那么，综合媒体对弱势群体的忽视和轻视，就不能不让人对媒体的客观、公正和责任产生怀疑。比如国内一些卫视，在激烈的市场竞争中都对自身进行了重新定位，在定位中或体现了传播理念，或凸显了传播内容，但都忽略了作为综合性电视台的受众群的广泛性，表现出对自身定位的理解的肤浅。第二，对弱势群体进行选择性及集中性关心。媒体对弱势群体的偏见的表现，不仅表现在报道数量和概率上，还反映在媒体对弱势群体

---

[1] Esther Galor and Tansev Geylani and Tuba Pinar Yildrim：*The Impact of Advertising on Media Bias*, *Journal of Marketing Research* 2012（2）.

的选择偏向上，更深层次地体现在媒体对其的阶段性和集中性的关心。大众传媒中很多涉及弱势群体的报道，都是在弱势群体发生了让其因"显著性"而构成新闻标准后才被媒体所关注，比如社会新闻中的轻生者、天桥下冻死的流浪汉、讨薪的外来务工人员受到了极端对待等，而且一旦这个新闻事件爆发，就会引发媒体的集中性关注，但事件渐渐平息后，大多数媒体也就因其没有了新闻价值就默默退出，这种选择性和集中性的关注，也是一种偏见。因为真正的关心和关注，应该是发自内心的，对弱势群体的急进急退式的关注和急功近利式的报道，不利于弱势群体融入主流社会，更不利于媒体正面、积极、公正、客观形象的建立。总之，媒体对弱势群体的关心并不仅仅是停留在口号或站在道德制高点的指手画脚，而应该发自内心的关心、关注他们，并将他们的需求和存在的困扰告诉公众，让社会上的大多数人能够意识到弱势群体的存在，让弱势群体也能像社会其他群体一样在话语体系中有一定的位置。

广告的偏见与歧视。广告是依靠大众传媒渠道传播的一种特殊信息，它与大众传媒之间微妙的关系，更是引发了人们对传媒的商业性偏向和专业性的怀疑。鲍德里亚认为广告的特殊之处在于"伪造了一种消费总体性，通过一种同谋关系、一种与信息但更主要是与媒介自身及其编码规则相适应的内在、即时的勾结关系，透过每一个消费者而瞄准了所有其他消费者，又透过所有其他消费者瞄准了每一个消费者"[①]。一方面，广告本身是一种大众传播信息，其与大众传媒的其他信息一起，共同构成了大众传媒内容整体，人们对广告的知觉会直接影响他们对媒体的整体观点。广告作为一种商业模式和经营策略，目的是通过向目标受众传递商品、观念或服务广告，从而改变他们的态度和行为，完成生产、销售和经营的任务，因此广告是一种商业宣传，其内容可以有艺术加工，并且由于其目标导向性明确而内容中存在极大的偏见，这与新闻传播的客观和真实有着根本的区别。因此，这两者共存于同一传播平台，也加深了人们对传媒偏见的怀疑。另一方面，广告与媒体利益的捆绑。广告的商业性是显而易见的，学者们研究了广告作为盈利模式进入报业后，报业在报道时的一些变化，他们的结论是"广告市场的加入会在报纸行为中带来两种相对的影

---

① [法]波德里亚：《消费社会》，刘成富、全志钢译，南京大学出版社 2000 年版，第 134 页。

响，一是报纸试图增加读者群来吸引广告主，因此他们报道的极端化会减弱。二是当广告主要选择独家投放时，报纸也许会为了价格效应，而变得更加极端化"[1]。由此可见，广告与媒体在利益上密切联系，甚至会影响传媒机构报道的行为和倾向。而且，广告业发展至今，其形式和与媒体合作模式有了深度的突破，很多广告内容以植入方式进入大众传播内容，如电视剧、节目、大型节事和赛事等，而大众传媒机构为了让广告内容与媒介内容无缝连接，还会想方设法地找到两者的交集，让两者在改变中互相靠近，共同获利。在这样的情况下，广告本身的偏向和由此引起的媒介偏见和歧视情况加剧。

2. 媒介的生态圈层面

在对媒介的怀疑中，我们不仅意识到了媒介和广告内容在传播过程中的偏见，而且从不同传媒样态及其构成的媒介生态圈中看到了偏见和歧视所处的媒介环境及和表现形式的改变。

信息爆炸状态下的忽略。媒体和受众一样，每天也要面对海量信源和信息，有来自自己的新闻线人的，也有来自互联网上的各种真假难辨的信息，在这样的情况下进行新闻传播，既面临时效性和真实性的压力，还面临内容独特性和影响力的压力，于是，在重压之下，媒体会呈现出对某一群体或某一类事件的逃避性忽视、强迫性忽视和习惯性忽视。大众传媒机构是信息传播的主要载体，记者本应该出现在新闻发生的第一现场，媒体应该发出自己的声音，但往往因为政治、经济、心理等原因，媒体及其从业人员最简单的操作方法，就是逃避性的忽略。对一些须从长计议、一时难以解决的人、群体和事情，索性采取忽略的态度，不闻不问，按原来的套路行事。这种逃避性忽视，以及由此产生的对内容和群体的偏见，让媒体的公正和正义受到质疑。强迫性忽视是明知道应该怎么样，却强行遏制报道此类群体，形成对它的忽视。尤其是当媒体受到政治、军事、行政命令的干预后，强迫性忽视就会产生，这是一种对新闻真理和新闻业务流程的践踏。当一些重大群体事件发生后，总有各类"封锁"令，导致信息传播的不对称和不透明，不仅不利于正确信息的通畅传播，有时甚至造成社会的整体批判和恐慌。2003年的"非典"，由于地方政府的沉默导致媒

---

[1] Esther Galor、Tansev Geylani、Tuba Pinar Yildrim：*The Impact of Advertising on Media Bias*, *Journal of Marketing Research* 2012（2）.

体对病毒蔓延进展集体忽视和"失声",最终谣言和传言四处散布,官方话语和正确信息却难觅踪迹,全社会都陷入由信息不对称而导致的恐惧中。而后中央政府及时决断,公开信息,实时发布病情进展和治疗情况,由此建立了突发公共卫生事件的应对机制。如果媒体长期处于因逃避性和强迫性忽视导致的偏见中,慢慢就会习惯于这种忽视。习惯性忽视则是媒体面对海量信息时,表现出来的麻木不仁和见怪不怪。每天都在社会里跑新闻的媒体及其从业人员,可谓看尽人世百态,当他们发现需要帮助的群体很多,也很难单纯靠媒体的力量来改变一个群体,而受众对新闻又有着喜新厌旧的情绪,于是就会慢慢陷入一种无为、不为的习惯性忽视中。这体现在,每年都有大量的由媒体发起的慈善活动,但总是感觉雷声大、雨点小,而且没有持续性,因此,活动一结束,也很难在受众心中留下深刻的印象,而媒体和赞助企业也更多只是通过活动来提高自己的知名度和树立良好形象。

新旧媒体对各个群体不同的"刻板印象"。这是信息时代,媒介偏见和歧视在不同媒体平台出现的新变化,新旧媒体在对群体印象建构时发生了分歧,从中折射出媒体生态圈的分化。新旧媒体是相对的概念,但我们对新媒体定义是利用新的媒介传播技术(主要是计算机技术)进行大众传播或搭建传播平台的媒体,因此,也可以简单理解为传统媒体与互联网媒体之间对群体"刻板印象"的不同。媒体对某一群体的刻板印象,既是社会政治、文化等各方面因素长期以来对认知和心理的投射反映,又是媒体在大众传播实践中积累而成的偏见结果。传统媒体,如报纸、广播、电视等,经过几十年的传播实践,已然形成对某些群体的刻板印象;而互联网媒体,则对传统媒体建构的刻板印象有了根本性的改变。互联网媒体对群体的刻板印象的建构,是建立在颠覆、改变、创新的基础上的。如传统媒体对学生的印象,仍然建立在传统的教育认知基础上,在报道内容的安排上,也是以学习、创新、进步和未来为线索来引导的,但在网络媒体上,跟学生有关的内容更多的指向学习负担重、学生独立思考弱、早恋等内容,从而指向教育制度和课程体系的不合理,如果说传统媒体将学生群体塑造成快乐健康、积极向上的群体,那么网络媒体的塑造更多的指向学生的苦闷无奈、消极应对上。再比如传统媒体对政府及其职能部门,由于历史原因,通常是作为政策方针传播的宣传平台和政府部门的监督者,因此,对这个群体的刻板印象还是较为积极和正面的;但到了互联网平台上，情况就有了很大的改变，很多怀疑和指责最终都指向职能部门的政策和相关人员的履职情况上，再加上互联网已经成功设定的几个议程，如官员艳照被曝光、官二代和权二代的违法犯罪行为、网络反腐等，更是体现了网络媒体对官员的态度和刻板印象。我们对某些传统媒体的"只唱赞歌"和网络媒体"只说负面"的印象，其实都反映出新旧媒体的偏见，需要它们自身的调节和社会各界共同努力，才能让我们的传播媒介变得客观和公正，让我们的传播环境变得开放和包容。

## 第三节 恐慌症：由怀疑引起的传播失序

我们自己在感知世界，也通过媒体了解社会。媒体每天都告诉我们世界上各个领域发生的事情，同时通过对一些事情的全面、持续、深入的报道，引发我们对某一现象或问题的深入思考，尤其是对一些重大的突发性的事件的报道，引起了全社会甚至全世界的关注和重视，当然很多时候是通过引起人们的恐慌和恐惧来强调这些事件，这类议题涵盖很多领域，比如媒体对美国9·11事件报道引发了我们对恐怖主义和世界安全的关注；对环境问题的持续关注让我们意识到环境的恶劣可能会危及自身的生存；对食品安全问题的报道使我们对每天都接触的食物充满了怀疑等，诸如此类的议题，在引发我们对所处社会和世界的深入思考的同时，也着实造成了我们对环境和社会的恐惧，以及对跟社会和环境有关的人的不信任。

### 一 恐慌和媒介恐慌

恐慌与害怕、畏惧、恐惧、恐怖等词相关联，莫森（Mawson）博士认为恐慌指的是"不合适（和/或过多）害怕或逃跑；高强度的害怕和/或逃跑"[1]。这里体现了恐慌的两个层面：一是心理层面，即害怕或恐惧；二是行为层面，因害怕而导致的逃跑或逃避。在恐慌的心理层面中，恐慌体现为一种情感和情绪，库利将情绪认为是"独特的社会化的感觉"[2]，高登（Gordon）则进一步论述了情绪是"我们在持久的社会关系学习的个

---

[1] Anthony R. Mawson: *Understanding Mass Panic and Other Collective Responses to Threat and Disaster*, *Psychiatry* 2005（68）.

[2] John Delamater: *Handbook of Social Psychology*, Springer2006, p. 309.

体的情感、手势和文化含义的集合体"①。因此,从恐惧的与个体的纵向联系来看,恐惧虽始发于心理和认知层面,体现的是个体对一些现象或事件产生的害怕和恐惧,却也会反映在行为层面,由恐惧而导致的暂时或长久的行为改变;从恐惧与群体和社会的横向联系来看,恐惧在社会中形成,社会群体或机构可以引起人们的恐慌心理,也影响人们对恐慌的认知。

大众传媒作为一类社会机构,也在个体和社会恐慌的形成中,发挥十分重要的作用。媒介恐慌论是指"媒介在对社会恐慌事件进行大规模报道的过程中会导致产生新的更多的恐慌现象或恐慌心理的媒介理论或受众理论②"。社会恐慌事件有很多种类型,既有涉及国家安全层面的,如恐怖主义、冲突战争等,又有涉及社会安全层面的,如引发不稳定的政治、经济、文化事件,还有涉及家庭和个人安全层面的,体现在行为和心理上的事件。在这些事件中,一方面,媒体由于其"客观告知"的功能,因而需要将发生在世界、国家、社会,甚至家庭里的事件如实报道;但另一方面,报道数量和频率、报道方式和措辞、报道全面性等都会影响人们对这些事件的认知。再加上,信息不透明、传播不对称和不同人群间的"知识沟"的存在,会加剧受众对这些事件的认知的差异,从而导致个人恐慌,甚至引起更大范围的社会恐慌。

## 二 媒介恐慌引起的传播失序

1. 媒体成为社会恐慌的"帮凶"

从新闻传播学的角度评判大众传媒在社会重大事件中的功能和作用,是简单和纯粹的,但若是把其置于社会大环境中,看其对社会某个微观群体的影响,会变得较为复杂。很多人都认为,媒介在关于恐怖主义(Terrorism)及其行为的报道中,塑造了一种景观。这种景观释放出不同的政治、文化信息。首先,这类景观有各种不同类型和功能的素材构成,表现在媒体对恐怖主义及其行为和相关者的各种巨细靡遗的报道和细节提供。其次,不同媒体的报道侧重点不同,要强调的内容和体现的价值也不同。

---

① 3John Delamater: *Handbook of Social Psychology*, Springer2006, p. 309.
② 邵培仁:《媒介恐慌论与媒介恐怖论的兴起、演变及理性抉择》,《现代传播》2007 年第 4 期。

有研究表明，在9·11事件之后，北美的主流媒体更愿意把重点放在恐怖主义毁灭性的活动和将来的威胁，而不是放在它造成的痛苦，甚至是造成这种恐怖主义行为的社会环境研究上。再次，景观塑造的结果是多元取向的。从报道的角度来说，媒体就是要给受众提供真实、及时、重要的新闻，恐怖主义及其相关报道确实符合这些基本价值。从报道的影响看，有人认为，新闻媒体的报道也对恐怖组织及其行动有宣传的作用，甚至提高了他们的"合法性和帮他们征募了新成员"[1]，因为恐怖主义也需要媒体，来帮他们完成"（1）注意（2）动机的认知（3）尊敬（4）合法性"[2] 四大利益。从恐怖主义行动的受害者来说，恐怖主义的行为给他们造成了巨大的伤害，就如纽约大学兰贡医疗中心精神病部主席迈尔迈说的，"全国、全世界其他人都担心，都感同身受，但说到底，9·11给纽约人造成的深刻的精神创伤肯定是独一无二的；纽约人把它看作是对他们城市的袭击，所以也是对他们身份的袭击"[3]。

从媒介通过一系列同主题的报道，能够塑造一种独特的景观的角度来说，媒介确实成了至少是无意的社会恐慌的"帮凶"。虽然我们也认为，媒介不能因此而放弃甚至违背自己作为专业新闻媒体应如实、及时呈现真实事件的原则，但在报道内容、频率、角度和说辞上，还是可以有很多地方值得关注。媒体不能为了获取关注率，而过分关注社会恐慌事件；在报道过程中，也要对报道类型、角度和说辞进行全盘考量；同时，要考虑受害人的情绪和社会的普遍情绪，不能肆意放大恐慌行为。总之，媒体可以在塑造人道主义文化，成为真正有代表性的跨国界的公共领域，同时从斗争的保护者和改造者发展到非暴力斗争的管理和解决者。

2. 媒体强调和放大负面情绪

能借由媒体报道的恐慌事件，无论是涉及国家安全的政治和军事事件，抑或关系到民众生活的食品安全或生活生产安全事件，还是与民众的个人生命安全息息相关的事件，都因为与民众生存、生活和发展关系密切而被广泛关注和影响。受众从媒体处得知此类事件后，通常伴随的反应是

---

[1] Robert A. Hackett：*Media Terror?*，*Media Development* 2007（3）.

[2] Teresa de Almeida e Silvaa：*The Modern Language of Terror：The Role of Media on Terrorism*，*Sociology Study* 2011（1）.

[3] 编辑部：《9·11十年后》，华尔街日报中文网，[2013年2月1日] http://cn.wsj.com/gb/911TenY.asp。

震惊、怀疑、恐惧、愤怒等，这些情绪大多偏负面和极端，体现了民众对恐慌事件的担心和害怕。而大众传媒对恐慌事件的报道，通常是集中式、轰炸式、单一维度的报道，事件发生后，在缺少细节、经过、原因、影响等元素的情况下，媒体会用最快的速度去回应和报道，并将这些信息传达给受众。受众在短时间内接受了大量的关于恐慌事件的同质信息，会产生许多负面感觉和情绪，然后媒体开始对事件进行深入的大篇幅的频繁报道，这些不断产生的负面情绪就会累积起来，若得不到有力的疏解，便会持续发酵，直到有一天，在某个事件点上爆发。美国的乔治·卡特利特·马歇尔（George Catlett Marshall）将军曾说："每一次大型的恐慌都是从很小的一件事上开始的。"这表明，一些原本被我们忽略的细小的因素，可能会产生重大的影响。缺乏对民众的负面情绪的考虑和引导，是媒介在恐慌事件报道中忽视和轻视的问题，却可能是引起报道外群体或社会性恐慌的导火索。

　　对恐慌事件的报道会引起人们的负面情绪，这些持负面情绪的受众之间，会通过各种方式相互感染，因为这是人们社会互动过程中难以避免的一种交互行为。情绪感染作为一种交互过程，指的是"人们通过捕捉他人的情绪来感知周边人的情感变化"①，目前的研究虽然已从对个体情绪感染机制的研究转向人与人之间，特别是群体成员间的情绪感染机制研究上，但对社会机构对群体负面情绪的影响却是空白的。事实上，很大程度上，大众传媒在恐慌事件报道中营造了一种恐慌的气氛，这种气氛弥漫在媒体报道中，通过报道感染了受众的情绪，并且情绪在他们之间互相传递和感染，最终建立或改变了受众对此类事件的刻板印象。加拿大学者曾对发生在本国 2006 年的一次事件做了框架研究，事件背景是有 400 名警察全副武装地在加拿大多伦多某处逮捕了 13 名成人和 4 名青少年，并认定他们是在从事恐怖主义活动。学者于是对事发之后的加拿大媒体的 225 篇专栏、社论和信件的内容分析，来分析公共言论引起了不理性的社会恐慌和对某些宗教追随者的怀疑。框架研究的结果是，发现了三个问题："（1）很多观点都没有包含原始的新闻报道；（2）很多社论和评论仅仅采用了政府、警察局等的口径，认为'国产恐怖主义'确实在加拿大存在；（3）记者和评论员的观点摇摆不定，在这些人被逮捕前和逮捕后，马上

---

① 王潇、李文忠、杜建刚：《情绪感染理论研究述评》，《心理科学进展》2010 年第 8 期。

就倾向于认为是某种宗教的结果"[1]，这些充斥着怀疑和先入为主的印象的报道，让受众对某一群体的偏见和负面情绪一直存在，这种情绪的集结，容易造成对某一群体的偏见和歧视，最终破坏的是媒介与受众之间的信任关系。

3. 造成群体恐慌和社会恐慌行为

媒体对恐慌事件的报道与群体和社会恐慌事件的发生之间，并没有绝对的必然的联系，但受众往往会质疑媒体对恐慌事件报道的内容和呈现方式，而恐慌事件也由于发生突然、对事件重大和对社会影响深远，而容易造成受众短时间的集体性围观，期间若是发生信息不透明和传播不对称的情况，容易引发更大的群体和社会恐慌情绪蔓延，甚至是极端行为。

2003的"SRAS"（传染性非典型肺炎）事件，从最初的"主流媒体不报"，到谣言满天飞和社会恐慌行为遍布，再到"政府公开信息，媒体如实报道"，全民众志成城抗击"SRAS"过后，也让政府相关职能部门和媒体重新思考并反省应对突发公共性卫生事件的态度和措施。单从信息传播的过程来看，"SRAS"初期的信息封闭，给各种谣言提供了传播机会和受众群体，也让这些谣言在很短时间内就通过人际传播和非专业、非主流和非传统媒体渠道散布开来，对人们心理造成恐惧的同时，也阻碍了真实信息的传播和接受。之后，主流媒体对病情和疾病预防情况或避而不谈、或隐晦带过、或顾左右而言他，再次错失辟谣和传播真实和理性信息的机会。于是，社会恐慌情绪经由一些小事情上升到非理性的群体行为，比如各地疯抢口罩、米醋等，同时继续伴随升级的关于病情蔓延和其严重程度的谣言，恐慌情绪继续发酵，人们求自保的不理性行为频繁发生，很多称为群体性行为，甚至影响了正常的社会运行秩序；主流和权威媒体这才站出来，开始及时公布病情、辟谣、传播正确的预防疾病知识和方法、号召和鼓励大家要正确对待这种疾病，并把视线放到与"SRAS"直接相关的群体上，比如医生、病患等，让受众能够更多元了解"SRAS"的真实情况。"SRAS"事件十年后，对这次事件中的政府和媒体的角色和行为及其造成的影响和结果，仍引起人们的广泛讨论。就如《南方人物周刊》在

---

[1] John miller、Cybele Sack：*The Toronto-18 Terror Case：Trial by Media? How Newspaper Opinion Framed Canada's Biggest Terrorism Case*，The International Journal of Diversity 2010（10）．

"'SRAS'10年"的专题报道中所说的:"如果一开始就有一个正常的应对机制,如果一开始就秉持公开透明的原则,最根本的,如果权力根源于人民对人民负责的认识能根植于各级政府理念之中,SARS所造成的威胁本来会小得多"①。

从媒体在社会恐慌事件报道中的角色和功能角度,如果说"非典"中的社会恐慌情绪和行为主要归因于信息的不透明,那么2011年3月日本大地震发生后,我国部分地区的"抢盐"闹剧,则更多来自于信息不对称。地震发生于日本,因其重要性和严重程度,媒体对这次地震给予了极大的关注,尤其是地震造成了福岛核电站的泄漏,更是有重大的新闻报道价值。但而后全国部分地区发生的"抢盐"事件,则给全社会上了一课。一方面,媒体把所有的精力都投入到客观、真实报道日本地震及其灾后核泄漏等危机报道上了:有报道资源的媒体,如中央电视台,对核泄漏进行了全方位的直播;没有报道资源的媒体,也从各个角度对这次地震及其而后的核泄漏进行了关注;另一方面,由地震引发的核泄漏危机造成的恐慌情绪却在社会中蔓延,最终在"抢盐"事件上爆发,并最终变成一场行为闹剧。称其为闹剧,一是因为其成为群体一致行为的酝酿时间很短,但覆盖面很广,之前无明显征兆;二是很多参与"抢盐"的个人或单位,动机各异,一些是由于真正害怕而寻求自保,更多的是从众行为,还有一些是毫无目的,纯粹图个心安。由此折射出国人的焦虑、紧张情绪和缺乏常识的弱点,以及媒体在对灾难性事件报道中对受众情绪的忽视,从而引发人们对媒体的社会功能和社会责任的反思。

媒介在恐慌事件中的报道和作用,以及其对受众的情绪、态度和行为的影响,正被广泛关注,主要原因是媒介恐慌的后遗症诸多,表现在受众怀疑情况加剧和社会认同感难建立上。当社会恐慌事件发生后,媒体对其铺天盖地的报道的同时,若是忽略了受众中隐藏的负面情绪和真正的信息需求,反而会加剧受众对信息和媒体的功能的怀疑,最终也无法建立起公众对事件的理性认知。

---

① 黄广明:《SARS10年改变的和未变的》,《南方人物周刊》2013年3月4日。

## 第四节 大众传播中的反智倾向

根据全球著名的韦氏辞典对"反智的"（anti-intellectual）[1] 这个词的历史考察和解释，"反智的"一词出现于 1936 年，意思是：对知识分子或有智性的观点和方法的反对或者敌意。之后，学术界开始正视"反智"现象，对其在各个领域的表现、原因、特点、影响等进行了广泛的研究。其中，美国历史学家霍夫斯塔（Richard Hofstadte）在《美国生活的反智主义》（*Anti-intellectualism in American*）一书中，将反智主义放入美国社会制度历史演变的大背景中进行了追根溯源式的考究，最终认为，在美国文化史中，反智主义再现并持续不断地发展。霍夫斯塔特的观点被认为"激励了后来的一大批对反智主义的社会根源和结果进行研究的人"[2]，而他的这部作品也因此获得了 1964 年的"普利策非小说作品奖"。至此，反智主义作为学术界专有名词和研究对象得到了正名。

之后的几十年间，对反智主义在哲学、社会学、文化学等各种学科中的研究都持续并深入地进行，有一大批学术成果，在撷取和耙梳这些成果时，发现反智主义，无论是作为存在在思想和文化中的态度，还是以某种特殊形式呈现的行为，起源并渗透于社会的各个领域，并通过各种形式表现。随着社会变迁，大众传播日益进入社会生活，人们与大众传播媒体及其提供的平台和传递的信息的关系日益紧密，反智主义也在悄然加快它进入大众传播的步伐。对此，对大众传播中的反智现象关注的学者们有很多认识、批判和反思。

就国外来说，波斯曼在 20 世纪 80 年代就表现出对"电视不需要我们动一点脑筋"[3] 的担忧，这是对当时以电视媒体为代表的新媒体内容的娱乐化趋势的警示；赫曼（Herman Edward）等关注的是新闻媒体的商业性

---

[1] Merriam-Webster's Collegiate Dictionary (Tenth Edition). Merriam-Webster, Incorporated, Springfield, Massachusetts, 2001, pp51. 此处的"知识分子"和"有智慧的"英文均为"intellectual"（作者注）。

[2] Daniel Rigney: *Three Kinds of Anti-Intellectualism: Rethinking Hofstadter*, *Sociological Inquiry* 1991 (61).

[3] [美] 尼尔·波兹曼：《娱乐至死》，章艳译，广西师范大学出版社 2004 年版，第 114 页。

会使它们"利用强大的力量来对公众话语进行控制,从而控制普通人的思考方式和思想"[1];朗(Long)则认为好莱坞创造了流行文化,但电影中对"学者的消极刻画和描述"[2]一定程度上也促进了反智主义在美国文化中的发展;美国的克劳森(Dane S. Claussen)教授在研究了二战以后(1944—1996)五本全国性的杂志[3]中关于高等教育的报道后,在《美国媒体中的反智主义简史》(*A Brief history of Anti-Intellectualism in American Media*)中表述了对杂志对高等教育的报道是如何反映和促进美国的反智主义的,并且探讨了这些流行印刷媒体如何阻止这种反智倾向。

目光转向中国,大众传播中的反智主义研究前期主要集中在对媒介及其内容的批判性解读上,如对大众传媒内容的过度娱乐化的批判;对媒体的制作水平的低下和手段的拙劣等的批评;对媒体过分追求速度和效果而牺牲品质和深度的批评等。而后,从对现象的批判上升到本质的省思,反映在中国大陆和香港、台湾等地的研究中:邵培仁等认为"讯息的反智倾向"[4]是导致媒体弱智的主要原因之一;张天潘在《中国式反智的反思》一文中对著名电影中的反智倾向进行了批判,同时对出现在中国网络上的"病态反智"[5]进行了猛烈的抨击;姚永安则批评香港媒体在娱乐工业的影响下推动的价值,即"反智、认可专制、讲求特权和歧视弱势群体"[6];杨玛利在台湾《天涯》杂志中毫不客气地为台湾地区媒体列了八条罪名,并提醒读者注意思考台湾媒体是否有"集体日益走向反智与弱智的倾向"[7]。

对反智主义的研究中,我们可以看到:一方面,反智主义作为一种态度和现象,已然存在于包括大众传播活动在内的社会生活的各个方面,并对社会发展有着重要的影响;另一方面,对大众传播中的反智主义的研

---

[1] Daniel Rigney: *Three Kinds of Anti-Intellectualism: Rethinking Hofstadter*, Sociological Inquiry 1991 (61).

[2] Long, C.D.: '*It Came from Hollywood: Popular Culture Casts Professors in a Negative Light*', Academe 1996 (82).

[3] 这五本美国杂志分别是:《生活》《读者文摘》《时代》《女性家庭期刊》《全国商业》。

[4] 邵培仁、邱戈:《媒体弱智:是社会咒语还是媒体现实》,《浙江学刊》2006年第1期。

[5] 张天潘:《中国式反智的反思》,《南风窗》官网,[2013年2月1日] http://www.nfcmag.com/articles/2406/page/2。

[6] 姚永安:《香港媒介的反智文化》,《传媒透视》2002年3月。

[7] 杨玛利:《弱智媒体,大家一起来误国》,《天下》2002年第4期。

究，虽然成果众多，但未能形成完整的体系，现有的研究都只是在某个面向上对反智主义在大众传播或媒体中的表现和趋势进行了分析，并没有勾画出全景图。基于这样的现状，再结合传播学、社会学理论以及媒体、信息和受众互动关系实况，本选题将对大众传播中的反智主义做一个深入和全面的剖析。

## 一 求智到反智：大众传播怎么了

要看清一个事物的整体和全貌，首先就要对它进行定义。福柯对概念进行追溯后认为概念的形成"既不应该归结于理想性的范围，也不应该归结于观念的经验型发展"[1]，一定程度上表明了概念形成的复杂程度。正如上文提到的，美国的霍夫斯塔特虽被认为对美国社会的反智主义进行了刨根究底式的研究，但他的研究却因为对核心概念"智性"（intellect）和"反智主义"（anti-intellectualism）语焉不详而一度被罗森博格（Rosenberg）认为"从理论角度来说，该书不够聚焦"[2]。若干年后，圣玛丽大学的丹尼尔（Daniel Rigney）教授对罗森博格的论断也没有反驳，但他用清晰明了的框架对霍夫斯塔特的文章进行了总结和归纳，认为霍式是在做一个对知识社会学调查，并清晰地区分了三种类型的反智主义，即"反理性主义、反精英主义和草率的工具主义"[3]，这也可视为丹尼尔对霍氏反智主义的表现形式的重新解读，而且在此基础上又将对教育和大众传播的反思放入了文章中。在用波斯曼的观点做隐喻后，他提出反智主义的第四种类型是"草率的享乐主义"[4]。大众传媒对智慧的影响很多样化和不确定，因为"一方面，大众传媒能将信息完全传给公众，而另一方面，大众传媒在传递时将很多信息提前解读和消化，帮信息接受者节省了要消化和解读的时间"，但他同时认为后者就会导致"接受者没有热情再去提

---

[1] ［法］米歇尔·福柯：《知识考古学》，谢强、马月译，生活·读书·新知三联书店1998年版，第79页。

[2] Rosenberg, Harold: *Two for the Seesaw: The Intellectual and the Common Man*. New York Times Book Review 1963, pp. 6-7.

[3] Daniel Rigney: *Three Kinds of Anti-Intellectualism: Rethinking Hofstadter*, Sociological Inquiry 1991 (61). 此处原文为"anti-rationalism, anti-elitism, and unreflective instrumentalism"。

[4] Daniel Rigney: *Three Kinds of Anti-Intellectualism: Rethinking Hofstadter*, Sociological Inquiry 1991 (61). 此处原文为"unreflective hedonism"。

高批判的思考能力"[1]。遵循这些学者的研究思路和线索,我们可以将大众传播中的反智主义的表现归为四类,即反理性主义、反精英主义、功利主义(实用主义)和娱乐至上。

1. 反理性主义

理性主义的概念来源于哲学的认识论,认为可以将推理作为知识或理由的来源之一,这就意味着,知识和理由是需要通过推理、推究和推演来完成的,因此理性主义与感性、感觉、情绪等词处于壁垒分明的两派。大众传播作为一个负载信息和符号的中介体,发展至今已经形成了比较系统化的流程,每种传播媒介都有各自的载体特性,大众传播中的反理性主义主要体现在过分情感化和反对科学上。

(1) 情绪化的大众传播

认知心理学告诉我们,感性认识是人类认识过程的一部分,通常人们通过感性认识到达理性认识;同样的,在文学领域,夹杂着优美和感性的文字的散文等文体,总是能以情动人。但是,理性主义并不意味着拒绝和排斥感性认识,恰恰相反,通过低层次的感性认识,上升到高层次的理性认识,这是人类认识的必经之路。但是,在如今的大众传播领域,我们经常看到的却是过分的感性和情感化,用感性认识代替理性认识,这才是被人诟病的反理性主义。

如今的大众传播媒体在变得日益情绪化。《论语》里有经典名句:"动之以情,晓之以理",媒体也深谙此道,但花费了大量的时间在"动之以情",因此若看到主播在播新闻,时而和颜悦色、时而怒目以对、时而捶胸顿足、时而哭、时而笑时,千万别误以为你在看电视剧,那是主播在对你"动之以情";或者某天忽然看到电视上有人拿着某个手机,讲一大堆赞美之词,最后声嘶力竭地告诉你,再不打电话你就将遗憾终生时,是电视购物的导购专家在"动情表演";抑或是报纸和杂志上的图片篇幅明显多于汉字时,也别吃惊,那是纸质媒体用图片来打动你的典型方式。媒体的初衷毋庸质疑,想通过"动之以情"来获取受众的"共情理解"[2]。

---

[1] Daniel Rigney: Three Kinds of Anti-Intellectualism: Rethinking Hofstadter, Sociological Inquiry 1991 (61).

[2] [美] 卡尔·R. 罗杰斯:《个人形成论:我的心理治疗观》,杨广学、尤娜、潘福勒译,中国人民大学出版社2004年版,第56页。

但是，大众传播不是心理治疗，传播者也不是治疗师，况且，"共情"的最终目的是借由感性认识，最终形成理性认知。很可惜，如今的大众传播经常止步于感性认识，因此媒体通常让人感觉情绪化和神经质，而这种状况如果持续发展下去，就会造成受众和整合社会的急躁、消极、低落甚至恐慌。

（2）反对科学

理性主义对知识获取的方法论要求很严苛，要通过推理和推演来完成，而这被认为是进行科学研究的方法论的一种，被誉为"科学之光"的培根曾说："为要钻入自然的内部和深处，必须使概念和原理都是通过一条更为确实和更有保障的道德从事物中引申而得；必须替智力的动作寻找一个更好和更精确的方法"[1]。也就是说科学需要从世俗的概念中走出来，在严密的推理、论证、归纳等方法下找到真理。大众传播的非科学性，并不是说大众传播或传播者宣称反对科学，事实上，我们看到的是相反的情况，即大众传播机构和学校一样，在大力宣扬科学，号召年轻人要有科学的精神。但大众传播机构在进行传播时，有没有科学的精神？有没有采用科学的方法？那就是另一回事了。

大众传播中的反科学主要体现为对信息和资讯进行既定的、武断的和无果的判断和处理。对信息的既定的处理主要是指出于各种目的，对新闻和资讯进行简单和世俗的处理，表现在报道结构上就是缺失新闻源和关键信息；在本选题上就是逻辑性不强，前后不通，有果无因。大众传播中的武断性主要在于"不求甚解"，为了追求新闻的速度与数量，媒体通常采取或全盘接受不细究，或断章取义不深究，或全部数据证据堆砌不研究。台湾《天涯》杂志"控诉"台湾媒体的其中一条就是"倾向有闻必录，查证不足"[2]。还有一种是对信息的无果处理，如今传媒的发达造就了信息的泛滥和爆炸，对一天接受大量信息的受众来说，难免会有浮躁心理，而有些媒体就利用受众的这一弱点，为新闻而新闻，忘记了记者"冷眼看世界"和"努力寻求真相"的职业特性。于是，大量的无果和同质化信息充斥着传媒市场，这一定程度上又增加了受众对信息的负荷。在这样的情况下，记者和媒体疲于奔命、受众感官和思维疲劳、信息同质僵化，最

---

[1] ［英］弗兰西斯·培根：《新工具》，许宝骙译，商务印书馆1984年版，第6页。

[2] 杨玛利：《弱智媒体，大家一起来误国》，《天下》2002年第4期。

终会使社会患上"信息麻木症"或"信息失忆症"等。

2. 反精英主义

反精英主义是反智主义的表现和类型之一，这是结合反智主义的词源以及众多学者对它进行的解读后得出的普遍结论，但这个因素却是大众传播中的反智主义研究的一个最容易受到争议的方面。首先，从词源上说，根据牛津词典的解释，"智性"（intellectualism）一词的意思是，"以情感为代价的智慧和智慧的人的活动"①，它本意就暗含了智慧和有智慧的人，而有智慧的人通常被认为是社会的精英。其次，从学者的研究看，Rigney 教授根据霍夫斯塔特的研究对"反精英主义"做出的理解是"在任何一个有民主追求的社会里，我们都期待能有人对一个受过良好教育的精英声称拥有优质知识（superior knowledge）或才智（wisdom）产生怀疑和不信任，尤其是这种声称被怀疑已经沦为特权阶级的服务工具时"②。因此，反精英主义主要是站在政治角度，反对与特权阶级有关的精英分子掌握知识后对人民进行统治或操控，其实更深层的就是反对不平等和专制主义，要求自由和平等。再次，大众传播中的反精英主义通常由于代表"普通人的利益"去抨击和打碎精英阶层对知识和财富的垄断和控制而受到民众的狂热追捧，这种思想如果在特殊的国家和政治体制中，会有极端的反应。但这种对反精英主义的推崇，是将反精英主义的概念逆用，即期望通过反精英主义和反智主义来达到民主和自由。愿望是美好的，但却偷换了概念，因为民主和自由不是仅靠反精英主义就能实现的。而且，反精英主义意味着反对智慧和有智慧的人，表现为怀疑知识和权威、怀疑甚至敌视知识分子。

（1）怀疑权威、反对智识

对权威的怀疑和反对是每个社会都会出现的一种现象，当社会日渐开放和民主，当人们的知识储备和认知日渐提高，就必然会对以前懵懂时被"植入"和"灌输"的信息和知识进行怀疑；这里的智识，除了智慧外，更多侧重于指认识和认知。

---

① Elizabeth J. Jewell and Frank Abate: *The New Oxford American Dictionary*, Oxford University Press 2001. pp. 882.

② Daniel Rigney: *Three Kinds of Anti-Intellectualism: Rethinking Hofstadter*, Sociological Inquiry 1991（61）.

大众传播中的怀疑权威和反对智识主要表现在对复杂和专业知识的不耐烦；对经典和权威文本的怀疑、蔑视甚至颠覆；对信息认知的肤浅和表面。作为一个社会中的个体，我们的认识过程总是遵循由浅入深、由简入繁、由表及里的规律，对抽象、深刻、复杂的知识总是有着天然的抗拒性，但如果大众传播媒体也因此对这些知识和信息望而却步的话，那么整个受众群的认识就无法提高。而事实上，正如某些学者所说，大众传媒似乎迫不及待地要把所有信息都解读，目的是节约信息消费者的时间，让消费者能接受更多的信息和资讯。但事实上，一方面，大众传媒总是过于简单地帮助解读事件；另一方面，这种令人窒息的传播，阻碍了受众的主动思考能力，最终影响了他们获取自己的认知。而对经典和权威本选题的怀疑的案例就更加不胜枚举了，尤其是在守门人普遍缺席或失职的互联网上，各种对经典文本的"讽刺挖苦""戏谑""恶搞"等，戴着"娱乐大众"的假面具，肆无忌惮、横行霸道，实际上最终影响了受众，尤其是媒体经验较少、媒体认知能力较低的那部分受众的正确全面理解信息、主动思考探索认知的能力。

（2）反对和敌视知识分子

由于大众传播中弥漫着对权威和智识的怀疑和反对、对传统文化和经典文本的重构和颠覆、对思考和探索能力的忽略和蔑视，所以大众传播过程或内容中对知识分子的定义也是矛盾、分裂和不严肃的，而知识分子的被妖魔化、被异化、被解构的趋势也更加助长了对权威和智慧的质疑和反对，这就形成了一个恶性循环。

近年来，有很多学者用实证的方法对出现在大众媒体上的文本进行内容分析，其中包括研究电视节目中知识分子的形象、杂志封面上的知识分子形象、知识分子集中的高等学府和高等教育在大众传媒上的呈现等，这些结果最终都指向一个相对负面的知识分子和高等教育形象。在大众传播媒体和产品的话语体系里，知识分子的形象普遍[1]是与"真实"世界隔绝的，"疯狂的或腐败""反社会的""讨厌鬼"；而知识分子在媒体上，如在美国排名前十位的电视脱口秀节目中的"平均发言时间很少""与普通观

---

[1] 转译于 Lisa B. Holderman：*Media-Constructed Anti-Intellectualism: The Portrayal of Experts in Popular US Television Talk Shows*，*The New Jersey Journal of Communication* 2003（11）。

众分离的""经常被主持人打断"①;在克劳森的研究中,美国五大全国性的涵盖政治、经济、家庭等各领域杂志,自1944年后,对美国高等教育的报道的偏向性非常明显,这些报道中几乎没有涉及高等教育的核心功能(作者认为是"教学、学习、调查、思考、辩论、研究、写作"②),取而代之的,是对就业、游乐、宗教、结婚、抗议等的过度关注,而这,被作者认为是反智的并且有不良导向的影响。所有这些,都彰显着一种尴尬的事实,即我们在一个经济发展、社会进步的社会,但我们已经越来越不需要知识和知识分子了。

3. 功利主义

霍夫斯塔特认为美国的反智主义还有一种存在于资本主义制度下的经济机构的思维方式,即"不能立刻产生经济效益的思想会贬值"③。这种被丹尼尔解读为"草率的工具主义"的思维方式与狭义的功利主义相近。实际上,功利主义是一个哲学伦理范畴的词,意思是人类行为的目的就是追求全体幸福的最大化,因此,要衡量一个行为的道德价值只能通过知道行为所产生的后果才可以。功利主义作为一种思维逻辑,无论其合理与否,至少为涉及道德范畴的诸如公正、公平、正义等概念提供了衡量标准,但我们这里指的功利主义并不局限于哲学范围,更多的是从功利主义的特点和带来的后果来观照大众传播的过程、媒体行为和受众反馈。

(1) 讲求效率,忽视灵魂责任

关于新闻的真实性和时效性问题,既然是新闻学理论学习的首要内容,也是新闻学实践中一直在讨论和争论的话题,还是新闻工作中在实际操作中经常权衡博弈思考的内容。新闻学理论中对时效性和真实性是这么表述的:"事实是第一性的,新闻是第二性的,变动是新闻之母"④。时效性是新闻学的基本问题,真实性是新闻学的灵魂。当然,大众传播研究至今,对大众传播媒体的真实性的研究,已经有了多种面向,也有学者从社会建构论的角度解读了真实,认为媒体通过客观真实、符号真实和个人主

---

① Lisa B. Holderman: *Media-Constructed Anti-Intellectualism: The Portrayal of Experts in Popular US Television Talk Shows*, The New Jersey Journal of Communication 2003 (11).

② Dane S. Claussen: *A Brief History of Anti-Intellectualism in American Media—Magazines and Higher Education*, Peter Lang 2004.

③ Richard Hofstadter: *Anti-intellectualism in American Life*, Alfred A. Knopf 1963.

④ 李良荣:《新闻学概论》,复旦大学出版社2001年版,第30—31页。

观真实建构了社会真实，而这几种真实之间具有互动关系①。因此，目前的研究中，新闻的真实性研究通常跟建构主义、议题设置等相关，而时效性通常跟新闻的其他价值，诸如趣味、贴近等相关。在媒介日益进入市场、媒介产品成为商品、受众被认为是信息消费者的时代，大众传播媒体在激烈的竞争中，为了追求快速和效率，往往会顾此失彼，而新闻或信息的失真、变形、扭曲、异变等更是经常发生，更别说娱乐化、趣味化、浅薄化等这些价值偏向了，而可怜的受众在这种乱象中，任由摆布，最终失去思考能力。

(2) 追求利益，放弃社会责任

如果说时效性和真实性无法很好平衡是一种新闻社会职业病的话，那么经济利益和社会责任无法平衡就是一种道德沦丧的悲哀了。曾几何时，新闻媒体作为"第四权力""无冕之王"等，给受众和整个社会带来了一股清流，让我们在快速的社会经济发展中不至于迷失得太远，然而，之后发展的一切，可能让很多人都始料未及，大众传播机构以迅雷不及掩耳之势快速融入社会经济中，发展传媒经济、拓展传媒业务等成了时代的主旋律，原本属于传媒业的伴生品的广告业登堂入室，它掌握着报纸杂志、广播电台、网站等的生杀大权，事实上，很多百年的企业，如美国的《读者文摘》等都已经在经济的大潮中被吞没了。于是，各大媒体都在不断地应变，一方面，努力制作好的内容吸引观众，不遗余力进行营销和宣传，以获取广告商的青睐；另一方面，在内容和理念上不断地为广告和经济利益让位。于是，我们看到：报纸头版已经让位于广告和图片了；杂志越来越厚，却越来越没有内容；电视已变成了广告中插播电视剧；等等。经济效益至上的年代，口口声声说为受众不断调整内容和传播方式，事实上，它们只是对广告商负责而已。

4. 娱乐至上

娱乐只是大众传播的其中一个功能，而且娱乐的本质也是为了能更好地分析、思考和解决问题，最终促进全社会的智力增长和智慧增加。但大众传播目前已经走入了娱乐的旋涡中无法自拔，波斯曼早在20世纪初90年代就写了《娱乐至死》，抨击过度娱乐化带来的问题，并提出了自己的

---

① 转引自陈静茹、蔡美瑛《全球暖和与京都议定书议题框架之研究——以2001—2007年纽约时报新闻为例》，台湾政治大学《新闻学研究》100期。

警告，即我们热爱的东西，比如娱乐，可能最终会毁了我们，但20多年过去了，娱乐仍然是大众传播媒介的主流内容，甚至有了更变本加厉式的发展，从内容到形式，从主题到本质，从语言到画面，都在迅速进入"娱乐化工厂"，在这个工厂里，没有严肃与非严肃之分，没有高雅与低俗之别，有的就是娱乐，至于能留下什么，那可不能保证。

于是，不管学术界如何批判媒体和传播的娱乐化，说"弱智""低俗""媚俗"等，都不能阻止继续娱乐的脚步；不管有识之士如何奔走呼告，说"童年之死""童年的消逝""没有童年的童年"，大众传播媒体及其技术发展照样很快将所有的儿童以及言论吞没到无休止的互联网浪潮中，因为那里有游戏、有朋友、有乐趣，有一切在现实社会中得不到的东西，只不过都是虚拟的；也不论有警觉的知识分子如何提醒大家注意，提防"群体的狂欢"和"个体的迷失"，也不能阻止网民在"病态反智"中将所有教授都变成了"叫兽"、专家变成了"砖家"、商人富人变成了"为富不仁"等①，还自鸣得意地为自己发明的新词汇感到欢欣雀跃。于是，在这种娱乐化的浪潮中，有识之士、有智之声、有能之人统统在由媒体和受众制造的虚幻的狂欢中失去声音、失去话语权。

## 二 把脉：大众传播中为什么会反智

鉴于大众传播中的反智现象越来越普遍和严重，需要我们追根溯源去找寻内在的成因。大众传播中的反智现象的表现有很多，各自的特征也不尽相同。若是从具体的现象的微观原因去找寻，也许会丧失全面和整体观感，因此，须从时代的脉动入手，探究其深层次的宏观成因。

### 1. 工业和后工业社会的断裂

我们处在一个不同寻常的时代：社会结构、政治及体制、文化等都在进行激烈的变化，出现了与过往时代都不同的一些新特征，这些新特征被描述为"后工业时代"的特征。贝尔曾通过对这两个时代在社会结构、政体和文化方面的转变进行详细的分析，从而勾勒出具备三大基本要素的后工业社会的图景：从制造业转向服务业的经济部门；以科学为基础的新

---

① 张天潘：《中国式反智的反思》，《南风窗》官网，[2013年3月1日] http://www.nfcmag.com/articles/2406/page/2。

型工业占据中心地位；出现新的技术名流并产生新的阶级划分原则[①]。贝尔进一步阐述了在这样的社会特征下，"英才"成为社会的基础，而由此产生的对教育、收入、地位，甚至平等和公平的重新定义，也成了必须。但是，这种重新定义会带来很多问题，至少，对社会的原有体制来说，一种矛盾、混乱、恐惧就会产生。而且新的社会也会产生新的价值观和生活态度的变化，这些都是被认为是一场革命。在这样时代交替的时刻，新旧体制、思想和文化一起存在和抗衡，一定会出现各种裂痕，会出现各领域的"反常规性"，大众传播中的反智主义便是"反常规性"的表现之一，它最终体现的是一种文化矛盾。

2. 技术与文明的割裂

如果说工业与后工业时代的背景为大众传播中的反智现象提供了滋生和壮大的土壤，那么，技术与文明之间的断裂则是直接推动力。技术、文化与文明之间的关系贯穿着整个科技史和人类文明史，我们在赞叹和享受技术进步给社会和生活带来的改变和便利时，也在反思技术进步对文化和文明是否有副作用。也有学者通过详细的考究和论证，证明代表技术进步的"'自动化'与'潜意识的自我'之间，有着不祥的联系"[②]。无论怎样，技术与文明之间，不会同步进退，它们之间，总有着复杂而密切的联系。在大众传播技术发展过程中，每一种新的传播媒介的诞生和普及都带来了新的传播方式和样态，但也给人类文化和文明发展带去新的问题。技术发展是一种历史的必然和人类智慧的进步，但谁、如何、在哪里使用技术却决定了其对人类社会的作用。大众传播中的种种反智倾向和现象也是如此，假如传播者有足够的意识和能力对传播内容进行合理引导，假如受众不会因为这种有意或无意的反智而受到影响，假如社会整体文明已经到达某种程度的理性、纠错和有序时，那么，反智对整个社会就不会产生太大的负面影响，而事实并非如此。因此，技术和文明之间总是存在一定的断层和裂缝，这个裂缝造成的鸿沟和距离需要政府政策、社会教育、学校和家庭教育以及个人素养的引导、支持和提高去弥补和填平。

---

[①] [美] 丹尼尔·贝尔：《后工业时代的来临》，彭强译，科学普及出版社1986年版，第152页。

[②] [美] 刘易斯·芒福德：《技术与文明》，陈允明等译，中国建筑工业出版社2009年版，导言。

# 第七章

# 公共空间的重建和信任的修复：在社会性媒体上的实践

大众传播中的怀疑现象无时不在、无处不在，它体现在媒体在信源的相信和选择上，对传播技术的使用上，对受众的把握和判断上，更表现为点滴积累起来的受众对媒体的不信任，对信息真实性、重要性和有用性的质疑和对传播过程和技术的偏向的怀疑上，所有这些怀疑都渗透在社会普遍的不信任关系中，折射出公众对各种权力的不信任。然而，媒体及其大众传播作为公众了解世界和社会的一种方式，早已与人们的其他生活方式捆绑，如早餐和报纸、客厅和电视、私家车和电台，以及如今的与任何生活方式都可以匹配的手机。公众离不开媒体已是既定事实，那就只能努力改善、调节和修复两者之间的关系。然而，诚如信任关系的建立需要很长的时间以及双方的关系改善，修复信任关系可能需要更多的时间，首先要先找到造成和导致不信任发生的点滴因素及其积累质变过程，再对其进行有针对性的修正和改变，最后在时间的检验和累积中修复信任关系。并且，在关系修复过程中，还要面临社会环境的变化，以及旧的不信任现象的反复和新的不信任现象和因素的出现。当然，信任修复的过程非一蹴而就，还是要密切关注大众传播界出现的种种新的现象，尤其是发生在逐渐成形和成熟的社会性媒体平台上的一些传播实践活动，它们给媒介与受众的信任关系的修复带来一种新的可能和现象空间。

作为一种新的媒介形式，对社会性媒体的定义莫衷一是。"社会性媒体"一词来自于西方的"Social Media"，在国内的翻译版本中，出现了"社交媒体""社会性网络服务（SNS）""社会化媒体""社会性媒体"等版本。社会性媒体的三个核心要素，如前文所述，是Web2.0、UGC和社交网络（Social Networks）。在此基础上，再来看国内的翻译，现在存在的版本各有侧重。

## 第七章 公共空间的重建和信任的修复：在社会性媒体上的实践

"社会性网络服务"，即 SNS，侧重于技术属性。首先，它是基于互联网的。形式上，它可以是一个平台，如各大门户网站均提供博客页面；也可以是一项在线服务，如新浪微博提供在线的评论和转发；还可以是一个网站，主要用于社交和互动的，如开心网和校内网。其次，它是一种网络服务，而这项服务主要依赖于技术的进步和用户的创造。技术层面，计算机终端的日益多样化、普及化、移动化和小型化；互联网软件的不断更新迭代、优化精确；网络服务理念的日益深入以及云计算等新的模型的出现是社会性网络服务出现的基础和前提。内容层面，网民不断提高的体验、参与、分享意识和深入的网络互动行为，在出现一大批博主、播客、拍客、切客等的同时，也丰富了社会性网络站点和平台的内容，伴随着Web2.0 理念的深化，"用户创造内容"（UGC）也因此成为社会性网络服务的本质和核心。

"社会化媒体"和"社会性媒体"，侧重于媒体属性。这里的媒体，指的是大众传播媒体，即与报纸媒体、广播电视媒体同等功能和形式的。大众传播是职业传播者和传播机构通过大众传播媒介向大众提供信息、知识、观念、娱乐等的过程[1]。虽然，社会化媒体与一般意义上的新闻媒体不同，但其身上具有很多的媒体属性。从传播者角度审视，社会化媒体的传播者虽不一定是职业的记者或编辑，但其对新闻事件的敏锐度和视角，有时候比职业的新闻工作者更加专业和独特，再加上网络空间的开放性，很多职业的记者和编辑都使用社会化媒体，以此为平台发布信息，或在上面寻找新闻线索。一些社会化媒体网站，也顺应趋势，为职业新闻工作者提供各项服务和应用，以求让社会化媒体在新闻报道和大众传播中发挥更为重要的作用，比如推特最近发布的"新闻编辑中心"服务，就专供网上各路记者搜集整理信息使用[2]，而新浪微博最近上线的"微博辟谣"功能，更是建立了网络媒体新闻守门人的雏形。从受众角度审视，报纸、杂志等这样的大众传播媒体总是用发行量、订阅量和阅读量来体现其大众传播特性，而社会化媒体也有类似的体现。从官方数据上看，AC 尼尔森公司 2010 年 6 月发布的《亚太区社交媒体趋势研究》中称，74%的全球网民访问社交网站或博客网站，其中，社交网络平均每月访问时长约为 6 小

---

[1] 邵培仁：《传播学》，高等教育出版社 2000 年版，第 63 页。
[2] 魏挥武：《社交网络 VS 社会化媒体》，《第一财经日报》，2011 年 6 月 30 日 C01 版。

时。从细节看，社会化媒体用"粉丝"或"关注"的形式来表现用户对信息或传播者的关注程度，在新浪微博上，某些媒体的官方账号的关注数早已超过该媒体的订阅用户或收看用户总数了。从传播结果看，某些在社会化媒体上先产生的信息，经过快速传播和渗透后，已经成为了社会舆论的热点问题了，如"郭美美与红十字会事件"，虽然事件的背后有着很深层次的体制和社会问题，但从事件的起源看，引爆点就在于郭美美发在新浪微博上的内容引起了受众的关注，经过多方关注和多层挖掘后，最后成为一个全民关注的新闻事件了。这一切，都使社会性媒体具有了很强烈的媒体倾向和属性。

"社交媒体"，侧重于功能性。参见现在对社会化媒体的分类标准，基本上分为博客、维基、论坛、社交网络、播客、微型博客、内容社区这七种形式[1]，这七种形式有一个共同的特征，即用户在互动中创造内容，在社交媒体上的互动比其他任何一种媒体都频繁、直接和透明。正如社会系统是由个人的相互作用构成的，各个成员既是行动者又是其他行动者和他自己的作用对象[2]，社交媒体中的每一个人，都在与他人互动中确立目标、形成观点和态度。虽然，如今的大众传播媒体比以往任何一个时候都重视受众，强调与受众的互动，但只有社交媒体，才能真正做到类似于人际传播式的互动。

对社会化媒体的概念追溯，能厘清学术界对这种新的媒体形式的研究，也有利于从不同维度理解社交媒体的内涵、特性和影响力。将新近出现的这七类基于互联网的新事物，视为大众传播工具和平台，研究其在信息传播过程中的作用和功能，以及各种社会力量在这些平台上的大众传播行为，我们能够看到，这个新形成的平台上出现了很多新现象，并且出现了能够帮助修复信任关系的元素。

# 第一节 大数据视角下的信息面向：以南京持枪抢劫案的报道为例

大数据（big data）是近几年来提出的一个新概念，用来描述信息时

---

[1] 张哲：《社会化媒体对传播方式的影响分析》，《人民论坛》2011年第八期。
[2] 苏国勋、刘小枫主编：《社会理论的开端和终结》（Ⅱ），华东师范大学出版社2005年版，第7页。

第七章　公共空间的重建和信任的修复：在社会性媒体上的实践　173

代产生的海量信息，以及其体现的价值和意义。大数据的来源很丰富，既可以是互联网上各类数据；也可以是来自物联网，还可以是来自互联网运营商和天文望远镜拍摄的图像、卫星云图等。英国的数据科学家维克托·迈尔·舍恩伯格（Viktor Mayer-Schönberger）曾在《经济学人》杂志上撰文详解大数据概念，他认为大数据时代和古登堡所开创的印刷传播时代一样，都导致了技术和国家角色之间的关系改变。他进一步提出大数据时代可能需要制定的六方面规则："隐私、安全、记忆、过程、所有制和信息整合"①。大数据有四个特点，业界总结为"4V"，分别是大量（volume）、多样（variety）、价值（value）、快速（velocity），对新闻传播业的大数据而言，大量意味着信息多；多样表示信息传播的面向多元；价值则说明了数据的重要性；快速是对传播速度提出了更高的要求。

大数据目前在各行业都被广泛提及和应用：互联网业界对大数据进行各种技术创新和商业挖掘，并从中探索出利用这些大数据的新模式；商界利用大数据及其分析对客户进行精准定位和营销，如麦肯锡在2011年发布了一份报告《大数据：创新、竞争和生活力的下一个新领域》；国家和社会公共机构，通过对来自各行业的海量数据的分析来制定政策、调节福利，如美国政府已经启动了data.gov网站，上面提供了各种类别和形式的政府数据供公众下载并研究。在各界纷纷拿大数据作为新产业和新模式的试金石时，新闻传播业面对大数据，应该树立这样一些观念：首先，新闻事件的背后都有宏大的信息流在支撑；其次，这些信息都呈现出多样的面向，需要我们用独特的方法去梳理；再次，交叉研究能了解这个主题的信息的互相之间的关系。

"南京持枪抢劫案"发生于2012年1月6日，一名男子从南京某银行取款出来后被一歹徒枪击后死亡，所取的巨额款项被抢走，歹徒则迅速逃离现场。事件经媒体曝光后，消息迅速扩散，并经公安部确定，认定南京犯案嫌犯与之前发生在全国各地的六起抢劫杀人案系同一人，随后，公安机关在各地广发通缉令，也通过媒体向社会报告事件进展、征集案件线索，最终，案犯周克华在同年8月，被便衣警察在重庆击毙。从案发到击毙，历时半年多，由于案件性质恶劣、后果严重和波及省份众多，在社会

---

① 编辑部：*New rules for big data*，《经济学人》英文版官网，[2013年3月1日]，http://www.economist.com/node/15557487。

上引起了广泛的关注,再加上大众传媒对案件进展、细节和结果的关注,更是让受众在一段时间内忧心忡忡,热切盼望得知案件的每一个细节。尤其是这个案件在社会性媒体上的指数级和扩散性传播,更使公众对它的关注度节节攀升。此次案件最终水落石出,但在半年多的时间内,围绕案件的一个宏大信息圈逐渐形成,并且直到案件结束,信息圈外延仍在不断扩展。

## 一 宏大信息流迅速引发围观

在社会性媒体没有普及并被广泛应用于信息传播之前,受众主要通过人际交往和传统媒体来了解事件,信源也由传统媒体来掌控,信息经由信源到传统媒体,最终由媒体将信息元素排列组合后,传递给受众。传播者和受众之间在信息的认知上,既有时间上的先后,又有空间上的距离。社会性媒体出现后,信息传播过程和互动模式发生了变化。表现在时间上,传播者和受众之间的时间差逐渐缩短,原先的信源有了直接发布信息的机会,它们绕过传统媒体,直接将信息发布;在空间上,两者之间的空间距离也在缩小,所有人都处于同一空间维度来获取信息,信息被遮蔽和掩盖的可能性较小。这些变化,最终表现在社会性媒体平台上,就是围绕事件的信息数据量会在短时间内聚集、事件相关信息面向多样、与事件相关的信息也会在外延发挥影响。

1. 事件在互联网上的宏观反映

传统媒体上的信息传播,信息的数量受到版面、时间和空间的限制,要了解受众的接受习惯,也只能通过订阅率、视听率和问卷调查来获得,无法涵盖对信息和资讯的实际到达率和认知率,也无法获得对信息传播过程中的传受关系的演变轨迹。在互联网媒体上,信息发布的迅速和便捷,以及超链接等的技术支持,使得信息量无限膨胀,同时,利用一些工具,还可以获取事件在互联网平台上的传播趋势和发展特点。

百度指数就是这样一种开放的互联网工具,它可以反映关键词在过去一段时间内的网络曝光率及用户关注度,同时,还提供了相关关键词检索、地区分布和人群属性(性别、年龄、学历)。根据百度官方的介绍,数据是基于百度网页搜索和百度新闻搜索的海量数据而来的,且每天更新一次。在百度新闻搜索和百度指数中,分别输入"周克华"和"南京持枪抢劫"这两个关键词,百度新闻搜索中关于"周克华"的新闻是

第七章 公共空间的重建和信任的修复：在社会性媒体上的实践 175

318000 篇（2013 年 2 月 1 日），关于"南京持枪抢劫"的新闻是 30300 篇（2013 年 2 月 1 日），这两个数据直观地反映了媒体对于这起案件的关注程度和信息量。百度指数中，更多反映的是网民和媒体对案件关注度的历时性演变，并得到分析数据表。

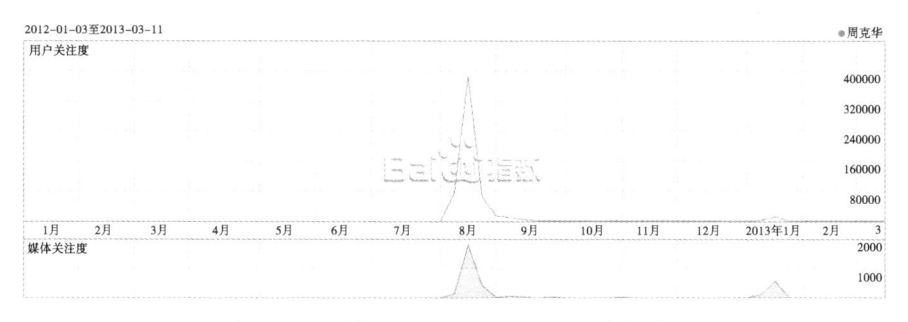

图 7.1 关键词为"周克华"的百度指数

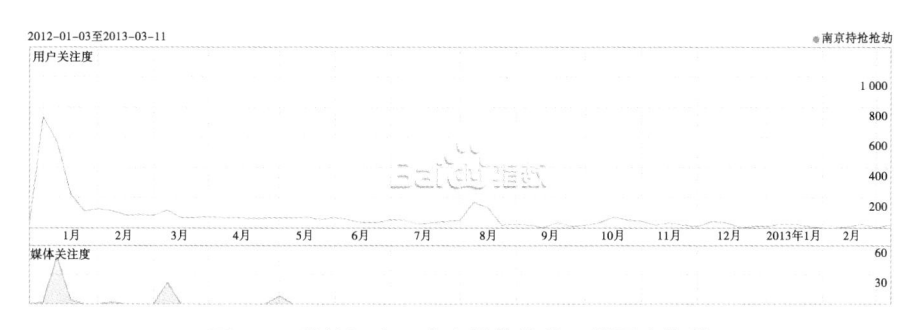

图 7.2 关键词为"南京持枪抢劫"的百度指数

从以上两图，可以看到，媒体和用户关注的频率基本一致。需要说明的是，媒体在不知道案犯的名字时，都是用"南京持枪抢劫"做关键词的，但当确定案犯后，媒体和受众都更倾向于用案犯名字做关键词。"南京持枪抢劫"和"周克华"的峰值分别出现在案发时和被击毙时。对"南京持枪抢劫"这个关键词，受众在一年间都有陆续关注，但媒体在经历了几个频繁报道的阶段后，就趋于舍弃这个关键词了，转而倾向于用案犯名字来展开报道。跟"周克华"相关的检索词，还有"周克华案""周克华 方斌""周克华 张君""周克华最新消息"等，可见，网民较为关心的问题除了周克华其人及案件最新动态外，还很关心其是否已被击毙，还是另有其人，对案件详情和谣言的关心在互联网上同时并存。用互联网的开放工具，可以从宏观层面了解事件在互联网上受媒体和受众关注的程度，从社会性媒体上关于事件的报道，则表现个人网民对事件的关心程度。

2. 在社会性媒体上的扩散和发酵

社会性媒体建构了一个开放、透明和互动的平台，就像一个大熔炉，里面有各种身份、声音和信息，它的七大类形式（博客、维基、论坛、社交网络、播客、微型博客、内容社区）都是"用户创造内容"（UGC），且具有高度互动性，不仅每个个人和机构都可以发出自己的声音并对他人的言论进行评论，而且还可以进行社交性互动。在这两种形式的互动中，信息面向也变得更加多元。

对南京持枪抢劫案，我们选择了新浪博客、新浪微博和果壳网这三个观测点，原因有两个：一是这三个平台是社会性媒体的代表，其中新浪博客2005年上线，是国内首家正式推出博客频道的门户网站；新浪微博2009年上线后，发展势头猛烈，截至2012年12月31日，据新浪财报显示，微博的注册用户增长73%，达到5.03亿；果壳网2010年上线，是面向都市科技青年的内容社区，内容新颖、有智识。二是三个平台的受众群涵盖面较广。以新浪微博为例，除了个人用户之外，还有新浪官方认证的企业用户、各界名人、大众传媒机构、政府各职能部门等。三是从内容的配合度上来说，新浪微博里最广泛地反映人们对事件的关注、情绪变化和所持的观点和评论；新浪博客能够较为深入地对事件发表评论；果壳网则从解决怀疑和疑惑的角度对事件进行了解读。

在三个平台搜索引擎中，分别输入"周克华"和"南京持枪抢劫"两个关键词，得到以下一组数据。

表7.1　　新浪博客关于"周克华"和"南京持枪抢劫"的数据

| 关键词 | 全文 | 标题 | 标签 |
| --- | --- | --- | --- |
| 周克华（搜文章） | 16020 | 5796 | 2253 |
| 周克华（搜名博博文） | 110 | 27 | 12 |
| 南京持枪抢劫（搜文章） | 662 | 239 | 113 |
| 南京持枪抢劫（搜名博博文） | 2 | 0 | 0 |

第七章　公共空间的重建和信任的修复：在社会性媒体上的实践　177

表7.2　新浪微博关于"周克华"和"南京持枪抢劫"的数据

| 关键词 | 数量（条） |
| --- | --- |
| 周克华 | 4831293 |
| 南京持枪抢劫 | 13119 |

表7.3　果壳网关于"周克华"和"南京持枪抢劫"的数据

| 关键词 | 文章 | 问答 | 帖子 | 日志 |
| --- | --- | --- | --- | --- |
| 周克华 | 1 | 12 | 40 | 5 |
| 南京持枪抢劫 | 1 | 2 | 11 | 0 |

如图所示，该事件在社会性媒体平台上的曝光量和提及率较高，尤其是在新浪微博上，对周克华的关注度很高，至此，社会性媒体为研究信息的多维度提供了大量的文本和数据。

## 二　海量信息背后的多面向

南京持枪抢劫案从案发至2013年，已一年有余，但围绕其展开的巨量信息生产却并未停止，至此，已经在社会性媒体平台上产生了大量的信息。从时间上来说，对案件的关注分为案发、破案中、案犯被击毙后三个阶段；从关注点来说，分为对案件的关注和对案犯的关注；从公众的情绪过程来说，可分为震惊、恐怖、放松和怀疑四个阶段。每一个阶段，都产生了大量的信息，且不同维度、不同阶段的信息之间还会相互影响，产生新的信息关注点。

以时间维度作为基点来进行分析。案发时，信息主要围绕案件有关的时间、地点、经过、结果以及嫌犯的情况展开，博客、微博上的信息除了引用专业媒体的信息外，还有当时在案发现场的网民的情景还原，如在事发20分钟后，@赵小莹fiona："安怀村刚刚一起枪击事件，正中眉心，当场毙命，由于事发突然，忘记拍照咯！"；事发40分钟后，@vivian小慧："刚经历恐怖现场，一哥们儿取了20w在安怀村银行门口在自己车里被枪杀了……我看到血我要疯了……年底了大家小心啊……"；之后专业媒体记者便纷纷跟进报道，事发1个小时后，@南京十八频道："被枪击受伤的市民已经被送往中大医院抢救！"；11时10分，@南京晨报："天罗地网，歹徒插翅难逃！据了解，除了地面围追堵截之外，警方的直升机很快升控追踪!"之后,信息通过社会性媒体迅速扩散,专业媒体、经微博认证的媒体人、普通用户等都从各个渠道获取信息,并将之发布在微博上,如@南京十八频道:"据晨报记者李灿伦现场发回消息,据目击者称,取款人从银行出来后,正要上车时,被一差不多年纪的人贴身跟上,用枪顶上头颅扣动扳机。"@江苏身边事:"最新消息,据南京晨报 记者卢斌发自二桥现场消息,警方已经从二桥撤出,但没有找到歹徒。"在警方还未正式对案件进行情况说明和通报时,有关案发时的现场、实时追捕嫌犯的细节、被害人的相关信息等都已通过社会性媒体扩散。在受众的情绪上,由于案发突然,而且大部分的资源和关注都图投入到了对案件的了解中,因此,从社会性媒体上反映的情绪大多是不相信和震惊。

在破案"黄金48小时"过后,案犯仍逍遥法外之后,关于此案的关注就进入破案阶段,这个阶段,关注面开始分化,当公安部门确认南京持枪抢劫案与多年前的好几起抢劫案属同一案犯所为,各个省市也不断发布有嫌犯体貌特征的通缉令和悬赏通告时,公众的关注点也侧重关注事件和案犯两类,但还是以案件的进展为主,同时公众中的恐慌情绪在蔓延。观察这阶段的新浪博客,上面关于劫案的文章大多集中在各地对案件的侦破工作,如确认前几年的发生在其他省市的抢劫案的案犯与南京劫案是同一人、各地发悬赏通告;还从侧面信息猜测案件的进展,如公安部刑侦专家未参加两会被认为是案情告急;还有对疑犯的背景的猜测。媒体连篇累牍的报道通过社会性媒体连续几个月的扩散,让民众对案件和自身的安全忧心忡忡,一篇名为《南京持枪抢劫案,就在我家旁边》的博文,作者通过警方发布的通告了解到劫案就发生在家附近,表示"吓出一身冷汗"。这个阶段,对劫案的信息量没有像事件刚发生时那么集中,但信息不断在更新,内容也在不断增添,公众的恐慌情绪也在日益累积。

2012年8月14日,该案案犯周克华在重庆被击毙,在那之前的4天,逃犯周克华又在重庆某银行开枪抢劫并在逃跑过程中将一铁路警察杀害。在案犯被击毙之后,我们从互联网数据可知,网民和媒体对案件的关注同时达到了顶峰。这阶段的信息重点已经从案件转移到了案犯身上,论坛、博客、微博上的内容几乎都是关于周克华的,包括他被击毙时的细节、他的成长背景和他的作案动机等。经历前两个阶段的信息模糊和公众的情绪累积,到案件水落石出后,信息和情绪都得到了极度的释放,于是,开始了新一轮的信息爆炸,事件远未尘埃落定。在博客和微博上,开始出现围绕周克华展开的信息流：他的成长历程、作案过程、地点和细节、对劫案的反思、有关周年迈的母亲的报道、周的前妻等相关人的报道、周案中的受害者现状、周的女友的背景等。这个时期，谣言也随之而来，并迅速扩散，媒体和公安机关的辟谣速度和方法都无法得到公众的满意，于是，社会性媒体如果壳网等发挥了重要的作用。

### 三 谣言和真相的角逐

社会性媒体给信息提供了传播的时间和空间，在产生巨大信息量的同时，也给谣言的扩散提供了机会。一方面，多元的信息面向，容易让人产生怀疑，从而形成谣言；另一方面，谣言经社会性媒体平台的复制和重复，会产生让人信以为真的魔力。因为心理学家已经证明，重复，再重复，人们就会受骗上当。甚至还有这样的发现：如果一个人无数次地告诉你，某件事真的，那么你很可能得出结论，这个人的意见也是大多数人的意见，尽管其他人从来没有对此发表过意见。人们倾向于认为熟悉的就是好的，这乃是某种心理捷径[①]。社会性媒体的传播模式，给了谣言的重复极大的空间，可以让它在短时间内扩散并持续发生作用。在南京持枪抢劫案中，来自各方的信息很多，但怀疑和传言也一直不断，前期主要集中在怀疑嫌犯是否被抓获上，当案犯被击毙后，怀疑主要集中在对周克华是否真正被击毙和周克华的女朋友身上。

关于案件的舆情在第一、二阶段时，怀疑和质疑主要针对嫌犯的抓捕及其结果上，如案发1个多小时后，就有网友在腾讯微博上爆料，@杜思岭："第一时间新闻！南京中央门地段发生一起枪击抢劫案！抢劫20万，四名犯罪嫌疑人，被劫者后脑中枪，当场死亡。"@陈栋："网曝南京一男子在银行取钱时遭抢劫中枪身亡，现场市民称歹徒抢劫后乘坐大巴逃走。现场记者称，持枪歹徒有2个，歹徒具体数目不清。现场血迹明显。"这些信息很快就在公安部的通告中和专业媒体的报道中被证实并不正确。

真正引发强烈质疑和热烈讨论的问题是在周克华被击毙后，围绕周克华是否被击毙的质疑之声便层出不穷，此后引发了一系列的谣言。根据新华社"中国网事"记者陶冶的总结，谣言主要有两轮，"第一轮集中在周

---

① 胡泳：《熟悉的就是好的》，《新周刊》2011年10月15日。

克华是被击毙还是自杀上";第二轮集中在被击毙的周克华其实是便衣警察上"①。尤其是在凤凰网的民调中,相信被击毙的不是周克华的民众竟然达到了五成,凤凰网评说民众对周克华未被击毙的怀疑"一方面是相关细节暧昧不清,从更深层次看,周克华被击毙之所以成为坊间的过度质疑,折射出民众有强大的焦虑、不安全感和对权力的不信任感"②。在对质疑产生的原因进行剖析的同时,也反映出公安部门和媒体对信息的发布和对民众情绪的预测未给予及时的关注,尤其是案犯被击毙后,公安部门仅简单地发布了公告,并没有对抓捕细节进行及时告知,也没有关注受众的怀疑情绪变化,最终当怀疑和情绪得不到合理的释放,就会变成不停息的谣言,造成极恶劣的社会影响。当警方和专业媒体都对细节语焉不详时,社会性媒体平台上也发出了智慧的声音,如@我是法医根据重庆警方的发布会及其公布的照片中,从专业的角度进行分析,认为周是被击毙无误,得到了网友的一致肯定;《周克华被击毙后的几个疑点》一帖中,也从官方公布的图片和新闻中,从专业的角度详细分析了案件,一定程度上也有释疑的作用。因此,当质疑产生后,官方媒体只习惯不断强调谣言的虚假;传统的专业媒体只想挖掘有关案件和案犯的细节,如有网友质疑周克华被击毙后,媒体蜂拥去采访其年迈母亲的必要性和是否缺乏人道主义精神,某些社会性媒体,却选择从专业和科学的角度,为真相做了注解。

## 第二节 充满善意和正义的传播者和受众:以微博"打拐"为例

从很多事件和调查中都可看到媒体与受众之间的信任度在下降,他们之间亲密无间的信任关系在瓦解,这里面蕴藏着两个层面:一是受众与媒体之间的怀疑;二是由此反映出的社会信任的崩塌。对存在于受众和媒体之间的怀疑,可以通过法律法规健全、行业自律和媒体人的自律来保证,对信息的怀疑可以通过信息采集和传播的全过程细化来完成,但对整个社

---

① 陶治:《重庆警方击毙周克华遭质疑 专家分析谣言成因》,新浪网,[2013年2月1日] http://news.sina.com.cn/c/2012-08-23/173225023792.shtml。

② 王石川:《媒体:过度质疑周克华未被毙折射出民众对权力不信任》,凤凰网,[2013年2月1日] http://news.ifeng.com/mainland/special/cqqiangjiqiangjie/content-2/detail_ 2012_ 08/20/16931270_ 0.shtml。

会的诚信问题，却不是单靠完善规则、净化流程、关注反馈就能完成的，而要靠更深层次和更长久的修复，才能重建。如福山研究的，"文化社团并不是根据明显的法规、律令来制约，而是经由一套团体中每个成员内化的伦理习惯和相互约束的道德义务所凝聚而成，这些规则或习惯赋予团体成员彼此信赖的基础"[①]。由此可见，要修复媒介与受众的深层次的信任问题，从根本上来说，要从个人德性和社会德性入手。

社会性媒体搭建了舆论平台、创造了多个话语空间，从空间结构和运行机制上看，很接近哈贝马斯对公共领域的定义。事实上，它营造了一个公共空间，可以释放出大量的信息和言论，而这些信息和数据都是各类群体提供的，里面既有专业从事信息生产和制作的群体和机构，也有普通大众，或以普通大众身份出现的知识分子或名人。在这个虚拟空间里，流淌着这么一股潮流，即所有人围绕一个议题，这个议题有可能是一个事件或一种现象，通过对它的关注，短时间内达到信息聚集和传播的最大峰值，继而在社会中慢慢渗透影响力和发挥作用。

国内2011年开始的"微博打拐"事件，就是这么一起公共事件。从信息流动上说，学者在新浪微博上发起"解救乞讨儿童"的呼吁，之后更多社会性媒体上的舆论领袖接呼吁和行动的大旗，接着政府部门、社会机构、普通老百姓都开始参与信息传播过程；从传播特点来说，从个人到群体、由零散信息到完整信息、由非专业传播者到专业的传播者，由民间到政府部门、由个别人的呼吁到全社会的关注，种种迹象都表明，这是一次释放全社会的善意和善举的集体行动，既体现了社会性媒体在公共事件的影响力和行动力，也展现了社会性媒体修补社会信任、重建德性社会的潜力。

## 一　意见领袖和自发性社团设定公益话语框架

社会性媒体是一个相对开放的平台，各种身份、各种声音都可以出现在这个空间中，它激发并鼓励人们的参与，通过参与来体现意义和创造价值。同时，它又是一个虚拟空间，人与人之间，并没有现实社会中的身份、职业归属，也没有群体约束和设定。因此，社会性媒体与传统大众传

---

① ［美］弗兰西斯·福山：《信任——社会道德与繁荣的创造》，李宛蓉译，远方出版社1998年版，第14页。

媒机构有着截然不同的架构设置和运行规则，它结构的松散性和失焦性，更需要有人或群体牵头，并持续发挥影响力。

1. 社会性媒体上的意见领袖

拉扎斯菲尔德在对1940年的美国总统选举期间的媒体的传播效果进行调查研究后发现，大众传媒在左右选民意见和决定的过程中，并非主要因素，事实上，亲戚、朋友、团体的劝服影响，同样十分重要。由此，这些在媒介与受众之间充当信息中转者的人或群体被称为意见领袖或舆论领袖。从中我们可以看出，意见领袖在大众传播中的角色是：信息中转者，意见、态度和行为改变的劝服者和影响者。一般而言，意见领袖可以是个人，也可以是群体或机构，但无论是个人还是机构，它必须在某一领域能发表和提供专业、细致的分析或是在一定范围内享有名望。在微博"打拐"事件中，有很多人和群体都充当了不同阶段的意见领袖，但从事件的发起者和开拓者来说，知识分子在这次事件中发挥重要作用。

微博"打拐"最初发起人是中国社会科学院于建嵘教授。事实上，在"打拐"之前，他已经在微博上关注并评论许多社会公共事件，并为弱势群体的利益奔走呼告。《新周刊》将他评为2010年年度新锐人物，对其的评语是："他是理想主义者，为官员讲基层情况、讲安民之道；他是现实主义者，以法为武器，努力刺破'政绩共同体'。他因官员的一句'不拆迁，你们知识分子吃什么？'而拂袖而去，他展现了当代知识分子身上罕见的担当和品格。"微博上轰轰烈烈展开的"打拐"活动，正是在他的号召下开始的。

在"打拐"活动中，他是发起者。2011年1月17日，他在新浪实名认证的微博上，发了一条关于寻找一个名叫杨伟鑫的孩子的微博，该孩子被人拐骗致残，成了街头乞丐，下落不明，从而引发社会关于儿童被拐卖情况的重视，并号召大家在各地随手拍摄残乞儿的情况。微博发布后，1月19日，公安部打拐部主任陈士渠的实名微博也表示对该事件的关注，并且表示"公安部打拐办已部署各地严厉打击组织、强迫儿童乞讨的违法犯罪行为，目标是禁绝儿童乞讨。凡利用儿童乞讨的可疑人员，一律审查。对来历不明、疑似被拐的要采集血样检测入库，从中发现、解救被拐儿童。希望广大群众检举、揭发此类犯罪。"1月20日，于教授的微博中报告解救杨伟鑫小朋友的最新进展：一是泉州警方已经介入；二是《东南早报》响应随手拍号召，已派记者对这些残乞儿跟拍；三是新浪网做了专

## 第七章 公共空间的重建和信任的修复：在社会性媒体上的实践

题报告。1月25日，微博名为"随手拍照解救乞讨儿童"建立，"打拐"事件从最初的号召进入社会行动层面。之后，很多知识分子、社会名人和专业记者等，如薛蛮子等，都在社会性媒体上对"打拐"表示支持，并通过自己的影响力影响了更多的人。

对知识分子和公共知识分子，波斯纳认为与其他类型"知识劳动者"不同，知识分子一般理解为"认真严肃且有能力关注智识问题之人"[1]；公共知识分子则是知识分子就"'公共问题'——即政治问题面向社会公众写作，或者其写作对象至少比仅仅是学术人员或专业读者更为广泛，当然所谓的政治问题是从这一词汇最广阔的含义而言的，倘若从意识形态、道德抑或政治（也许它们全都是一回事）的视角来看的话，也包括文化问题。与学者相比，知识分子更多具有'应用性'、当代性以及'结果定位'，而与技术人员相比，则具有广维性。从这一意义来说，'知识分子'大致与'社会评论家'和'政治知识分子'同义"[2]。社会性媒体公共知识分子提供了评论、写作的平台，同时，也可以利用其信息扩散和渗透优势来引起全社会对公共问题的关注，引发人们的集体认同，引导人们的行为，促进全社会的德性。

2. 自发性组织的影响力

在微博"打拐"事件中，在知识分子和社会名流对事件进行关注和呼吁后，各方积极跟进，其中也包括一些自发的新成立的社会公益组织，如中华社会救助基金会微博打拐公益基金（http://weibo.com/weibodaguai）和救助乞讨儿童公益微博（http://weibo.com/jiejiuqier）。前者是中华社会救助基金会针对这次事件设立的公益基金项目，是基金会与调查记者邓飞共同设立；后者是一个公益微博。前者除在新浪设立微博外，还在腾讯网、人民网和CNTV网都设立了微博，在新浪的官方微博建立于2011年2月7日，迄今发布的5000余条微博信息中，除了对各地公布的乞儿的微博进行转发外，也积极发挥自己作为公益微博的宣传和帮助作用，原创内容中有关于"打拐"进展的打拐快讯、打拐观察、打拐舆情通报等；关注国家和政府部门对救助乞儿和流浪儿童等弱势群体的微博

---

[1] [美]理查德·A. 波斯纳：《公共知识分子——衰落之研究》，徐昕译，中国政法大学出版社2002年版，第19页。

[2] 同上书，第27页。

打拐通报；在微博上发起的"打拐"活动，如抗美援朝老兵女被拐 16 年、甘肃孩子失踪、关注长春"304"案件、救助被拐后遭遗弃女孩婷婷等；在微博上发起的其他公益活动，如打拐宣传片、带份报纸回乡村、保护孩子免拐卖、北京好人等。事实上，这个微博主要关注被拐卖的儿童，但也把关注面开始延伸到如妇女之类的其他被拐卖的弱势群体上。与微博打拐公益基金项目的普及法律知识、救助被拐儿童和妇女群体、引导开展创新的打拐行动的宗旨相比，"随手拍"的公益微博则更聚焦在信息收集和帮助认亲这两件事情上，他们的活动主要有失踪儿童、寻子之家、走起 2013、随手公益等。

这些出现在社会性媒体上的虚拟组织有以下几个特点：首先，他们主要依靠互联网，尤其是社会性媒体招募成员和开展活动。这两个公益组织都是随着微博"打拐"事件的深入而建立，组织的参与方式也较为开放，既包含专职或兼职为组织工作和服务的志愿者，也包含并非属于组织的，但关注公共事件并一直在积极参与救助被拐儿童的个人和其他机构。其次，虚拟组织积极寻求与实体和专业组织的合作。这些组织在社会性媒体平台上建立，结构相对松散，活动也较为分散，但它们都积极寻求与专业组织和机构的合作，比如微博打拐基金项目由邓飞等人发起，依托中华基金会的组织平台；"随手拍"的组织更多地和政府部门互动，通过转发、求关注等方式来宣传和解救活动。再次，互动从线上延伸到线下。社会性媒体是一个平台，这些虚拟在此建立并传播信息，但解救行动却还是要靠多方努力，尤其是公安部门的支持、配合和行动才能完成，因此，这些虚拟组织也很重视将线上的宣传和呼吁延伸和落实到线下，通过各方努力，真正解救了多名被拐儿童和妇女。因此，从这些组织的建立、机构、活动等各方面来看，都很符合自发性社团的原则。

自发性社团指的是不同于一般社会机构的社团。福山在对日本、德国和美国的国家、家庭和企业进行研究后，发现这些社会里都有民间自动发展出的强大而向心力高的大规模组织，这些组织处于社会的中间层面，且不受已经形成的社会结构科层制的影响，这些组织的共同特点是"自发社交性高"。所谓自发社交性（spontaneous sociability），福山认为"是一套次社会资本。以共同价值观而非契约作为基础，属'有机团结'社群结构。自发社交性还要更进一步，指的是与家庭和政府机构都大不相同的中间性社团①"。因此，针对微博打拐事件，在社会性媒体上结成了很多自发性社团，它们奔走呼告、切实行动，成为这次公共事件中最为活跃的一个群体。

## 二 专业媒体发挥刚性价值

社会性媒体平台作为一个公共舆论空间，很像鲜活的有机体，这个有机体的一个重要特征就是，它充满弹性，能把与事件有关的资源全部汇集到一起，在2011年的"打拐"事件上，大众传播机构也发挥了其作为专业传播者的刚性价值。而且，更为难能可贵的是，专业媒体抛开了以往的对互联网和社会性媒体的成见，与自发性社团和个人意见领袖一起，积极投入到对这次公益事业的关注和参与中去。

首先，媒体和媒体人的新闻敏感度在事件一开始就体现得淋漓尽致。根据于建嵘的微博显示，在他呼吁寻找杨伟鑫小朋友的微博发布后第2天，《东南早报》的记者已就此事跟进并带来最新动态。报纸也以《关注街头乞儿 大家齐拍摄助寻子》和《五岁男童遭拐 网图惊曝致残乞讨》为题做了报告。随后，在他发起"随手拍"倡议后，《东南早报》也是第一时间予以了响应。而新浪网作为网络媒体，也是很快就为此事建立了一个专题页面。之后，全国各大媒体都陆续对此事进行关注和报道，《钱江晚报》在2月9日的评论中称，在这次"随手拍照"的活动倡议发起后，已有近千张网友接拍乞儿的照片被发布在微博上，并发出呼吁"很多本应该做而没做的，现在就应该去做。很多迟疑不决习惯了旁观的，现在就可以去做"。专业媒体对事件的第一时间跟进和持续报道，体现了媒体的新闻敏感度和专业素养，同时也展现了媒体作为社会善举和善行呐喊者和倡导者的公益形象。

其次，媒体人的信息扩散和积极参与让活动的社会影响力增加。专业新闻媒体除了对事件进行持续关注和报道外，一些专业的媒体人也是积极投身在这次活动中，而且更多的是以一个社会成员的角色在其中发挥影响。免费午餐发起人、《凤凰周刊》记者部主任邓飞，在微博"打拐"事件中，既发挥了作为媒体人的信息整合和沟通力，也展现了其关心弱势群

---

① [美] 弗兰西斯·福山：《信任——社会道德与繁荣的创造》，李宛蓉译，远方出版社1998年版，第33页。

体、关注社会民生的公德心。2011 年 8 月，他成功帮助彭高峰找到了他失散被拐 3 年多的儿子，并在微博上直播了这次艰难却让人感动的爱心行动。事实上，自 2008 年起他就开始关注这对失散的父子，并在 2010 年开通微博后，一直孜孜不倦地恳请各位网友帮助寻找这个孩子，终于功夫不负有心人。这个时间点，也刚好是微博"打拐"活动进入社会性高峰的时期，之后，他提出"微博打拐"，并和公安部的中国警察网官方微博在新浪微博上联合建立"打拐志愿团"的群组织，呼吁整合媒体和民间资源，支持和帮助公安系统打击儿童拐卖。专业媒体人在活动中的切身投入和积极参与，以及媒体对其的持续报道，为这个活动长期、深入、持久地开展下去，提供了媒体和宣传保障。

### 三 政府和其他机构和个人将行动落到实处

微博"打拐"公共事件，之所以能在社会上引起广泛的共鸣和深入的影响，除了个人意见领袖的积极呼吁、媒体人和媒体的参与外，还有一股不能忽视的力量，以及这个力量背后凸显的转变。这股力量就是政府部门及其官员的配合和落实。按我们对社会性媒体的一般理解，社会性媒体上总是充斥着对政府、社区和社会的不满，事实也是如此，社会性媒体作为言论的集散地，确实有很多针对各方的不满和质疑声，但在微博"打拐"事件中，我们很欣喜地看到了一个积极向上、充满善意的社会。在这个社会中，各群体和机构，都能共享资源、彼此信任、通力合作，这是我们所期待的诚信社会。

一方面，政府各部门积极投入解救工作。里面较为突出的是公安部打拐办主任陈士渠（http://weibo.com/chenshiqu）和各地参与解救工作的公安局。在新浪网发布的《2012 年上半年新浪政务微博报告》中，陈士渠的微博位于十大党政官员微博之首，其上半年发微博数为 1679 条，综合活跃度、传播力和引导力后得分高达 96.08 分，并经过对这些微博的分析，发现这些政府官员微博不但能提供一些和本领域相关的权威信息，填补网民在此方面的信息空白，而且"线上线下"活动频繁，能够通过微博解决实际问题。事实上，我们也从认证此政府官员个人微博中发现，该微博主要关注的就是被拐卖的妇女儿童等弱势群体，内容多为转发各地被拐儿童的信息，提请有关部门彻查、公布打拐的政策内容和进展、发布防被拐的一些建议，回复及时、内容权威、语气亲和平实赢得大家的喜爱，

第七章　公共空间的重建和信任的修复：在社会性媒体上的实践

尤其是对来自其他微博账号的被拐妇女儿童的信息的及时转发和扩散，更是让人感觉到了他积极办实事的态度。另外，就是公安部门对打拐事件的关注和行动。通过各地公安部门的官方微博，我们也可以看到，他们对儿童被拐信息十分关注，并能做到及时反馈，而且积极与各个开展救援的网民、个人意见领袖、公益组织、上级领导部门在社会性媒体上进行互动，而自活动开展以来不断出现的儿童被解救的好消息，也让人们感觉到了公安部门的投入和实效。

另一方面，其他个人和社会机构的积极参与也给社会注入了善意和爱心的能量。"打拐"事件，若是没有分散、隐匿在四处的个人和其他社会机构的参与，也是形成不了社会氛围的。事实上，正是每个人付出的"微力量"，才汇集成了整个社会向前进的动力，正如胡泳所说："微景观将会在中国造就推动社会向善和向上的'微动力'"[①]。在微博"打拐"中，新浪微博产生了250多万条信息，其中有普通老百姓的随手拍照和关注进展、有政协委员的关于此事的提案、有民间公益组织对未来活动的计划和安排等，全社会都在此事中获益良多。

虽然，对微博"打拐"事件仍有很多争议，包括这次公益行为的关注点的偏向、在随手拍照中凸显的有关个人隐私和信息真实性的问题、这次活动的未来发展方向等，但这次事件的正面意义远大于负面意义，尤其是在媒介与受众的信任修复、社会公正和正义在特定事件中的完成路径，以及社会性媒体与其他社会组织整合的方式等方面，积累了大量的经验素材。

## 第三节　新的舆论场的张力

从上述两个案例中，可以看到社会性媒体在互联网技术下的深度应用以及它对人类大众传播方式、流程和效果所带来的巨大变化，也看到了媒介与受众之间的怀疑关系在这里产生了新的状态和解决路径。南京持枪抢劫案中，反映了社会性媒体上巨大的信息产量和容量，以及在这些大数据下，信息呈现出的多面向，同时也初步展现了社会性媒体在理性分析、辟谣、厘清线索等方面的结构优势。微博"打拐"的公共事件，是一次全

---

[①] 胡泳：《尽精致而致广大》，《新周刊》2010年12月1日。

社会的公益行动,社会性媒体很好地扮演了平台的角色,用实际行动改变了社会性媒体上都是谣言、八卦、辱骂等内容的组织形象,通过公平、公正、正义的传播行动,塑造了善意媒体平台的形象,也为社会诚信的修复建立了一个舆论空间。

这个舆论空间与以往都不同,具有巨大的弹性和张力,这个空间的特殊在于两点:一是它为专业的大众传播机构提供了言论平台和技术支持,体现在微博实名认证的各个媒体以及出自它们的信息被广泛在各大博客、论坛、内容社区等上传播;二是它为普通大众提供了言论和社交平台,普通大众可以在上面参与新闻传播过程,也可以只将其作为自己的社交工具。而且,上述两点经常融合在一起,共同发挥作用。比如一个实名认证的媒体人,在社会性媒体上,他既需要体现职业角色,又是一个个人角色。这两类社会角色若是融合,会对信息传播产品和过程产生全新的效果。活跃于社会性媒体上的各种人和机构,好像是一个自发组成的社团和组织,其组织结构和特点也很符合自组织(self-organization)的原则。

自组织概念最早可追溯到美国生物学家贝塔朗菲(Ludwig Von Bertalanffy)提出的一般系统论,这是一门运用逻辑和数学的方法研究一般系统运动规律的理论。他认为,系统理论也可以处理组织的问题,组织通常与"整体、生长、分化、层次、支配、控制、竞争等"[1]有关,他又对有机体与无机物的物理和化学平衡进行了对比,认为最根本的区别就是有机体是一个开放的系统,且处于准稳态(动态平衡)的状态。他进一步论述,"生命系统本质上是开放系统,开放系统被定义为与环境交换物质的系统,表现为输入和输出,物质组分的组建与破坏"[2],而准稳态状态的特征是"异因同果性",即"稳态不取决于初始条件,而取决于系统参数,即反应和传递的速率"[3],因此在开放系统,可能发生过"调节现象和起动不及的现象,此时系统先沿着与稳态相反的方向进行,最后趋向稳态"[4]。贝塔朗菲的系统理论,提出了一种新的科学方法论,且这个理论除了适用于生物学外,也同样适用于社会科学和人类学。而后的自组织的

---

[1] [美]冯·贝塔朗菲:《一般系统论:基础、发展和应用》,林康义等译,清华大学出版社1987年版,第43页。

[2] 同上书,第132页。

[3] 同上书,第133页。

[4] 同上书,第134页。

第七章　公共空间的重建和信任的修复：在社会性媒体上的实践

概念也是建立在系统论的基础上，即一些组织的诞生是在最初无序的系统成分之间互动外产生的，这个过程是自发的，并不由某个机构或内部系统引导，但组织却通过协调和尽责自动变得有序。因此，自组织也符合一般系统论中对开放系统的定义和特征。

## 一　开放系统：信息充分传播和交换

社会性媒体可视为一个开放系统，这符合一般系统论和自组织的基本原则。社会性媒体系统的开放性主要体现在两点：其一，平台的开放性。社会性媒体的定义就是互联网应用的集合，如今主要有七种应用形式，这七种社会性媒体的内容都倡导用户创造，打破了原先大众传播信息主要由专业机构提供的模式。因此，在社会性媒体平台上，聚集了各种类型的人、群体和机构。其二，信息流动自由。在社会性媒体上，由于传播者的数量巨大和信息传播的便捷性，因此信息的输入与输入十分频繁，尤其当公众对某一事件形成集中性关注时，信息的生产和传播就更加频繁，以此带来的是对事件的认知不断被颠覆和重建。另外，由于社会性媒体在分享和互动上具有天然的技术优势，大到像网络技术提供的复制、粘贴功能，小到如微博的@、转发、评论功能等，都让信息的复制、传播变得异常简单，也让信息数量在增加的同时，流动也频繁。

这样的开放系统，对信任重建的意义在于系统的开放性保证了信息的多样性和全面性，而信息的流动提高了疑问、疑惑被解答的可能性。在原先封闭的媒介系统中，虽然大众传媒机构通过不断更新技术和手段，保证信息的真实、及时和全面，但还是无法克服有限的信源、僵硬的行政机构体制、有偏向的传播技术的局限，如果再加上政治、经济、文化等因素的深层次影响，就更无法避免怀疑的产生。在社会性媒体上，信息的多面向可以让受众看到更多维度的信息，同时各种分析和评论也有利于引发普通受众的思考，有助于受众形成对事件的相对全面的了解；信息的自由和频繁的交换则可以帮助疑问的解答和疑惑的解除，也让谣言无所遁形，事实终会浮出水面。

社会性媒体的七种应用中，在信息交换和流动中，也有各自的特点，更为信息的理性和有序流动提供了保证。微博和播客，由于其规则的限定，如国内微博一条只允许发表140字，博客又是流媒体的传播方式，因此更适合用作保证信息的即时性和实时性，以及形成宏大信息流。博客和论坛，适合呈现对某一事件的评论、分析，引发人们深度思考。社交网络和内容社区更强调某一类人对问题的看法，因此社交性更强，也能够形成一些主题类的讨论。如果壳网的谣言粉碎机，就是用科学的方法来破除谣言，尤其是在一些重大事件中，如日本地震、核扩散等问题上从科学的角度进行剖析，在业界赢得了好口碑。维基强调用群体之力和集体智慧生产信息，在对名词和知识的溯源、求证等方面考虑得更加细致和全面。如2007年在美国发生的弗吉尼亚理工学院的枪杀案，在对这个词条和事件的编辑上，维基上展开了一场关于"是否该为每一个受害者做一个维基页面"[1]的讨论，最后，维基百科上关于"弗吉尼亚理工屠杀"有八个部分内容，分别是：袭击、案犯、各方反应、对枪支政策的影响、法律上的后果、类似的惨案、参考文献和外部视频等链接，其中各方反应就有包括急救机构、其他大学、出事校园、政府、韩国、其他和后续反应，参考文献达到139个，关于这件事情，维基百科最后提供了洋洋数万字的报告，再加上参考文献和外部超链接的扩散内容，最后给人们呈现了非常细致、多元、可信的关于事件的全面报道。

## 二 准稳态：形成答疑和释疑的动力机制

从系统论哲学来看，"稳态与真正平衡态保持一定距离，所以能够做功，这个系统尽管持续不断地进行着不可逆的过程，有输入和输出，有组建和破坏发生着，但其构成仍保持不变。一个开放系统达到稳态，不取决于初始条件，而只取决于系统参数，即反应传递的速率，这就是异因同果性"[2]。这里，对自组织来说意味着，首先，状态不是一成不变的，而且在不断变化中寻求动态平衡的；其次，要关注系统中的参数。准稳态的结构特征帮助形成了一种适合于社会性媒体平台的答疑和释疑的动力机制。

第一，社会性媒体上同时有信息的建设和破坏。社会性媒体组织从结构上来说，非科层、自发和松散，因此，它很容易发展和壮大，但同时也容易偏离正确的轨道。事实上，社会性媒体上的信息一开始就是遭人诟病

---

[1] Andera Forte and Vanessa Larco and Amy Bruckman: *Decentralization in Wikipedia Governance*, *Journal of Management Information System*, 2009（26）.

[2] ［美］冯·贝塔朗菲:《一般系统论：基础、发展和应用》，林康义等译，清华大学出版社1987年版，第133页。

的，通常对其的批评大多集中在谣言太多、恶搞信息、情绪释放为主等。但从发展过程看，似乎低估了网民群体的媒介素养，其中也包括知识分子、有智识的人的影响力，事实上，社会性媒体上确实存在很多破坏性的信息，比如谣言，但也不能忽视信息建设者的努力。从身份上来说，他们也许是专业媒体机构和媒体人、政府部门及其发言人、个人意见领袖，也可能是普通的大众，每一个在社会性媒体平台上的人，都用自己擅长的方式传播和充实着信息，用众人的力量让信息和事实不断接近真相。甚至，破坏也可以作为重建的一种动力和渠道，比如郭美美事件，从最初的各种猜测和揣测、恶搞戏谑、谩骂、谣言等，最终大家把舆论焦点集中到了对红十字会的批评和质疑上，不仅引发了人们对慈善事业和公众善心的重新考虑，呼唤"绿色慈善"的到来，也让新浪重新规范微博的实名认证机制，破坏性的信息最终走向建设性的方向。

第二，社会性媒体上逐渐形成自己的答疑和释疑路径。非稳态结构特征需要更多地关注系统变化中的参数变化，从而研究如何调节参数以帮助系统达到动态的平衡。社会性媒体上的参数调节持续在进行，而这种调节都是在外部环境的变化和激发下，组织内部成员自发进行的调节，通过调节来适应环境的变化。如新浪微博的举报功能，在没有该功能之前，微博上的谣言和辟谣的过程不畅通，使得社会性媒体上的谣言遍布，但辟谣方法十分有限，后有这个功能后，使得一些诈骗、谣言和非法广告在微博上的传播路径被封牢，破坏性的信息得到了遏制，这样的微调在社会性媒体上时刻都在发生，这些对参数的调节让社会性媒体有了自己独特的答疑和释疑的方法。

## 三 非线性作用：各种声音促成组织再生

在大众传播中，非线性显示的是受众对传者信息的反馈，双向传播模式中认为正反馈是使原来传递的信息在下一次传播中得到加强的反馈，负反馈则是使原来传递的信息在下一次传播中减弱的反馈。一个组织具有非线性结构就意味着这个组织中存在许多正反馈，因为它可以加强信息的传递，并可以让这些信息之间通过交叉、碰撞，最终产生信息的突发，从而使系统从一种旧稳态发展到新稳态。在社会性媒体上，正反馈作用不断的发生，往往是一个不起眼的信息，经过不断的复制、扩容、分享、传播、延展，如此循环往复，最终使一个信息成为一个公共事件，在全社会引起强烈的反响，最终导致某种集体认同。比如对在互联网，尤其是在社会性媒体广泛传播的"富二代""官二代"等主题，都是由一个事件引发，经全社会共同接收、分享、分析后，最终导致对一个群体和某种现象的持续批判和关注，这种正反馈效应，一开始会让系统显得不堪重负和饱受诟病，比如事件出现后，社会性媒体上尽是愤怒、批评，这时候如果有人想保持中立地看问题，都会被当作焦点，称为人们情绪转移和撒气的对象。之后，组织进行一种新的稳态，于是对这类人的称呼、特点和评价都开始固定下来，情绪趋向平稳，分析也越来越理性。

社会性媒体上的信息传播，就是在这样的非线性传播和反馈中，各种观点不断涌现和相互碰撞，信息传播从不对称到对称再到不对称，各类群体都在生产和传播信息，系统内的观点中混杂着社会权威机构、专业信息传播机构、意见领袖和普通大众，最终信息产生突变行为和相干效应、协同动作，以异乎寻常的方式重新组织自己，实现整个组织的有序。

### 四 涨落作用：在环境和内部共同调节中达到有序

涨落作用指的是达到非线性效果的必有变化，也就是说，这个组织必须有涨落起伏的变化，才能使组织离开原先的稳态，经由变化后达到新的稳态，而涨落必须依靠外部和内部环境的共同作用完成。社会性媒体本身就是开放的组织，它的组织结构和规则都是开放的，如维基创造了一种被称为"同侪生产"（peer-production）的模式，即开放原始码、档案分享以及亚马逊书店上数以百计的读者书评跟产品评论等行为，这些生产性行为，既没有厂商来管，也没有金钱的市场诱因，但却创造了可观的商品价值，因此，分享和开放本身就是社会性媒体的结构特性。在社会性媒体平台中，从信息传播的轨迹看，信息发布和传播渠道相对畅通，评论和反馈也十分及时；从参与者来说，暂时实现了人人平等，至少每个人都可以发出自己的声音，而且普通大众的声音也可能成为公共事件的缘起，当然意见领袖的作用就更明显和突出；从互动目的来说，既有信息获取的需求，也有社交需求，还有自我满足需求，还有通过每个人的微小努力改造世界的需求，即实现自身价值的需求。

社会性媒体面临的内外环境，都是开放和互动的，同时，它们之间也在互相作用和影响，社会政治、经济、科技、文化发展和社会进程会影响社会性媒体组织的发展，内部的信息流动和作用、各成员和机构的互动和传播更是直接体现社会性媒体的价值，而内外因素的共同作用，最终使社会性媒体在修复媒介与受众信任方面发挥了重要的作用。

清华大学罗家德教授认为，"重建信任、实现社会转型最重要的问题是社会重建。社会重建简单说就是建设我们生活中的小团体。不同圈子的人结成自组织团体，形成一套自己的伦理，并具备自我治理能力"[①]。社会性媒体作为由人和信息组成的自组织，也在促进媒介与受众信任关系的修复的道路上摸索前进。

---

① 姜洪桥：《罗家德：信任危机与社会自组织》，和讯网，［2013年3月7日］http：//opinion.hexun.com/2013-03-15/152129005.html。

# 第八章

# 走向未来的互动互驯共谋的互信型传受关系

传播,是自人类社会产生时就有的行为,人类的传播行为,定义了社会机构和制度,推动了政治、经济和文化各种活动,最终通过传播符号的赋值,让社会生活变得有意义。尤其是信息传播活动,更是人、媒介和社会之间传递信息、接受反馈的纽带。

无论是大众传播媒介对新闻真相的怀疑,还是受众对大众传播机构传递的信息真假和完整性的质疑,抑或是大众传播机构的竞争性怀疑,背后凸显的是对真相的渴望、对信息透明和传播公平的追求,以及对信任社会的渴望。因此,对一种新的传受关系的建立就变得迫在眉睫,这种新的传受关系既是对媒介怀疑的释疑,也是社会信任在大众传播机制上的基石。

在这种新的传受关系中,信息的互动应该是无处不在、无所不传的。大众传播链上的个人、机构和社会,都会成为信息传播的某一节点,它们深度互动和高度整合,共同完成信息传播;信息的传播模式是互联互利的,随着互联网、移动互联网的升级和渗透,和物联网的发展,信息传播环节中的各种因素都会互联,专业传媒机构和非专业传媒机构、社会机构和个人将会在社会性媒体平台上相互合作,共同创造传播意义,追求真相;信息传播的终极目标是通过媒介信任,促进人际间信任和社会信任,为信任社会的最终达成建立传播典范。

## 第一节 人人时代的传播互动

克莱·舍基(Clay Shirky)分析了近些年出现的媒体事件,发现新的社会变革力量蕴藏在这些事件及其解决方式中,即无组织的组织力量。他认为"现在出现了可以与传统机构叙事方式相竞争的机构,旧有的机构还会存在，但他们对现代生活的垄断地位会被动摇，因为群体行动的创新性替代方法已经开始崛起"[1]。这个群体行动的逻辑是在现代传媒工具和传播方式下，人们的社会可见度极大增加，因此人人都会被戏剧性地连接在一起，并在一些契机下进行集体行动。舍基对高度流动的传播行为中的无组织力量的洞见，正好印证了人人都是传播者的现状。

## 一 人人都是传播者的时代来临

大众传播作为一种专门的职业，发展已逾百年，从最初的私人通信系统，到个人新闻写作，再到商业报刊业的产生，新闻传播经历了从私人传播到机构传播、从说教目的到商业利益的转变，从个人行为到职业属性的转变；今天，伴随着信息传播的广泛性和传播工具的发展，社会上每个个体都可以成为传播链上的一个信息节点，他们既可以接受信息，也可以发送信息，他们既是受者，也是传者。这些信息节点之间，或经过社会性媒体平台整合互动，或经由大众传媒机构进行专业化传播，共同完成对新闻事实的传播建构。因此，大众传播网络节点之间的互动呈现辐射状，多个信息节点之间纵横交错，互相连接，互动间又产生新的传播符号和传播意义。

哈贝马斯考察了公共领域最典型的机制——报刊的转型。报刊从私人的新闻写作，发展到商业报刊，就意味着商业流通和社会成员交往的界限难以确定，公共领域与私人领域在私人天地里越来越没有界限。进而从社会领域上说，社会的国家化和国家的社会化使国家和社会融合，从而破坏了资产阶级公共领域的基础，结果就是公共领域的消亡[2]。哈贝马斯是从社会总体结构的角度来分析资本主义社会的公共领域的产生和消亡现状。哈贝马斯所设想的资产阶级公共领域，是介于国家和社会之间的，源于私人领域的话语空间，这个领域里的人们可以自由言论，讨论公共事务，形成公共舆论，曾经的新闻、文学领域都构成公共领域的一部分。哈贝马斯的公共领域，有阶级和时代的局限性，但其设想的这个虚拟空间，为大众

---

[1] ［美］克莱·舍基：《人人时代：无组织的组织力量》，胡泳、沈满琳译，中国人民大学出版社2012年版，第18页。

[2] ［德］哈贝马斯：《公共领域的结构转型》，曹卫东等译，学林出版社1999年版，第171页。

新闻传播在社会中角色和功能提供了理想化的路径。

在社交网络面前，个人表达机会和渠道众多，个人在互联网的言论机会也剧增，导致用户生成内容（UGC）数量空前，尤其是社会性媒体的发展极大拓展了公共空间的边界，个人表达于是建构起社交网络的新公共空间。在这个公共空间里，个人成为信息传播的载体，创造新的知识生产方式，同时，个体之间又通过熟人—半熟—陌生的人际距离建立独特的社交网络关系网，完成自己的信息诉求或情感表达。

在人人都是传播者的时代，个体的自由表达，成了信息传播真实性的双刃剑，既能提供关键信息线索、增加信息量和言论，也会因发布虚假信息和不当言论而阻碍真相的传播，这就需要个体深刻理解自由的界限，提高媒介素养，遵守信息传播法律法规；对专业媒介机构而言，要仔细甄别网络信息的真实性，严谨对待网民言论，用娴熟的专业技能和良好的职业道德去从事新闻传播职业；对网络信息平台而言，利用技术的优势，在平台设计上发现并阻止虚假信息的传播，并与国家相关部门联动，对虚假信息进行打击；对社会而言，要尽快制定信息传播法，保证有法可依，同时，联动国家其他部门一起，对虚假信息的传播做严密的甄别和应对机制，杜绝网络虚假信息的传播。

## 二 多媒体、跨屏微屏融合传播

信息表达方式变革的背后，是大众传媒及其传播生态更新迭代的历程，多媒体、跨屏微屏融合传播，让信息传播有了更多元化和复杂的表达。传统媒体，如报纸、杂志、广播、电视等，在经历对互联网的排斥、对传统媒体命运的担忧和社会对其的争议后，进行了新闻业务和媒介经营的转型，转型成功的佼佼者，如《纽约时报》，在成功保留其纸质版的同时，不断尝试突破多媒体融合报道的边界。在媒体竞争如此激烈的今天，《纽约时报》的《雪崩》等专题报道，因其"融汇了文字、图片、视频、动漫和交互式图形，并且是无缝式、连贯的'叙事流'，而不是把这些不同的元素拼接在一起，产生了强劲的传播效果"[①]，而获得 2013 年的普利策奖。《纽约时报》的新媒体业务和经营的转型，为传统媒体在信息时代的发展提供了成功的样本。

---

① 陈昌凤：《创新中的新闻业：编辑融合与经营分离》，《新闻与写作》，2013 年第 4 期。

如今的传统媒体，经历过互联网媒体快速发展的竞争性震荡后，在不断经历新闻业务和媒体理念的荡涤的同时，探索自己的独特发展之道。在媒介怀疑和怀疑媒介成为普遍的传播心态时，传统媒体更应该在解疑释疑、报道真相、维护传播公正方面发挥专业机构的作用。在信息时代，传统媒体，尤其是主流权威媒体，可以全面发挥自己在新闻业务领域的专业性，通过甄别性整合各方信源，提供受众所需要的新闻实时动态和信息真相，通过多样的传播渠道，让更多的受众获知新闻真相；利用自己在新闻传播领域多年树立的权威和威信，在重大新闻事件，如突发性风险事件等发生后，能够向受众传播严谨、专业、真实、公平的权威信息，及时抵制谣言，履行新闻界的社会责任；通过丰富新闻表达形态和拓展新闻传播边界，利用互联网和移动互联网技术和平台，让新闻报道能为更多的受众所获取，走出新媒体时代多媒体融合报道的新路。

在传统媒体纷纷拥抱互联网，经历着业务和经营的双重转型的同时，网络自生媒体和社会性媒体，也在移动互联网和物联网技术的带动下，更新新闻传播的操作流程，改变新闻传播生产方式和丰富新闻传播的样态。《今日头条》，是基于数据挖掘的新闻推荐平台，自2012年发布以来，几年时间用户数已超过6亿，它为互联网新闻传播提供了非典型的样本，即以给受众推荐有关联性、个性化的新型信息服务为代表的媒体，这种技术驱动型的网络新闻机构，开创了独特的互联网传播生态。当重大、突发的新闻事件发生后，像《今日头条》这类的媒体服务平台，将会在短时间内通过数据挖掘和算法模型，向用户推送所有有关这类事件的新闻和评论，如何鉴别信息真假和信源权威性，更加智能、灵活地向受众推送新闻，将是未来这类新闻媒体平台致力于要解决的问题。以微博和微信、知乎和豆瓣为代表的社会性媒体平台，则将UGC视为核心竞争力，通过高价值的UGC（如经过认证的大V、公共账号等），共同设置热点议题、寻找新闻线索、发表言论引发受众的关注等，这些受众在社会性媒体平台上建立了话语共同体和情感共同体。

当"互联网+"成为国家行动战略后，网络媒体地址得到了正名，同时伴随物联网技术的发展，VR等虚拟现实技术进入新闻传播领域，为未来的新闻传播提供了多种想象。

大众传媒机构更新和业务创新，也催生了受众信息消费方式的转变。皮尤研究所最近的调查显示，44%的受访者并不能回忆起自己在过去两小时内浏览了什么网页。也就是说，人们只倾向于关注新闻内容，而非新闻网站本身。这将会影响以内容为王为宗旨的媒体的品牌建设。在此基础上，亨利·詹金斯（Henry Jenkins）提出了"延展型媒体"（spreadable media）概念，他认为，这种媒体更加重视与受众的合作，借助人工智能等新技术手段，通过参与和体验共同完成媒介内容的生产、流通和消费①。詹金斯的"延展型媒体"，与其说是一种新的媒介形态，不如说是一种新的传受关系，即重视让受众参与到新闻传播的过程中，共同完成实践活动。在这样的态势下，大众传媒机构应该正视受众在新闻传播中的角色和需求，重视受众的需求，加强与其的互动，消除与其之间的怀疑和不信任。

### 三 线上、线下的联动

信息时代的传受互动经历着频率、深度和广度的拓展。一方面，让受众对信息的时效性和真实性提出了更高的要求，同时对专业传媒机构的传播效率和传播效果寄予了更高的期望；另一方面，受众积极参与到大众传播过程中，能动地接受信息，在一些新闻事件中，尤其是在社会风险事件中，由于传播的失衡、媒体的失语和信息的不对称，而经常出现线上、线下联动的社会效应，甚至还会造成群体性事件，为受众心态和社会安全埋下不确定和不稳定的种子。

有学者总结了 2015 年我国群体性事件呈现的一些特征，其中有一点就是"群体性事件的动员与宣传日益依赖互联网（尤其是互联网自媒体），线上线下的联动日益深入"②。线上（依靠网络论坛、社会性媒体；依靠手机、平板电脑等移动终端）对不当行为进行曝光、信息宣传和行动动员；线下集结民众，包括事件相关者和不相关的同情者，以各种行为来表达诉求。虽然群体性事件起因、经过和结果各不相同，但在其从单纯事件演变为群体性事件过程中，都面临着信息传播的失真、失衡和不公平，进而使矛盾升级，在这个过程中，大众传播媒体通常作为信息的"放大（或缩小）站"，发挥着重要的作用。群体性事件的产生，通常源自风险

---

① http://www.cac.gov.cn/2016-01/11/c_1117739167.htm，2017-7-27.
② 于建嵘，《当前群体性事件的态势和特征》，腾讯文化，http://cul.qq.com/a/20160223/023980.htm，2016-2-23。

事件的升级。卡斯彭斯等学者在20世纪80年代提出了风险的社会放大效应框架,详细分析了风险事件发生过程中的信息传播全过程,以及其造成的涟漪效应和后续影响。在风险事件的传播过程中,负责传递信息的社会站,除了新闻媒体外,还包括意见领袖、文化与社会群体、政府机构、志愿组织,它们在风险事件中承担着非常重要的作用,通常是涟漪效应发生的重要催化剂。国内发生的很多群体性事件,都是经由社会站的催化后,导致了行动的升级,发生了群体性事件。

在今天的时代,风险事件仍将不断发生,社会个体也会因传播的广泛性和互动的深入性,而被卷入其中,要深入了解风险事件的传播和发酵逻辑,尤其是各个社会站,在信息传播和事件应对处理过程中,要保持信息透明和公正;关注当事群体和个人的诉求,并及时做出反馈;关注线上线下的互动发展,在事件关键节点上,不能失语和缺席;重视涟漪效应,认真研究其对社会各个层面的影响,重点关注关联影响和长期影响。

## 第二节 互动、互驯、共谋的传播模式

### 一 互动塑造新型传受关系的基石

对大众传播媒介的角色和功能,传播学界有很多经典的理论,但究其本源和字义,大众传播媒介是一种介质,发挥着中介和仲裁的作用,它既是信息从信源到信宿的传播者,也是社会关系的协调者,在现代媒介生态中,各种传媒机构还应该是传播平台的搭建者,保证传播链路的畅通、传播内容的真实性以及传播过程的公平公正。在新的传播技术的保障下,世界在现实领域和媒介领域互联。现实领域中,商品和服务在全世界流通,"世界工厂"和"全球协作"都见证着全球化的到来和繁荣。媒介领域中,信息以各种形式,让资讯、知识、思想和观念跨越地理和行政边界,来到大众面前。麦克卢汉所说的人类在技术发展下,经历着三个阶段的延伸,从"机械时代的身体在空间范围内的延伸,到电子技术使中枢神经延伸,再到从技术上模拟意识的最后延伸阶段"[1],应用到大众传播领域也

---

[1] [加]马歇尔·麦克卢汉:《理解媒介——论人的延伸》,何道宽译,商务印书馆2000年版,第20页。

是如此的贴切。

大众传媒机构作为中介联结受众与社会。大众传播的广度和深度的纵深发展是一把双刃剑，带来信息和资讯丰富的同时，也会引发信息爆炸、碎片化信息消费、浅阅读等"传播病"，更需要大众传媒机构的专业性传播。大众传媒机构应该对社会上的各种事件讯号保持敏感和敏锐，及时实时提供受众所关心和关注的新闻事实，将收集到的新闻线索及时呈现，在一些网络自媒体妄下论断的时候，能保持冷静、客观和公正，并对受众反馈的信息及时回应和补充，做好受众和社会之间的连接者和传播者。

大众传媒机构之间互联，共同搭建传播平台。喻国明教授等人认为平台型媒体是未来媒介发展的主流模式，可以"在不同领域，以人的社会关系和社会关联作为半径来构造传播的生态型平台"[1]。从这个角度说，媒介与媒介之间，是一种竞合关系，在未来，更多的是体现的合的一面。合作体现在不同媒介类型和不同媒介组织之间的合作，传统媒体、互联网媒体和社会性媒体之间，可以相互发挥各自的信息传播特点，通过协作、共享等方式搭建信息平台，共同完成信息传播；媒介组织之间也可以合作、互动，尤其在一些重大新闻事件的报道上，可以发挥不同媒介组织的历史和现实优势，共同将最真实信息以最快的速度传递给受众，并不断保持更新。媒介组织间的这种平台，可以是开放的，也可以是半开放的；可以是现实的，也可以是虚拟的。

传播机构的互联最终实现的是人与人的连接。在"平台型媒体"生态圈建立的背后，是人与人之间通过媒介和信息的广泛互联。《新闻联播》和《春节联欢晚会》创造了大多数中国受众的集体媒介时间和媒介记忆；环境风险事件中，当事者和其他受众，通过各种信息渠道，在心理和情感形成了共识，引发对环境和生态问题的集体、长久的关注，有些甚至引发了集体性的社会行为和习惯的改变；微信和微博，通过对话、群聊、朋友圈等传播和沟通方式，建构了陌生人、半熟人和熟人的圈子，圈子之还会互相交叉和重构。由媒体和传播引发的连接，以开放和透明的特点，有助于媒介、受众和社会之间的新型关系的建立。

---

[1] 喻国明、焦建、张鑫，《"平台型媒体"的缘起、理论与操作关键》，《中国人民大学学报》2015年第29期。

## 二 互驯构建媒介生态系统的基本模式

学者们认为驯化是人类农业的起源的重要组成部分，驯化描述的是人类与动植物之间在经年累月中形成的一种"默契"的关系，最终造就了独特的农业生态系统。但在人类驯化动植物的过程中，人类极大地改变了被驯化物，后者也同样极大地驯化和改变了人类。走过农业后，人类的大部分成员在数千年的时间中再也离不开土地，他们的全部生活节奏要跟随被他们驯化的作物，他们必须严格地按照时令耕种、播种、除草、收割、储藏，与游动的自由从此诀别[①]。动植物在互驯中完成了种类的多样性和进化，而文化的进化也如同生物进化，在互动和博弈中进行和演变，形成了一个个文化生态系统，大众传媒的生态系统就属于其中的一类。

大众传媒因受众而生，随受众的信息需求变化而不断创新，受众对新闻、知识、信息有需求，尤其在全球化年代，受众需要专业传播机构提供他们工作、生活和社交所需要的各种信息，满足他们的知情、求知和娱乐需求；大众传媒机构也因受众的接受和信赖，而获得经济上的回报和社会声誉的提升。

虽然大众传媒和受众之间，总因为信息的真实性和传播的失衡问题，存在怀疑和不信任，但媒介和受众之间，并非对立关系，相反，他们之间应该是各取所需。因此，对传统媒体，尤其是权威、主流媒体而言，要珍惜与受众之间经年累月积累的信任，不能为了追求一时的眼球效应，就丢掉长久以来的新闻专业主义态度和精神，尤其在浮躁的信息传播年代，更应该恪守原则、坚守底线，用专业和诚信换取受众的信任，这样才会带来长久的互利关系；网络媒体，尤其是社会性媒体平台，虽然因快速、透明和互动性强，受到广大受众的接受和频繁使用，但也带来众多网络虚假信息、低俗信息，再加受众的自由评论，会使本来复杂的传播现象变得更加复杂。因此，对网络媒体而言，要发挥好平台的守门人和监督者的功能，利用技术精进，制定网络信息传播的合理规则，尽量让虚假信息降低到最低。比如微博和微信都有举报的功能，一旦举报核验成功，发布虚假信息的账号就会被封锁，这样一定程度上就遏制了虚假信息的蔓延，但未来可以在数据挖掘和大数据技术支持下，对网络舆论危机事件进行预判，就可

---

[①] 郑也夫：《文明是副产品》，中信出版集团2015年版，第79页。

以最大限度地保证网络信息传播环境的纯净。

对受众而言，如今他们可以参与新闻传播制作的全过程，电台媒体的爆料和连线、电视媒体的现场直播、网络媒体的直播等，都从传播技术和过程上，保证了受众的全程全时参与，就连与电子传播技术相距甚远的印刷媒体，也通过自己的网络平台和社会性媒体平台，最大限度地让受众能及时反馈和参与，因此，受众可以为大众传播媒体提供信息线索、新的报道角度、专业的分析和公众舆论。这些都可以让大众传媒更快速便捷地获取信源、了解受众需求、获知受众反馈，最终促进这些传媒机构更好地提供信息服务。

对社会而言，大众传媒与受众，本就是社会日常生活的重要组成部分，大众传媒从最初的私人行为到社会职业，受众从偶尔暂时接受媒体信息，到固定、频繁地接受大众传媒信息，大众传媒机构和受众的关系作为固有社会关系，已为社会所验证和接受。大众传媒对社会而言，是个信息集散地，提供了人们社会生活所必需的政治、经济、文化资讯；社会对大众传媒而言，是环境容器和互动平台，是社会各群体关系的一个面向。

### 三 共谋达成传播效果的终极目标

有了互联、互利和互驯作为未来大众传播的前提，为媒介、受众和社会之间的长久信任提供了可能性路径。理想的传受关系，应该是广泛互联、畅通沟通、信息真实精准、传受互利的，要达到共赢，需要媒体、受众和社会之间协同合作、信任共赢。

大众传媒机构间的合作，主要表现为传播样态的包容性和传播业务的合作。传统媒体和新媒体、印刷媒体、电子媒体、互联网媒体和移动互联网媒体之间，摒除原先的谁更代表未来、谁将会取代谁的论争，事实上，新闻传播业作为一种社会职业，经历了一百多年的发展，一直在推陈出新的同时，没有任何一种传播样态已完全被另一种所取代，与其危言耸听、人心惶惶地讨论谁会替代谁，还不如顺应时代的发展和关注受众的需求变化，发挥媒介自身的物理性能和传播优势，进行转型或升级，更好地提供传播服务。传播业务上的合作，主要指面对不同的传播素材，各种媒体及其媒体平台如何整合资源、合理传播，信息的本质是消除受众的不确定性，在媒体纷繁、信息众多的今天，大众传播到底在何种程度上消除了受众的不确定性，应该如何更好地消除这种不确定性，应成为不同类型的大众传媒思考和着力解决的问题,尤其是以个体为单位的自媒体的兴起,专业的传媒机构如何与自媒体进行合作,用自己的信息整合能力和专业传播能力,与自媒体的观点多元和传播灵活搭配和合作,将媒介产品更加完整、全面和真实地传递到受众面前。

大众传媒机构与个人以及社会的合作,一方面,体现在大众传媒机构为个人和社会提供他们所需要的信息产品,同时结合用户生成的内容,更完整地将信息呈现在大众面前,以满足他们的知识需求、娱乐需求、情感需求等。另一方面,作为被卷入大众传播时代的个体,也应该在实践中提高自己的媒介素养,不仅要增加对新闻传播行业的理解,而且要深入理解传播的本质和伦理,当自己参与到信息传播链中时,能更理性、客观、公正地对待大众传媒、职业传播者及其他们传递的信息。在媒介、受众和社会三方之间,多些理解、少些误会;多些真相、少些幻象;多些沟通、少些闭塞,那么三者的关系会更融洽,也更能获得共赢的传播效应。

## 第三节 "新世界主义"中人际、媒介和社会信任的良性循环

媒介怀疑论,本质上是对媒介、受众以及他们所处的社会环境之间的关系的反思,体现的是三者之间的错综复杂的关系,进而引发怀疑关系的修复和信任关系的重建。但信任关系的重建是一个复杂的关系重建,之所以复杂,不仅因为传播和互动活动本身的复杂性,而且还在于受众、媒介和社会各自业已形成的关系模式。

### 一 人际信任影响传受关系

信任是社会繁荣和发展的基石,对信任的定义,福山认为是"在一个社团之中,成员对彼此常态、诚实、合作行为的期待,基础是社团成员共同拥有的规范,以及个体隶属于那个社团的角色"[1]。福山所说的社团,既可以是几个人组成的社团,体现的是人际关系,也可以是由多个社团组成的社会社团,体现的是社会关系。

---

[1] [美] 弗兰西斯·福山:《信任——社会道德与繁荣的创造》,李宛蓉译,远方出版社1998年版,第35页。

信任普遍存在于社会关系中，其中人与人之间的信任就是人际信任。对于各个国家、民族和地区的人际信任的模式，大多因习俗、历史传统、宗教文化因素的差异而不同，对中国社会的人际信任模式，西方学者，如马克斯·韦伯（Max Weber）、福山等都认为中国的人际信任建立在血缘等特殊家族关系上，因而缺乏对家族之外的人的普遍信任；费孝通在研究中国20世纪40年代的乡村社会时，看到了乡村的人与人之间的从血缘结合到地缘结合的转变[①]；国内学者李伟民等通过实证分析，得出结论，认为"中国人根据双方之间的人际关系所确定的有选择倾向性的相互信任即特殊信任，与根据有关人性的基本观念信仰所确定的对人的信任即普遍信任，两者之间并非是相互排斥或相互包容的，而是各自独立无明显关联的"[②]。

在今天的中国社会，人际信任模式也直接影响传受关系，影响人们对信息和媒介的认知。具体来说，人际信任影响媒介信任主要体现在以下三点：熟人、朋友圈的传播，更容易引发人们的信任。在社交媒体和软件风靡的今天，同事、朋友等各种熟悉和信任关系之间，经由社交媒体的点对点或群体传播，会迅速引发关注，再经由大众传媒的传播，事件会有延展性和发酵性发展，很多突发、危机事件的传播过程，就因这种模式而走向多向度的发展。半熟、小圈子的理性分析和传播，能增进人们对信息和媒介的信任。舆论领袖、因兴趣、爱好等结合而成的群、拥有大阅读量和受众的公众账号等，在这些半熟—半陌生的社会关系中，信息的传播主要依靠人与人之间的信任关系进行，而这些传播方式，越来越成为社会性媒体未来发展的传播模式。职业的大众传媒机构的信息，受众会越发理性、怀疑地对待。随着受众的媒介素养和信息传播参与度的变化，对职业大众传媒的传播，受众会用更高的要求和更理性的态度对待，而作为大众传媒组织，除了要努力与受众建立长久、互动和信任的关系外，还要不断提供实时真实资讯、多维度的信息和多元化的报道角度。

## 二 媒介信任映射出人际信任的变化和社会信任的现状

大众传媒以信息和媒介为载体，连接人和社会；对传播媒介及其信息

---

[①] 费孝通：《乡土中国》，北京出版社2005年版，第109页。
[②] 李伟民、梁玉成：《特殊信任与普遍信任：中国人信任的结构和特征》，《社会学研究》2002年第3期。

的信任程度，也反映出人与社会的整体信任程度。对大众传媒与人和社会之间的关系，不能一概而论，而应该采用动态、互动和发展的观点。媒介怀疑，并不代表大众传媒已无药可救而走向终点，相反，这意味着传播形态、传播生态和传受关系的转型。怀疑中积极的因素，在于大众传媒机构和受众对真相的锲而不舍的追求；对媒介、信息和受众的怀疑，则体现了信息传播、传受关系将会进入新的境界，需要通过重构来完成信任的修复和重建。

未来的人际关系，会因联结的全面性和多点性，而走向更加多元的面向。人与人之间会有各种联结，既有熟悉的血缘、各种社会角色和关系的联结，还有因事件和介质造就的圈子联结，这些都构成了人际关系的多维度发展，也会影响人与媒介的联结。对人与媒介的传播信任关系，要关注每一个事件传播中的各个环节、传播的后续影响中的信任关系的建构和变化。未来的社会关系中，信息将会成为极其关键的关系因子，在各种关系中互相碰撞、催化和再建，因此对以信息为主要传播内容的大众传播行业及其与受众建立的传受关系，要加强研究和重视，并以此作为社会发展、变化和进步的观察棱镜。

### 三 人际信任和媒介信任加速夯实社会信任

大众传媒及其营建的传播样态和传播生态，最终将被作为社会信任的组合部分，融入到广泛的社会互动和社会结构中。一方面，从大众传播内容中呈现出的矛盾、对立和冲突，同时反映出社会关系和信任的漏洞，如社会舆论危机事件和群体性事件中反映出的医患关系、警民关系等冲突信号，也意味着社会信任关系建构的任重道远，再如对各种风险传播（环境、化工、核能源、食品安全、公共卫生等）事件的集体性关注，反映出人们对风险社会中各种危机的不确定和担心，这种不确定性和担心的心态如果得不到信息的满足和情绪的疏解，那就会积累社会不稳定因素，逐渐瓦解社会信任；另一方面，传受关系作为社会关系的一部分，在大众传播领域联结了人、媒介与社会，也是人的社会化过程中十分重要的一种关系，人和媒介的信任是社会信任的重要组成部分，也是社会诚信体系中的一个重要指标。

媒介信任作为其中的重要部分，其在社会诚信体系创建中需要发挥更大的作用。大众传媒机构及其传播内容，既要做好社会诚信体系建立的传播者和监督者，同时也要致力于营建真实、透明、公平、公正的媒介生态环境和传受关系。建立沟通顺畅和互动良好的人际信任，依靠人际信任建立真实准确、公平透明的媒介信任，最终推动社会信任的发展和进步，从而形成互相信任、高度诚信的社会氛围。

# 结　　语

　　随着人类在认识世界和改造世界的路上越走越远，人类在大众传播领域的信息接受、交换和传播也日益频繁和深入，不知不觉间，我们走入了信息时代。信息时代的大众传播信息、载体、传播方式和效果评估，都在发生转变，随之而变的，还有媒介与受众之间的关系。海量信息和碎片化传播的今天，媒介与受众之间的怀疑在加剧，由此折射出的是全社会和各群体之间的信任问题。

　　怀疑作为媒介与受众的关系现状，是在传播环境、过程、特征和互动方式等各方面演变中形成的，在那之前，媒介与受众经历了控制与被控制的敬畏年代，也走过了引导和被引导的依赖阶段，如今，进入到互相影响和渗透的关系状态。在媒介与受众通过信息传播相互影响和深度互动时，怀疑也慢慢滋生，存在于符号从信源，经由媒介到信宿的全过程：信息技术的发展会造成传播和信息的偏向从而产生怀疑；媒体的传播态度、目的、方法和结果都会招致怀疑；受众对信息的解码和译码能力，也会影响对信息的接受。而且，由于大众传媒机构在社会中的特殊地位，因此，存在于媒介与受众之间的怀疑，还直接凸显了社会诚信问题，引发了人们对责任、公正、正义、知识、道德、价值观的重新思考。事实上，在媒介怀疑中，我们必须反思新闻媒介的责任和功能是什么、应该做什么样的受众这样的问题，从而进一步思考媒体和受众在诚信社会的修复过程中，应该扮演什么样的角色和发挥什么样的功能。

　　诚然，随着大众传播的发展和传播技术的进步，新的媒介形式和传播方式在涌现，带来的不仅是新的传播机制和模式，更是媒介与受众关系修复和重建的新场域。社会性媒体，作为新的媒介形式，带来新的传播方式，又搭建了新的传播平台，创造新的互动模式，塑造全新的传受关系。在互联网领域，或未来的移动互联网中，它都将持续散发影响力。社会性媒体的出现，为化解媒介与受众的怀疑状态，乃至修复社会信任，都提供了一种独一无二的方法和路径。让真实、正义、公平、善意、责任等广为人质疑和怀疑的精神在社会性媒体上释放和散播，虽已有了成功的试验，但对其的谨慎性关注和批判性研究仍要不断深入。

# 参考文献

## 中文图书

［英］安东尼·吉登斯：《亲密关系的变革——现代社会中的性、爱和爱欲》，陈永国、汪民安等译，社会科学文献出版社2001年版。

［英］安东尼·吉登斯：《失控的世界》，周红云等译，江西人民出版社2001年版。

［英］安东尼·吉登斯：《民族—国家与暴力》，胡宗泽、赵刀涛译，生活·读书·新知三联书店1998年版。

［英］安东尼·吉登斯：《现代性与自我认同——现代晚期的自我与社会》，赵旭东、方文译，生活·读书·新知三联书店1998年版。

［英］安东尼·吉登斯：《社会的构成：结构化理论大纲》，李康、李猛译，生活·读书·新知三联书店1998年版。

［英］安东尼·吉登斯：《社会学》（第四版），赵旭东、齐心、王兵、马戎、阎书昌译，北京大学出版社2003年版。

［美］埃弗雷特·罗杰斯：《传播学史——一种传记式的方法》，殷晓蓉译，上海译文出版社2005年版。

［美］艾伦·约翰·珀西瓦尔·泰勒等：《社会心理学》（第十版），谢晓非等译，北京大学出版社2004年版。

［希］柏拉图：《柏拉图全集》，王晓朝译，人民出版社2002年版。

［美］彼得·伯格、［荷］安东·泽德瓦尔德：《疑之颂：如何信而不疑》，曹义昆译，商务印书馆2013年版。

［英］芭芭拉·亚当：《时间与社会理论》，金梦兰译，北京师范大学出版社2009年版。

［法］波德里亚：《消费社会》，刘成富、全志钢译，南京大学出版社2000年版。

包亚明：《文化资本与社会炼金术——布尔迪厄访谈录》，上海人民出版社1997年版。

［美］查尔斯·霍顿·库利：《社会过程》，洪小良等译，华夏出版社2000年版。

［美］查尔斯·霍顿·库利：《人类本性与社会秩序》，包凡一、王源译，华夏出版社1999年版。

［美］查尔斯·蒂利：《信任与统治》，胡位钧译，上海人民出版社2010年版。

［美］大卫·帕金翰：《童年之死：在电子媒体时代成长的儿童》，张建中译，华夏出版社2005年版。

［美］戴维·波普诺：《社会学》（第十版），李强等译，中国人民大学出版社1999年版。

［美］大卫·里斯曼：《孤独的人群》，王崑、朱虹译，南京大学出版社2002年版。

［美］丹尼斯·麦奎尔、［瑞］斯文·温德尔：《大众传播模式论》，祝建华、武伟译，上海译文出版社1987年版。

［美］戴维·斯沃茨：《文化与权力——布尔迪厄的社会学》，陶东风译，上海译文出版社2006年版。

［美］大卫·帕金翰：《童年之死：在电子媒体时代下长大的孩童》，杨雅婷译，台湾巨流图书公司2003年版。

［美］丹尼尔·贝尔：《后工业社会》，彭强编译，科学普及出版社1985年版。

［美］德弗勒、丹尼斯：《大众传播通论》，颜建军等译，华夏出版社1989年版。

［美］弗兰西斯·福山：《信任——社会道德与繁荣的创造》，李宛蓉译，远方出版社1998年版。

［美］费斯克：《传播符号学理论》，张锦华译，远流出版社1995年版。

［英］弗里德里希·奥古斯特·哈耶克：《通往奴役之路》，王明毅、冯兴元等译，中国社会学科出版社1997年版。

［美］凡勃伦：《有闲阶级论——关于制度的经济研究》，蔡受百译，商务印书馆1964年版。

［美］菲利普·帕特森、李·威尔金斯:《媒介伦理学:问题与案例》(第四版),李青藜译,中国人民大学出版社 2006 年版。

［美］弗朗西斯·福山:《大分裂——人类本性与社会秩序的重建》,刘榜离等译,中国社会科学出版社 2002 年版。

［美］菲利普·科特勒:《国家营销》,俞利军译,华夏出版社 2003 年版。

［美］冯·贝塔朗菲:《一般系统论:基础、发展和应用》,林康义等译,清华大学出版社 1987 年版。

樊葵:《媒介崇拜论——现代人与大众媒介的异态关系》,中国传媒大学出版社 2008 年版。

费孝通:《乡土中国》,北京出版社 2005 年版。

［德］黑格尔:《逻辑学》(上下卷),杨一之译,商务印书馆 1982 年版。

［美］赫伯斯·甘斯:《谁在决定新闻——对 CBS 晚间新闻、NBC 夜间新闻、〈新闻周刊〉及〈时代〉周刊的研究》,石琳、李红涛译,北京大学出版社 2009 年版。

［加］哈罗德·伊尼斯:《传播的偏向》,何道宽译,中国人民大学出版社 2003 年版。

［德］哈贝马斯:《公共领域的结构转型》,曹卫东、王晓珏、刘北城、宋伟杰译,学林出版社 1999 年版。

［美］赫伯特·马尔库塞:《单向度的人——发达工业社会意识形态研究》,张峰、吕世平译,上海译林出版社 2006 年版。

胡元辉:《全球崛起的公民媒体:新闻革命进行式》,允晨文化,2010 年版。

何怀宏:《公平的正义:解读罗尔斯〈正义论〉》,山东人民出版社 2002 年版。

黄丹:《传者图像:新闻专业主义的建构与消解》,复旦大学出版社 2005 年版。

黄广明:《SARS10 年改变的和未变的》,《南方人物周刊》2013 年 3 月 4 日。

胡泳:《熟悉的就是好的》,《新周刊》2011 年 10 月 15 日。

胡泳:《尽精致而致广大》,《新周刊》2010 年 12 月 1 日。

［美］贾雷德·戴蒙德：《大崩坏：人类社会的明天》，廖月娟译，时报文化出版企业股份有限公司 2006 年版。

［日］吉见俊哉：《媒介文化论：给媒介学习者的 15 讲》，苏硕斌译，群学出版有限公司 2009 年。

江作苏等：《媒介公信论》，新华出版社 2010 年版。

季羡林：《中国纸和造纸法输入印度的时间和地点问题》，《历史研究》1954 年第 4 期。

［美］凯文·凯利：《失控：全人类的最终命运和结局》，陈新武等译，新星出版社 2010 年版。

［美］克莱·舍基：《人人时代：无组织的组织力量》，胡泳、沈满琳译，中国人民大学出版社 2012 年版。

［美］理查德·A. 波斯纳：《公共知识分子——衰落之研究》，徐昕译，中国政法大学出版社 2002 年版。

［美］罗伯特·帕特南：《独自打保龄：美国社区的衰落与复兴》，刘波等译，北京大学出版社 2011 年版。

［美］罗伯特·K. 默顿：《社会理论和社会结构》，唐少杰、齐心等译，译林出版社 2008 年版。

［美］刘易斯·芒福德：《技术与文明》，陈允明、王克仁、李华山译，中国建筑工业出版社 2009 年版。

［美］尼克·史蒂文森：《认识媒介文化——社会理论与大众传播》，王文斌译，商务印书馆 2001 年版。

［美］罗伯特·西奥迪尼：《影响力》，陈叙译，中国人民大学出版社 2006 年版。

［美］刘易斯·芒福德：《城市发展史：起源、演变和前景》，宋俊岭、倪文彦译，中国建筑工业出版社 2005 年版。

罗世宏、胡元辉：《新闻业的危机与重建——全球经验与台湾省思》，先驱媒体社会企业股份有限公司 2010 年版。

李良荣：《新闻学概论》（第三版），复旦大学出版社 2008 年版。

李永健：《大众传播心理通论》，中国传媒大学出版社 2008 年版。

李泽厚：《美的历程》，文物出版社 1981 年版。

［加］马歇尔·麦克卢汉：《理解媒介：论人的延伸》，何道宽译，商务印书馆 2000 年版。

［美］迈克尔·埃默里、埃德温·埃默里：《美国新闻史——大众传播媒介解释史》（第八版），展江、殷文主译，新华出版社2001年版。

［美］迈克尔·海姆：《从界面到网络空间——虚拟实在的形而上学》，金吾伦、刘钢译，上海科技教育出版社2000年版。

［德］马克斯·韦伯：《儒教与道教》，王容芬译，商务印书馆1999年版。

［美］迈克尔·J. 桑德尔：《自由主义与正义的局限》，万俊人等译，译林出版社2001年版。

［法］米歇尔·福柯：《必须保卫社会》，钱翰译，上海人民出版社1999年版。

［美］马克·波斯特：《信息方式——后结构主义与社会语境》，范静晔译，商务印书馆2000年版。

［美］梅尔文·L. 德弗勒、埃弗雷特.E. 丹尼斯：《大众传播通论》，颜建军、王怡红、张跃宏、刘迺文译，华夏出版社1989年版。

［加］马歇尔·麦克卢汉：《理解媒介——论人的延伸》，何道宽译，商务印书馆2000年版。

马明艳、张凌霄：《浅析史量才与普利策的新闻专业主义》，《新闻传播》2012年4月。

［德］尼古拉斯·卢曼：《信任》，瞿铁鹏、李强译，上海世纪出版集团2005年版。

［美］尼尔·波兹曼：《童年的消逝》，吴燕莛译，广西师范大学出版社2004年版。

［美］尼尔·波兹曼：《娱乐至死》，章艳译，广西师范大学出版社2004年版。

［美］尼尔·波兹曼：《技术垄断：文化向技术投降》，何道宽译，北京大学出版社2007年版。

［英］尼克·史蒂文森：《认识媒介文化：社会会理论与大众传播》，王文斌译，商务印书馆2001年版。

［美］欧文·戈夫曼：《日常接触》，徐江敏、丁晖译，华夏出版社1990年版。

［美］欧文·戈夫曼：《日常生活中的自我呈现》，黄爱华、冯钢译，华夏出版社1989年版。

［德］齐美尔：《货币哲学》，陈戎红、耿开君、文聘元译，华夏出版社 2002 年版。

［美］乔治·H. 米德：《心灵、自我与社会》，赵月瑟译，上海译文出版社 1992 年版。

［美］乔治·彼得·穆道克：《社会结构》，许木柱等译，洪叶文化事业有限公司 1996 年版。

［法］让-诺埃尔·让纳内：《西方媒介史》，段慧敏译，广西师范大学出版社 2005 年版。

［美］斯塔夫里阿诺斯：《全球通史：从史前史到 21 世纪》（上）（下），吴象婴等译，北京大学出版社 2005 年版。

［英］斯图尔特·艾伦：《新闻业：批判的议题》，纪莉、石义彬译，武汉大学出版社 2011 年版。

舒衡哲：《中国启蒙运动——知识分子与五四遗产》，刘京建译，桂冠图书股份有限公司 2000 年版。

邵培仁：《传播学》（修订版），高等教育出版社 2007 年版。

邵培仁、刘强：《媒介经营管理学》，浙江大学出版社 1998 年版。

邵培仁：《媒介管理学》，高等教育出版社 2002 年版。

邵培仁、章东轶：《媒介管理学经典案例》，高等教育出版社 2003 年版。

邵培仁等：《媒介理论前瞻》，浙江大学出版社 2012 年版。

邵培仁：《媒介生态学：媒介作为绿色生态的研究》，中国传媒大学出版社 2008 年版。

邵培仁：《媒介地理学》，中国传媒大学出版社 2010 年版。

邵培仁等：《媒介舆论学》，中国传媒大学出版社 2009 年版。

邵培仁等：《媒介理论前沿》，浙江大学出版社 2009 年版。

邵培仁：《文化产业经营通论》，四川大学出版社 2005 年版。

苏国勋、刘小枫：《二十世纪西方社会理论文选》（四册），上海三联书店、华东师范大学出版社 2005 年版。

施小冬：《媒介审判：新闻专业主义的畸变》，《青年记者》2009 年 5 月。

佘世红、贺丽春：《微博语境下的新闻专业主义》，《中国社会科学报》2012 年 5 月 16 日。

邵培仁、杨丽萍：《论媒介距离的传播特质及其现象和成因》，《新闻爱好者》2012 年第 13 期。

邵培仁：《媒介恐慌论与媒介恐怖论的兴起、演变及理性抉择》，《现代传播》2007 年第 4 期。

［美］托马斯詹·德·戈帝塔：《媒体上身：媒体如何改变你的世界与生活方式》，席玉苹译，猫头鹰出版社 2011 年版。

［美］托马斯·哈丁等：《文化与进化》，韩建军、商戈令译，浙江人民出版社 1987 年版。

［美］威尔伯·施拉姆：《大众传播媒介与国家发展》，金燕宁译，华夏出版社 1990 年版。

［德］维尔纳·桑巴特：《奢侈与资本主义》，王燕平、侯小河译，上海人民出版社 2000 年版。

［美］沃尔特·李普曼：《舆论学》，林珊译，华夏出版社 1989 年版。

［美］威尔伯·施拉姆、威廉·波特：《传播学概论》（第二版），何道宽译，中国人民大学出版社 2010 年版。

吴翠珍、陈世敏：《媒介素养教育》，台湾巨流图书公司 2011 年版。

王怡红、胡翼青：《中国传播学三十年》，中国大百科全书出版社 2010 年。

韦路、鲍立泉、吴廷俊：《媒介技术演化与传播理论的范式转移》，《当代传播》2010 年第 1 期。

王丹：《我国新闻专业主义研究综述》，《新闻世界》2011 年第 7 期。

吴飞、吴风：《新闻专业主义理念的建构》，《中国人民大学学报》2004 年第 6 期。

王潇、李文忠、杜建刚：《情绪感染理论研究述评》，《心理科学进展》2010 年第 18 卷。

［美］夏琳·李、乔希·贝诺夫：《网客圣经：成功房获人心的社群媒体行销》，周宜芳译，天下远见出版股份有限公司 2009 年版。

许祯元：《两岸政治传播与议题报导取向分析》，华泰文化事业公司 1999 年版。

熊澄宇：《资讯社会 4.0》，商周出版 2005 年版。

陈培爱：《现代广告学概论》，首都经济贸易大学出版社 2004 年版。

徐宝璜：《徐宝璜新闻学论集》，北京大学出版社 2008 年版。

熊培云：《重新发现社会》，新星出版社 2010 年版。

［美］约翰·奈斯比特：《大趋势——改变我们生活的十个新方向》，梅艳译，中国社会科学出版社 1984 年版。

［美］约翰·奈斯比特［德］多丽丝·奈斯比特：《中国大趋势：新社会的八大支柱》，魏平译，中国工商联合出版社 2009 年版。

［美］约翰·纳斯比：《Mind Set! 奈思比 11 个未来定见》，潘东杰译，天下远见出版股份有限公司 2006 年版。

［美］约翰·彼特·穆洛克：《社会结构》，许木柱、林舜宜等译，洪叶文化事业有限公司 1996 年版。

［荷］约翰·赫伊津哈：《中世纪的秋天——14 世纪和 15 世纪法国与荷兰的生活、思想与艺术》，何道宽译，广西师范大学出版社 2008 年版。

杨师群：《中国新闻传播史》，北京大学出版社 2007 年版。

喻国明、张洪忠：《中国广播公信力评测报告》，《民主与科学》2005 年第 4 期。

［美］詹姆斯·S. 科尔曼：《社会理论的基础》（上）（下），邓方译，社会科学文献出版 1999 年版。

［美］朱迪斯·M. 本内特、C. 沃伦·霍利斯特：《欧洲中世纪史》（第十版），杨宁、李韵译，上海社会科学院出版社 2007 年版。

臧国仁：《新闻媒体与消息来源》，三民书局 1999 年版。

周胜林：《论主流媒体》，《新闻界》2001 年 6 月。

郑也夫：《文明是副产品》，中信出版社 2015 年版。

## 外文图书

Aldous Huxley: *Brave New World Revisited*, Rosetta Books 2000.

Andera Forte and Vanessa Larco and Amy Bruckman: *Decentralization in Wikipedia Governance*, Management Information System 2009 (26).

AllenD. Schaefer and Charles M. Hermans: *A Cross-cultural Exploration of Advertising Skepticism and Media Effects in Teenagers*, Marketing Management 2005 (15).

Ann E. Williams: *Trust or Bust?: Questioning the Relationship Between Media Trust and News Attention*, Broadcasting & Electronic Media 2012 (56).

Andrew T. Stephen and Jeff Galak: *The Effects of Traditional and Social*

*Earned Media on Sales*: A Study of a Microlending Marketplace, Marketing Research 2012（49）.

Adam Rapp and Nikolaos G. Panagopoulos: *Perspectives on Personal Selling and Social Media*: *Introduction to the Special Issue*, Journal of Personal Selling & Sales Management 2012（32）.

Adam Rapp and Nikolaos G. Panagopoulos: Perspectives on Personal Selling and Social Media: Introduction to the Special Issue, Personal Selling & Sales Management 2012（32）.

Ágnes Gulyás: *Demons into Angels? Corporate Social Responsibility and Media Organisations*, Critical Survey 2011（23）.

Anthony R. Mawson: *Understanding Mass Panic and Other Collective Responses to Threat and Disaster*, Psychiatry 2005（68）.

Ball-Rokeach and S., & DeFleur and M. L: *A Dependency Model of Mass-media Effects*, Communication Research 1976（3）.

Bruce E. Pinkleton and Erica Weintraub Austin: *Perceptions of News Media, External Efficacy, and Public Affairs Apathy in Political Decision Making and Disaffection*, Journalism & Mass Communication Quarterly 2012（89）.

Beth Bell and Helga Dittmar: *Does Media Type Matter? The Role of Identification in Adolescent Girls' Media Consumption and the Impact of Different Thin-Ideal Media on Body Image*, Sex Roles 2011（65）.

Brad Millington and Brian Wilson: *Media Consumption and the Contexts of Physical Culture*: *Methodological Reflections on a " Third Generation" Study of Media Audiences*, Sociology of Sport Journal 2010（27）.

Chris Barker: *Making Sense of Cultural Studies*, Sage Publications 2002.

Chomsky Noam: "What Makes Mainstream Media Mainstream", Z Magazine 1997.

Caroline Picone and Ike: *The Tussle with Trust*: *Trust in the News Media Ecology*, Computer Law & Security Review 2012（28）.

De Almeida e-Silvaa and Teresa: *The Modern Language of Terror*: *The Role of Media on Terrorism*, Sociology Study 2011.

Diana Ingenhoff and A. Martina. Koelling: Media Governance and Corporate Social Responsibility of Media Organizations: an International Comparison, Business Ethics: A European Review 2012 (21).

Elizabeth L. Eisenstein: *From the Printed Word to the Moving Image*, Social Research 1997.

Esther Galor and Tansev Geylani and Tuba Pinar Yildirim: *The Impact of Advertising on Media Bias*, Journal of Marketing Researc 2012.

ElizabethEnglandkenney: *Media Representations of Attention Deficit Disorder: Portrayals of Cultural Skepticism in Popular Media*, Journal of Popular Culture, 2008 (41).

Evelien Van Der Schee and Judith D. De Jong and Peter P. Groenewegen: *The Influence of a Local, Media Covered Hospital Incident on Public Trust in Health care*, European Journal of Public Health 2012 (22).

Gregory Fernando Pappas: *John Dewey's Ethics: Democracy As Experience*, Indiana University Press 2008.

Gotthard Bechmann and Nico Stehr: *Niklas Luhmann's Theory of the Mass Media*, Soc 2011 (48).

Greg W. Marshall and William C. Moncrief and John M. Rudd and Nick. Lee: *Revolution in Sales: The Impact of Social Media and Related Technology on the Selling Environment*, Journal of Personal Selling & Sales Management 2012 (32).

Iraj Mahdavi: *Media Coverage of Corporate Social Responsibility*, Academic & Business Ethics 2011 (5).

John Rawls: *A Theory of Justice*, The Belknap Press of Harvard University Press Cambridge 1971.

John Delamater: *Handbook of Social Psychology*, Springer 2006.

Jounghwa Choi and Myengja Yang and Jeongheon J. C Chang: *Elaboration of the Hostile Media Phenomenon: The Roles of Involvement, Media Skepticism, Congruency of Perceived Media Influence, and Perceived Opinion Climate*, Communication Research 2009 (36).

James Andzulis and Nikolaos G. Panagopoulos and Adam Rapp: *A Review of Social Media and Implications for the Sales Process*, Journal of Personal Selling & Sales Management 2012 (32).

Jennette Schlinke and Stephanie Crain: *Social Media from an Integrated*

*Marketing and Compliance Perspective*, Journal of Financial Service Professionals 2013（67）.

Jenni Romaniuk：*Are You Ready for the Next Big Thing*?：*New Media Is Dead! Long Live New Media!*，Advertising Research 2012（52）.

John miller and Cybele Sack：*The Toronto-18 Terror Case：Trial by Media? How Nespaper Opinion Framed Canada's Biggest Terrorism Case*，The International Journal of Diversity in Organisation 2010（10）10.

Katz. E：*Publicity and Pluralistic Ignorance：Notes on the Spiral of Silence*，Mass Communication Review Yearbook，Saga 1983.

Kevin J. Trainor：*Relating Social Media Technologies to Performance：A Capabilities-Based Perspective*，Journal of Personal Selling & Sales Management 2012（32）.

L. A. White：*The Evolution of Culture：The development of Civilization to the Fall of Rome*，McGrawHill 1959.

Luciano Floridi：*Information：A Very Short Introduction*，Oxford 2010.

Ladd and Jonathan：*The Role of Media Distrust in Partisan Voting*，Political Behavior 2010（32）.

Leon Morse and Eleeza V. Agopian：*Measuring Press Freedom and Media Sector Performance：How Social Media have Affected the Media Sustainability Index* 2012（5）.

Leon Morse and Eleeza V Agopian：*Measuring Press Freedom and Media Sector Performance：How Social Media have Affected the Media Sustainability Index* 2012（5）.

M. Thier：*Media and Science：Developing Skepticism and Critical Thinking.* Science Scope 2008（32）.

Muhammad Aljukhadar and Sylvain Senecal and Denis Ouellette：*Can the Media Richness of a Privacy Disclosure Enhance Outcome? A Multifaceted View of Trust in Rich Media Environments*，International Journal of Electronic Commerce 2010（14）.

Melisande Middleton：*Social Responsibility in the Media*，Global Media Journal 2011.

Nikolaus Georg Edmund Jackob：*No Alternatives? The Relationship between*

Perceived Media Dependency, Use of Alternative Information Sources, and General Trust in Mass Media, International Journal of Communication 2010 (4).

Natalia Yannopoulou and Epaminondas Koronis and Richard Elliott: Media Amplification of a Brand Crisis and its Affect on Brand Trust, Marketing Management 2011 (27).

Qian Tang and Bin Gu and Andrew B. Whinston: Content Contribution for Revenue Sharing and Reputation in Social Media: A Dynamic Structural Model, Journal of Management Information Systems 2012 (29).

Rogers. E. M、Dearing, J. W: Agenda Setting Research: Where has it been, Where is it going?, Communication Yearbook 1988.

R. V. L. Hartley: Transmission of Information, International Congress of Telegraphy and Telephony 1927.

Robert A. Hackett: Media Terror?, Media Development 2007 (3).

Raymond J. Pingree and Andrea M. Quenette and John M. Tchernev and Ted Dickinson: Effects of Media Criticism on Gatekeeping Trust and Implications for Agenda Setting, Journal of Communication 2013 (63).

Rebecca Walker Naylor and Cait Poynor Lamberton and Patricia M. West: Beyond the 'Like' Button: The Impact of Mere Virtual Presence on Brand Evaluations and Purchase Intentions in Social Media Settings, Journal of Marketing 2012 (76).

Ram Kesavan and Michael D. Bernacchi and Oswald A. J. Mascarenhas: Word of Mouse: CSR Communication and the Social Media, International Management Review 2013 (9).

Rosamond McKitterick: The Uses of Literacy in Early Medieval Europe, Cambridge University Press 1990.

S. B. Clough and C. W. Coke: Economic History of Europe, D. C. Heath Press 1952.

Steven Matthews: Theology and Science in the Thought of Francis Bacon, Ashgate Publishing 2008.

Shayne Bowman and Chris Willis: We Media – How audiences are shaping the future of news and information, The Media Center at the The American Press Institute 2003.

The Commission On Freedom Of The Pess: *A Free And Responsible Press: A General Report on Mass Communication: Newspapers, Radio, Motion Pictures, Magazines, and Books*, The University of Chicago 1947.

Thomas Hanitzsch and Rosa: *Explaining Journalists' Trust in Public Institutions Across 20 Countries: Media Freedom, Corruption, and Ownership Matter Most*, Journal of Communication 2012 (62).

Tien-Tsung Lee: *Why They Don't Trust the Media: An Examination of Factors Predicting Trust*, American Behavioral Scientist 2010 (54).

Thomas A. Bryer: *Designing Social Media Strategies for Effective Citizen Engagement: A Case Example and Model*, National Civic Review 2013 (102).

Yariv Tsfati: *The Consequences of Mistrust in the News Media: Media Skepticism as a Moderator in media Effects and as a Fator influencing News Media Exposure*, Doctorate Thesis of University of Pennsylvania 2002.

Yariv Tsfati and Peri Yoram: *Mainstream Media Skepticism and Exposure to Sectorial and Extranational News Media: The Case of Israel*, Mass Communication and Society 2006 (9).

Yariv Tsfati: *Online News Exposure and Trust in the Mainstream Media: Exploring Possible Associations*, American Behavioral Scientist 2010 (54).

Yariv Tsfati: *Media Skepticism and Climate of Opinion Perception*, International Journal of Public Opinion Research 2003 (15).

Yariv Tsfati andJoseph N. Cappella: *Why Do People Watch News They Do Not Trust? The Need for Cognition as a Moderator in the Association Between News Media Skepticism and Exposure*, Media Psychology 2005 (7).

Yasuharu Tokuda and Seiji Fujii and Masamine Jimba and Takashi Inoguchi: *The Relationship between Trust in Mass Media and the Healthcare System and Individual Health: Evidence from the Asia Barometer Survey*, BMC Medicine 2009 (7).

Young Ae Kim and Muhammad A. Ahmad: *Trust, Distrust and Lack of Confidence of Users in Online Social Media-sharing Communities*, Knowledge-Based Systems 2013 (37).

## 网站

《2010年全国图书期刊报纸等数据发布》,《中国新闻出版报》, 2011

年 9 月 6 日 http：//news. sina. com. cn/m/2011-09-06/154523114535. shtml。

《2010 年统计公报》（广播电影电视部分），中国广播电视电影总局官网，http：//gdtj. chinasarft. gov. cn/showtiaomu. aspx？ID = 00aaf458 - 472b - 4744 - 800f - 576a9916d8de。

新华网：http：//news. xinhuanet. com/herald/2011 - 01/17/c _ 13694007. htm，2011 年 1 月 17 日。

爱思想网，徐贲专栏，2004 年 http：//www. aisixiang. com/data/4392. html？page = 1。